U0454802

守望者
The Catcher

阅读　你的生活

THE FLORENTINES

From Dante to Galileo

佛罗伦萨的
文艺复兴人

从但丁到伽利略

（Paul Strathern）

［英］保罗·斯特拉森 著

孙超群 译

中国人民大学出版社
·北京·

献给阿拉贝拉（Arabella）

地　　图 *

_____

　* 书中地图系原文插附地图。

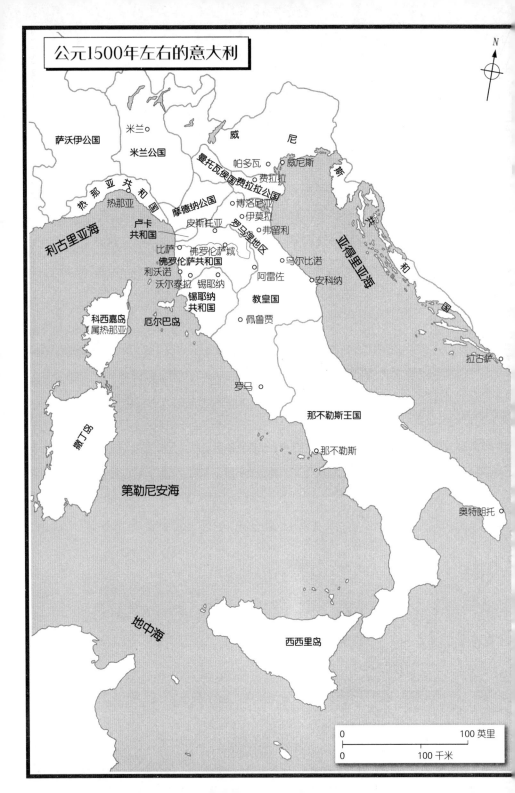

公元1500年左右的意大利

N

萨沃伊公国
米兰。
米兰公国
威
尼

热那亚共和国
热那亚

曼托瓦侯国
帕多瓦。
威尼斯
斯

费拉拉
费拉拉公国

摩德纳公国
博洛尼亚。
伊莫拉

卢卡
共和国
皮斯托亚
罗马涅地区
弗留利

利古里亚海
比萨。
佛罗伦萨城
乌尔比诺

佛罗伦萨共和国
阿雷佐
亚得里亚海

利沃诺
锡耶纳
安科纳
共

沃尔泰拉
锡耶纳
共和国

科西嘉岛
属热那亚
厄尔巴岛
教皇国
和

佩鲁贾
国

拉古萨

罗马

撒丁岛
那不勒斯王国

第勒尼安海
那不勒斯

奥特朗托

地中海
西西里岛

0		100 英里

0		100 千米

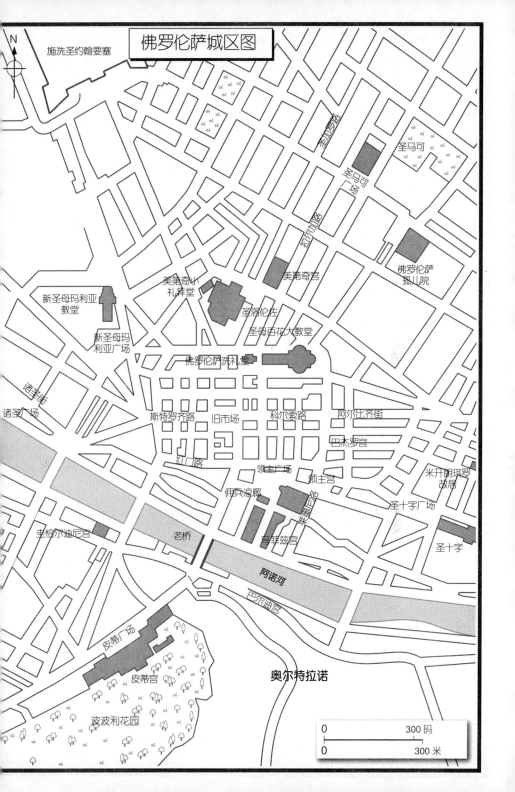

目录

序言

　　自 1265 年但丁（Dante）诞生到 1642 年伽利略（Galileo）去世的几百年间，一些影响和改变整个西方文明的事件陆续发生了。绘画、雕塑和建筑都经历了惊人的转变，艺术浪潮毫无留恋地奔涌向前；人文思想和人类"自我"的概念也同样焕然一新；真正的科学即将出现，旧知识呈现出全新的面貌。这种转变的原因，部分是来自对前基督教时代古希腊和古罗马文化的重新发掘，但更多的是来自对这些古典文明（本质上是异教徒式的）的重新审视与当时所处的社会环境的碰撞。

　　上一个千年中，古罗马帝国的崩溃给欧洲文明蒙上了阴霾，很多地区的发展长期陷于停滞，通常被称为"黑暗时代"。少数存续下来的知识中心主要局限于零星的修道院。随着时间的脚步，在基督教会的推动下，黑暗时代逐渐演进到了中世纪。基督教本身作为智识和信仰的结合，开始被视为保护文明的宝贵手段，教会的正统观念在人们心中普及。然而几个世纪以后，当这种正统观念渗透到社会生活的方方面面，挟制了知识分子的思辨精神，文化发展开始再次趋于僵化。

打破时代桎梏的思想渴求主要发端于意大利中北部托斯卡纳地区的佛罗伦萨，并从那里逐渐蓬勃发展起来。崭新的观念强调俗世人性的力量而非超凡脱俗的灵性，最终汇聚成后来被称为人文主义的思潮。顾名思义，这种哲学态度强调个体的人性及其在生活中的核心地位，而不是依靠上帝的旨意或专注于形而上学。最早的思想萌芽可追溯至公元前 5 世纪古希腊哲学家普罗泰戈拉（Protagoras）的名言："人是万物的尺度。"因此，人文主义带来了深刻的自我理解的需求和自我认识的拓展。人类对自己有了更清晰的认知，在此基础上为面临的生活问题寻求更合理的解决方案——而不再仅仅求助于祈祷。

这一哲学观点传遍了整个意大利，但无论它在哪里扎根，始终保留着其中至关重要的精神元素。这些精神元素在欧洲传播的过程中日趋巩固；传播过程中又不可避免地渗入其他的思想，使整体理念愈加丰富。在欧洲北部的贸易城市中，人文主义蓬勃发展并吸收了带有当地特色的思想。在不太开化的王国，人文主义则呈现出相对静态和空洞的状态。与此同时，生活节制、思想守旧的人群不能或不想容忍新观念带来的生活上的炫耀和奢侈。尽管表现出明显的抵制，人文主义的元素仍旧微妙地渗透到他们压抑的精神面貌中。这一时期是现代世界的开始，我们的思维方式、看待自己的方式、对于何为进步的现代观念以及其他许多新思想，都起源于人文主义时代。

纵观整个西方历史每一次文化变迁，无论新思潮如何风靡到范围广大的地区，都不难辨别其中无法磨灭的、来自起源地的印记。宗教改革衍生出的许多新教派，总是保留着德国中部和北部的一些特征。工业革命很快就在英国以外的欧洲地区引领风潮，但始终呈现出英式模板的特点。更不用说眼前的例子，始于硅谷但走向世界的数字革命，带有鲜明的加利福尼亚色彩。因此，本书的目的就是展示佛罗伦萨这座城和其中的佛罗伦萨人，是如何在伟大的文艺复兴培育和演变的过程中发挥了类似的作用。

第一章　但丁与佛罗伦萨

1308 年，流亡的佛罗伦萨诗人但丁·阿利吉耶里（Dante Alighieri）用文字描述了他如何在生命的中途发现自己迷失在一片没有任何指示可循的黑暗森林中。他不知道自己是怎么来到这里的，脑中一片混乱如大梦方醒。摸索了一段路后，他满怀忐忑地来到山谷尽头的一座小山脚下，抬眼望去，一片高地沐浴在旭日晨晖中。他费力地爬上贫瘠的斜坡，停下来休息一下疲惫的肢体。当他再次启程后不久，一只豹子突然挡住了去路，这只皮毛斑斓的豹子在他脚前跳跃着。此时旭日初升，清晨的阳光照耀着这只灵动的野兽，让但丁感到充满了希望。突然间，一头咆哮的狮子向他冲来，刚才眼前的景象都消失了。刚刚逃离狮子，又迎面遇到了一只饥饿凶残的瘦母狼，母狼步步逼近，他惊恐地顺着斜坡后退，一直退到阳光照不进的寂静的黑暗森林。正当但丁慌乱无助时，突然看到了一个幽灵般的身影。

"救救我！"但丁喊道，"无论你是人类还是神灵！"

那个模糊的影子回答："不，我不是人类，虽然我曾经是。我曾经住在奥古斯都·恺撒（Augustus Caesar）治下的罗马，那是一个遍地伪神和谎言的时代。我是个诗人，吟唱着特洛伊的传奇……"

"你是维吉尔（Virgli）？那个在我作为诗人的一生中，一直激励着我的人？"

"正是。"

"请帮我逃开这只凶猛的狼！"

"她不会让任何人通过的，她会吞食所有捕到的猎物。她会狼吞虎咽，直到有一天灵狗到来。灵狗会在大地上的每一个城市驱赶她，直至最后把她带回地狱，是恶魔将母狼从地狱释放了出来。"

维吉尔继续说道："出于为你的考虑，我认为你应该跟着我。让我做你的向导，我们一起穿过一个永恒的地方，在那里你会听到那些为求宽宥的人发出的可怕尖叫，那些被诅咒永受折磨的人对于重新死亡的乞求。接下来你将来到另一个地方，凝视那些在火中受难但仍感到幸福的人，因为他们知道自己终有一天会被净化，飞升到被上帝保佑的信徒之列。然后，如果你愿意，还可以去看看神圣的天国和它的统治者；但我不能带你进去，因为我曾违背了上帝的律令。到了那里，会有比我更有资格的神灵带领你游历天堂。"

但丁回答："诗人，我以你从未见过的上帝的名义恳求你，带我游历你所描述的那些地方，直到天堂入口的圣彼得门。"

于是，维吉尔迈开步子，但丁紧随其后。

*   *   *

但丁的《神曲》（*La Divina Commedia*）就这样开篇了，现在这部作品已被广泛奉为西方文学的传世经典。作品通过但丁丰富的想象力，对游历地狱、炼狱和天堂的过程以及途中遇到的各种生灵进行了生动细致的描写。就某种程度而言，他的诗篇是对过去世界及许多重要历史人物的概述。作品浸透着中世纪的精神，但作者对所写人物的心理洞察，以及对来世的生动描述，已经预示着文艺复兴时代的到来。但丁在游历途中遇到的每个灵魂都会根据生前的经历分别得到奖惩，在这一点上，作者的思想完全是中世纪的：今生只是为来生做准备，善恶有报，我们将在死后得到相应的奖赏、净化或惩罚。然而，尽管内容中充斥着天主教正统的神学观点和大量的亚里士多德式的哲学观点，这首长诗仍能立即被辨认出是属于现代的。

作为与传统决裂的表现之一，这部作品以但丁的家乡佛罗伦萨的托斯卡纳方言写成。当时，所有教士、学者和受过教育的阶层进行正统的交流学习都使用拉丁文。但这部作品用方言写作，使得普罗大众也可以读懂但丁的作品；即使是那些不识字的民众，听别人大声朗读时也可以听懂。事实上，但丁的诗篇在将托斯卡纳方言确立为通用意大利语的过程中发挥了重要作用，许多人视他为"意大利语之父"。

尽管是一部无可比拟的经典，《神曲》也仍然有其黑暗的一面。1300 年，也就是但丁开始创作《神曲》之前的八年，他曾被选为佛罗伦萨城邦的九名执政官之一。然而，在担任执政官的两个月以及深陷政治旋涡的两年中，他充分认清了表面"民主"喧嚣、实则分裂严重的政治现实并产生了强烈的反感。后来，敌对势力判处但丁永久流放佛罗伦萨之外，并警告他如果返回将会被烧死在火刑柱上。因此，迫使但丁流落他乡的那些政治派系的成员毫无意外地出现在《神曲》中，尤其是在三个主要部分中的第一部分——"地狱"。其中典型的人物是菲利波·阿尔真蒂（Filippo Argenti）。此人生前发色银白，体型高大，是一个贵族，但因暴烈的脾气而臭名昭著。同时代的资料提到阿尔真蒂曾经在公共场合打过但丁的脸，这对但丁来说可能是无处申诉的奇耻大辱。据说阿尔真蒂的兄弟在但丁被放逐后夺取了他的财产，菲利波家族也一直是最强烈地反对为但丁寻求赦免或者从流放中召回的人。

阿尔真蒂的形象早早出现在"地狱"篇章中。地狱的第五层是专为那些犯了易怒罪的人设置的，在但丁和维吉尔度过"斯提克斯沼泽"（River Styx）时，尽管阿尔真蒂在其中满身污秽，但丁还是认出了他。维吉尔解释说，在生前的世界里，阿尔真蒂一直是一个自负满满的人，"没有任何善行可以掩饰他生前的行为，因此他必须像烂泥里的猪一样永远在此处"。眼前的景象让但丁想起了自己曾遭受的屈辱，他充满愤怒地对维吉尔喊道："我多么希望看到他被淹没在这片污秽中！"维吉尔向他保证这会在他们到达彼岸之前发生。后来，但丁看到阿尔真蒂被其他愤怒的人撕成了碎片，他本人的暴烈也导致他甚至撕咬自己。

＊　　＊　　＊

　　但丁·阿利吉耶里可能出生于 1265 年 5 月的某一天。这是从《神曲》著名的开场白中推断出来的，他说自己处于"我们人生旅程的中途……"。根据圣经中的"我们的年岁是 3 分（three score）再加10 岁（即 70 岁）"，"1 分"约为 20 岁。如果但丁在诗篇中所描述的事件发生在生命"中途"，那时就是 35 岁。正如前文已经提到的，诗人实际上是在 1308 年开始创作，但他自己将时间定在 1300 年，当时他作为一名执政官已经达到了政治生涯的顶峰。这样做很可能是为了不断提醒自己从高处跌落的惨痛。

　　关于但丁生辰的其他线索还有，他曾暗示自己出生在双子星座，约为当时儒略历的 5 月 11 日至 6 月 11 日。双子座是希腊神话中以双胞胎卡斯特（Castor）和波鲁克斯（Pollux）命名的星座，据说在这个星座下出生的人充满智慧、渴求知识；然而，他们的适应性强也可能会显得善变或不忠。

　　虽然占星术如今被视为迷信的伪科学而被摒弃，但在但丁时代，许多人认为它与天文学密不可分。出生星座在决定一个人的性格和命运方面起着重要作用。大约一千年前，伟大的基督教哲学家圣奥古斯丁（St Augustine）已经意识到，占星术所暗含的决定论与基督教教义宣扬的自由意志有着深刻的冲突。与但丁同时代的、杰出的中世纪神学家托马斯·阿奎那（Thomas Aquinas），则寻求通过古希腊哲学家亚里士多德（Aristotle）的理论权威来调和占星术与基督教教义。根据亚里士多德的说法，星座掌管着我们"俗世"躯体的命运，而只有神负责我们的灵魂——这是一个巧妙但具有欺骗性的论点，而且即便现在和当时也没什么区别。[仅仅两个多世纪后，声名狼藉但才华横溢的意大利百科全书式的学者吉罗拉莫·卡尔达诺（Girolamo Cardano）通过绘制耶稣基督的十二宫图将这一矛盾推向合乎逻辑的结论，但因其鲁莽而被宗教裁判所投入监狱。]尽管但丁拥有强大的智识，但在占星术方面他显然愿意顺应当时的潮流，人们对占星的结果往往深信不疑。

　　退一步讲，占星术也不应被完全摒弃，毕竟这种实践确实以自身的方式促进了人类真正的知识的进步。尽管基于一些错误的假设，占星术还是对古老的哲学训诫"认识你自己"起到了辅助作用。正如我们在双子座的例子中看到的那样，占星术对人群特征的划分并不是简单粗略的，而是充满了独特微妙的细节，意义也就在于此：占星术对人类个性进行分类的混乱尝试，正是现代心理学实践的先驱①。

---

　　① 在中世纪的炼金术实践中我们可以发现类似的关系。将贱金属转化为黄金的努力无疑是徒劳的；但这个探寻过程为现代化学提供了一些早期的专业知识，发展和传播了许多复杂的实验室技术和仪器，这些技术和仪器才是这门科学真正的核心。伽利略同时代的爱尔兰人罗伯特·博伊尔（Robert Boyle），被称为"现代化学之父"，他也长期进行着炼金术实验，这绝非偶然，甚至艾萨克·牛顿（Isaac Newton）也曾醉心于此。如果历史可以重新审视，隐身在真正科学中的赝品暴露的事例肯定会持续发生。在现代，类似的情况可能还包括弦理论，我们对气候变化的想法也可能有朝一日被证明是基于不够科学的悲观假设。

但丁的父亲是一个小放债人，偶尔也会做土地的投机生意；母亲来自古老的阿巴蒂家族，但在但丁幼年就去世了。这些背景或许可以解释他性格中的坚硬和缺乏情感的成分。父亲在但丁18岁时也去世了，他不得不在这个世界上走出自己的路。

此时，佛罗伦萨已经崛起成为意大利半岛最繁荣的城邦之一，主要是因为参与了横跨欧洲的羊毛贸易和银行业，这两个行业之间也有着千丝万缕的联系。在几乎每个欧洲大城市都发行自己的货币的时代，国际贸易中存在着明显的混乱和由此带来的巨大的获利空间，手段远不止硬币贬值、伪造和使货币"缺损"。在困难时期，政府当局可能会降低货币的贵金属含量，不法公民会切削硬币的边缘，以收集足够的金属来制造假币。当时采取的应对措施有引入带有凸起边缘的硬币，即带有铣削或刻有圆周的硬币，旨在应对对货币做的种种手脚。

佛罗伦萨于1252年铸造自己的金币时，当局保证每枚硬币都含有54粒纯金，并要求商人将硬币装在皮包中以避免磨损以及随之而来的切削和伪造。这种硬币后来被称为弗罗林（florin），它很快成为整个欧洲及以外地区（从波罗的海到黎凡特）的贸易中值得信赖的货币，同时也很好地反映了佛罗伦萨银行家的能力和该城蓬勃发展的羊毛贸易状况。起先，佛罗伦萨商人通过罗纳河谷和阿尔卑斯山的贸易路线，从英国和佛兰德斯（荷兰和现代比利时北部）进口羊毛。后来海上贸易通道也拓展开来，从佛兰德斯港口布鲁日起始的货船在海上绕过西班牙，到达托斯卡纳的比萨或里窝那的港口，再走陆路到达佛罗伦萨。在这里，熟练的梳毛工和染色工将原材料制成精美艳丽的布料和服饰，再作为奢侈品出口。

佛罗伦萨当时已经是一个共和国，公民们都为他们的民主政府感到自豪。硬币弗罗林上也没有国王或统治者的头像——只有百合花，这座城市的标志；另一面是施洗者圣约翰（这座城市的守护神）的形象。但丁出生时，佛罗伦萨的人口接近 8 万，同时期伦敦的人口也为 8 万，而巴黎的人口仅为 2 万。但是，尽管佛罗伦萨名义上是一个民主国家，但实际上只有少数公民有投票权。有投票资格的仅为男性，30 岁以上，并且是城市公会的成员。由于该城主要家族和派系之间的持续竞争，佛罗伦萨宪法在此期间经历了多次修改。这些变化最终演变成相对固定的规则保留下来。

进行选举时，所有最近没有担任过公职并且没有负债的公会成员的名字，都会被放在一些皮袋里。从这些袋中抽取的前 8 个名字直接任命于执政团，第 9 个名字则被赋予"首席执政官"的角色，即执政团的最高长官和名义上的城市领袖。和执政团的成员一样，首席执政官的任期也只有两个月。这种烦琐的政府形式符合亚里士多德对民主的要求，因为统治者的任期十分有限，从而防止了独裁统治。然而，选举的频繁也导致政策缺乏连续性，政权进一步落到几个强大家族的操纵之下，尽管他们处于不停歇的争斗之中，也只是为自己家族的既得利益服务。

父亲去世后，但丁被置于 62 岁的布鲁内托·拉蒂尼（Brunetto Latini）的监护下，后者是当地一位著名学者，在城邦的公共生活中享有一定地位。拉蒂尼曾被佛罗伦萨派往外邦处理多项重要事务，远至西班牙和巴黎等。众所周知，但丁与拉蒂尼建立了密切的关系，后者对这位年轻人的阅读和继续教育产生了重要影响。拉蒂尼翻译过西塞罗（Cicero）和亚里士多德的作品；最重要的是，他用法语写过一部《宝藏书》（*Li Livres dou Trésor*）。这是一部关于中世纪知识的纲要，被视为最早的百科全书之一。尽管但丁对拉蒂尼深感敬爱钦佩，但在《神曲》中却将他置于地狱的第七层，这一层是为那些违背上帝和自然律令的人设置的。当但丁在那些背负同样罪名的人群中遇到拉蒂尼时，他充满了悲伤，"被火焰烙上烙印，他们的肉体上新伤叠着旧伤，仿佛在为所受的折磨而哭泣"。

　　同时代的佛罗伦萨编年史家乔瓦尼·维拉尼（Giovanni Villani）的论述通常是可靠的，他高度评价了拉蒂尼："他是一个世俗（wordly）的人，我们之所以提到他，是因为他是佛罗伦萨语言的开启者和大师，并教会市民们如何文雅地说话，以及如何根据政策治理我们的共和国。"对托斯卡纳方言的提炼和美化正是但丁在他的诗歌中想要实现的——那么为什么拉蒂尼还会被判入地狱呢？

　　线索在于维拉尼这段话的开场白。"wordly"这个词暗指这样一个事实，即拉蒂尼虽然有种种美德，但他鸡奸的行为众所周知。从现代角度来看，但丁在地狱中遇到正在承受无尽惩罚的拉蒂尼，情绪可能有些复杂。如果他如此热爱和尊重拉蒂尼，为什么要把他置于地狱的痛苦和永恒的折磨中？原因就是但丁深信上帝的法则，在这个问题上，他的思想完全是中世纪的。

　　对他来说，那些犯下"违背自然的罪"——致命的罪——的人所受到的惩罚是无可置疑的，无论他们本来在生活中有多么杰出。看完维拉尼对拉蒂尼的描述，再与他对但丁的描述进行比较，他的观点是有说服力的：

> 但丁因为见多识广有些傲慢矜持，对什么都不屑一顾，一
> 副哲学家的风范。他粗心大意，不喜于与俗人交谈；但由于他
> 具备公民的崇高美德和丰富知识，值得我们永远怀念……

尽管但丁的态度一向超然冷漠，但他生命中最重要和最持久的事件之一却是爱的激情（他本人肯定会否认这种粗俗的描述）。但丁一生的挚爱是一位名叫比阿特丽斯·波蒂纳里（Beatrice Portinari）的女性。他很早就倾心于她，即使在他结婚并生了四个孩子之后仍然如此。

但丁写道，他在 9 岁时第一次遇到比阿特丽斯，她比但丁差不多小一岁。那天但丁的父亲带他去比阿特丽斯的父亲、著名的银行家法尔科·波蒂纳里（Falco Portinari）家里，参加五月节聚会。但丁后来描述道："她穿着非常高贵的衣裙，精致的深红色，系着适合年轻女孩的腰带和饰物……她似乎不是凡人的女儿，而是一个女神。"

虽然当时年纪很小，但丁还是对比阿特丽斯一见钟情。这不是普通的世俗热情，事实上这份爱与前几个世纪法国吟游诗人所歌咏的宫廷爱情产生着共鸣。按照典型的但丁的方式，他用亚里士多德的灵魂理论来描述他的爱情。亚里士多德将灵魂视为赋予无生命物质以生命的形式；但灵魂也有纯精神的元素，可以展开纯粹精神的爱，就像但丁对比阿特丽斯的感觉一样。

九年后，但丁与比阿特丽斯在佛罗伦萨街头再次相遇。在但丁

的自传作品《新生》（*La Vita Nuova*）中，他描述了遇到比阿特丽斯的场景，"她走在两位年长的贵族女士之间，穿着纯白的衣裙"。当比阿特丽斯经过但丁时，她转身向他打了招呼——虽然态度熟稔，但也并没有停下脚步。这是他第一次听到她的声音，她的问候更坚定了他的爱。但丁满怀喜悦地回到家中，反复回味刚才发生的事。想着比阿特丽斯，他陷入了浅浅的睡眠，沉浸在梦幻般的氛围中。对但丁来说，这是一个纯象征性的事件，事实上他自己也将其描述为"一个奇妙的幻象"。对于现代的人们来说，这种情境看起来充满了弗洛伊德式的意象，但与但丁进行的诠释相去甚远。

在但丁的想象或者梦中，他意识到自己的房间充满了"一团火云"。从这中间出现了一个"面目狰狞的身影，却似乎充满了喜悦"。这个男性形象开始喃喃自语，但丁只隐约听到了其中的几句"我是你的主"之类的。那个身影的怀里有一个睡着的女人，"赤裸的身体，被血红色的布衣轻轻包裹着"，但丁意识到这是比阿特丽斯。这个巨大的身影一手拿着一团着火的东西，对但丁说："看哪，你的心！"片刻后，他唤醒了沉睡的女人，诱导她吃掉了他手中燃烧的物体。在但丁看来，"她吃的时候显得很害怕"。此时，原本那个开心的身影也流下了苦涩的泪水。他一边哭泣，一边将一些剩余的半透明的形状抱在怀里，"在我看来，他是在把她带往天堂"。这一景象让但丁非常痛苦，以至于他醒了过来。

但丁开始思考这个异象可能意味着什么，并决定请教他的诗人朋友们，尤其是那些比自己年长的、已经有了一定的名气和智慧的人。有人能给出合理的解释吗？正如他后来所写："当时没有人意识到这个梦境的意义，但现在对于智力最低下的人来说这都是显而易见的了。"我们中间不太聪明的人可能会觉得这个梦境——如此充满情感，但又使人联想到暴力——太含糊不清了。的确，但丁的朋友们给了他"各种建议"，但他自己现在确定了心爱的比阿特丽斯对他意味着什么："她有无法言喻的优雅，遇到她是我的幸运，她是一切罪恶的毁灭者，是美德的女王。"他将比阿特丽斯看作精神生活的向导和保护者。在写作《神曲》时，她是带领他穿越天堂的人。（然而，也可以看到但丁对一些暴力的梦的描述，是他在穿越地狱和炼狱的旅程中会遇到的野蛮、恐怖和悲伤景象的前兆。）

　　与此同时，现实世界的生活还在继续。按照惯例，但丁的家人在他很小的时候就为他订了婚，一位名叫杰玛·多纳蒂（Gemma Donati）的小姐，可能在1287年但丁22岁时两人就结婚了。大概三年后，比阿特丽斯嫁给了一个有实力的银行家族的后裔西蒙·德·巴尔迪（Simone dei Bardi）。但这并没有减损但丁的感情，比阿特丽斯永远留存在他的脑海中，成为不断变化的世界中永恒的美丽。

　　到这个时候，但丁已成为佛罗伦萨诗人圈子中的一员。他们一起寻求创造一种新颖的写作方式，称为"新体派"。这种新诗体的内容致力于表现"爱"和"高尚的思想"，并在意大利文学中建立了一种新的内省的元素。除了这些特征外，他们还使用一些文学手段如象征主义、隐喻、头韵和双关语等，将智慧和风格引入当地的托斯卡纳方言。这种地域特征明显的——几乎是质朴的——方言开始发展成为整个半岛上许多方言中最精妙复杂的一种。现在看来，这也有可能是文学复兴的发端。新的文体风格使但丁能够精确地表达比阿特丽斯对他的影响——不是以任何实际的行动，而是作为他精神上的指路明灯。

但所有这一切精神领域的美好，都与但丁的实际生活相去甚远。亚平宁半岛时常陷入政治动荡，城邦之间相互征伐，城邦内部往往也四分五裂。佛罗伦萨未能例外，暴力冲突日益增多，往往混杂着宗教和阶级冲突的因素。这些冲突实质上涉及欧洲最有影响力的两个人物之间的权力斗争：教皇和神圣罗马帝国皇帝。

教皇声称自己是整个西方基督教世界信徒的精神领袖，圣彼得的继承者，认为自己是上帝在人间的代表。而神圣罗马帝国皇帝则声称自己是查理曼大帝的后裔（这位强大的法兰克统治者曾在公元800 年左右建立过一个横跨法国、德意志、意大利大部分地区和西班牙北部的帝国），并将自己视为西罗马帝国真正的继承者。

教皇的支持者称自己为"圭尔甫派"（Guelf），而神圣罗马帝国皇帝的支持者则团结起来支持"吉伯林派"（Ghibelline）①。圭尔甫派决心抵抗神圣罗马帝国皇帝在意大利北部日益增长的影响；吉伯林派也对教皇的世俗权力提出抗议。这种分歧导致了意大利北部，尤其是佛罗伦萨的暴力冲突。

几个世纪以来，城邦的不同家族之间一直存在着激烈而血腥的争斗。1200 年左右佛罗伦萨曾被称为"百塔之城"，一些塔高达

---

① 圭尔甫派和吉伯林派其实是德国两个不同的政治派系的意大利版本。圭尔甫派来自韦尔夫家族（House of Welf），即巴伐利亚大公家族。吉伯林派来自魏布林根（Wibellingen），斯图加特东北部的一个郊区，之前曾是霍亨斯陶芬家族最早的领地。

150英尺。塔的上层有孔，这些孔在冬天用木板封起来，在较热的月份打开或仅用蜡纸覆盖。在需要进行攻击的时候，这些孔可用来向下方的敌人倾倒污水。塔的较低楼层通常是各种储藏室，里面有橄榄油桶、酒桶、工具和干西红柿或大蒜串等食品，以及锄头和镰刀等农具。家庭中不同群体的居住区位于不同的楼层，通常由开放的木楼梯连接。顶层通常是厨房，这样烟雾和烹饪气味就可以向外消散。塔内的居住条件可以是舒适的、豪华的或简陋的，这取决于居住家族的家庭财富。

很难想象当时的佛罗伦萨，城墙围起来的面积还不到一平方英里，城内却有这么多高耸的建筑①。这些高大的方塔是塔内的家族和仆从的终极庇护所。每当黄昏降临，修道院和教堂晚祷的钟声响起，贵族、商人甚至工匠便纷纷将塔楼上锁，将自己的家庭庇护其中。一些头脑发热的年轻人可能会隔着塔楼相互吵嚷，大声地相互侮辱、威胁和指责，闹腾上几个钟头。之后，夜的寂静淹没了一切，只会被附近树林和田野中的夜莺叫声、山坡上猫头鹰的叫声、河边的夜鹭的叫声偶尔打破。

随着黎明的曙光在东方的天空铺展开来，每座塔楼底部沉重的大门都将打开，居民们鱼贯而出，奔向自己的工作。成群结队的农民会走出城外去料理农田，每个人都带着全套的农具。一群穿着木

① 除了少数塔楼之外，几乎所有的塔楼都早已从佛罗伦萨消失了，原因将在后面详述。不过，我们还可以通过寻访位于佛罗伦萨西南约20英里的山顶小镇圣吉米尼亚诺来了解佛城那一时期的面貌。圣吉米尼亚诺至今仍然保留着不少家族塔楼，其中一些高达150英尺。在中世纪，这样的塔楼几乎是所有意大利北部城市的特色。

屐的工人向羊毛精梳棚和染坊走去。（这些羊毛工人被称为Ciompi，发音类似他们的木屐在鹅卵石街道上叩出的声音。）屠夫、面包师和其他商贩摆开自己的摊位；建筑工人开始架起梯子，锯木头，拖运石头。后来的几年里，放债人会在他们居住的塔楼前放置长椅，这些长椅与塔连接在一起。[他们大概是最早的银行家（banker），名字就取自他们开展业务的"长凳"（banco）。]与此同时，渔民们肩上扛着网穿过河门，赤脚踩着雾蒙蒙的阿诺河（Arno）岸边的泥泞和芦苇，开始一天的工作。

在这一切活动中，如果一批人胆敢闯入另一批人的"领地"，双方很容易正面交锋。敌对帮派之间的争斗频繁，地盘和势力每天都在重新划分。佛罗伦萨编年史家乔瓦尼·维拉尼回忆了这一场景，他描述这些战斗"如此激烈和频繁，几乎每天或每隔一天都会发生，人们从城市的一个地区混战到另一个地区。林立的派系就像塔楼的数量那么多"。

即便如此，维拉尼继续描述道："公民之间的这些打斗显然是有用的，如果哪一天他们没打架，第二天他们就会坐在一起吃喝吹嘘，讲述彼此的英勇故事和在战斗中的出色表现。"

在这样的背景下，1200年前后佛罗伦萨的谋杀率令人不寒而栗，随之而来的就是复仇，世仇经常持续几代人。1215年，发生了两件其影响将在未来一个多世纪内改变佛罗伦萨社会的事。

除了在城市拥有住宅外，贵族家庭还在城郊建造了坚固的乡村别墅。佛罗伦萨周围的乡村地区都在城邦的控制之下，贵族家庭习惯于在炎热的夏季退居乡间。1215年夏天的某个下午，一个贵族家庭在乡间别墅的花园里举办宴会，花园距离城墙约 5 英里。人多时一般设一张长桌；坐在一起的人会共用一个盘子，方便一边看表演一边端着食物。通常情况下，表演会有乐手演奏、小丑、杂耍、粗俗诗歌的朗诵等等。

　　然而，两个共用盘子的年轻人碰巧来自两个敌对的家族——一个是邦德尔蒙蒂，另一个是乌贝蒂。观看表演时，一个过度热情的小丑走过来抢走了他们的食物。一个年轻人责怪另一个，很快两人打了起来，进而演变成群殴。一片混乱中，年轻的乌贝蒂头上被砸了一个盘子，而邦德尔蒙蒂则被刺伤了。等秩序终于恢复，客人们陆续送走了，两个家族的首领商量着该怎么办——双方都希望避免纠缠不休且不断升级的暴力或者仇杀。最终，他们决定为了修补两个家族的关系，找一个体面的邦德尔蒙蒂家族的年轻人来娶一个乌贝蒂家族的阿米德（Amidei）家的姑娘。

　　婚礼前一天，已经订婚的邦德尔蒙蒂家族的邦德尔蒙特骑马穿过佛罗伦萨的街道。一个多纳蒂家的女人从窗户上对他喊道："你真丢脸，邦德尔蒙特，和一个阿米德女孩订婚！她很普通，配不上你。"这女人转身指了指自己漂亮的女儿，"我会把她嫁给你。"邦德尔蒙特对多纳蒂家的女孩一见倾心，顿生悔意，发誓要娶刚刚见到的绝色少女。

　　第二天，阿米德一家聚集在教堂门口准备婚礼；邦德尔蒙特却骑马来到多纳蒂家，向美丽的女孩求婚。阿米德家得知后倍感羞辱，发誓要向邦德尔蒙蒂家族报仇。一位不愿透露姓名的编年史家记录了几天后发生的事情：

当身穿绸缎长袍和斗篷的梅塞尔·邦德尔蒙特（Messer Buondelmonte）骑马过桥时，梅塞尔·夏塔·德格里·乌贝蒂（Messer Schiatta degli Uberti）冲向他，用狼牙棒打他的头部，将他击倒在地。（乌贝蒂的阿米德朋友）立刻踩在他身上，用刀割开他的血管彻底杀了他，然后他们马上逃跑了。

这里提到的桥是著名的"老桥"（Ponte Vecchio），两旁商店林立，横跨在阿诺河上，连接着市中心到奥尔特拉诺区。邦德尔蒙蒂家族世居在老桥周围。原来的罗马桥在 1117 年被洪水冲走了，于是这里重建了一座新的石桥。上述事件有重要的标志性意义，桥边至今有一块刻着铭文的石牌标志着邦德尔蒙特被谋杀的地点。《神曲》的天堂部分甚至提到了邦德尔蒙特，但丁评论说，他被阿米德家谋杀标志着佛罗伦萨和平时期的结束，这段时期曾被但丁形容为"没有任何诅咒的阴影笼罩，城邦因着自己的实力和地位而安享和平"。显然，这句描述将之前的社会状况过度美化了，但是相比起即将到来的腥风血雨的时期，这样的描述也是可以理解的。

佛罗伦萨的敌对家族后来搁置了他们的较小分歧，融入合并为两个大的敌对团体，使城市分裂。一派人宣誓效忠吉伯林派，而另一派人则宣誓效忠圭尔甫派。因此，佛罗伦萨也卷入蔓延在整个意大利北部及其他地区的更大冲突之中。阿尔贝蒂和阿米德等贵族家族一心维护自己的封建权利，宣誓效忠吉伯林派和神圣罗马帝国皇帝；与此同时，商人和市民，后者主要是指工人和小店主，选择了圭尔甫派并支持教皇。

为了阻止城内无休止的内讧冲突，城邦执政官们在几年前就决定任命一名督政官（Podestà），其职责是维持公共秩序并担任首席大法官。为了确保立场中立，这个职位必须找一个与城邦内任何家族都没有联系的外国人。但是，神圣罗马帝国皇帝已经开始在意大利北部的一些城市任命自己的人为督政官，比如 1246 年皇帝腓特烈二世（Frederick Ⅱ）任命他的私生子"安条克的腓特烈"（Frederick of Antioch）为佛罗伦萨的督政官。尽管声称中立，但"安条克的腓特烈"自然而然地站在了吉伯林派一边，着手加强对这座城市的控制。圭尔甫派和吉伯林派之间进行了一场血腥的街头战斗，圭尔甫派被迫逃离城市前往他们在乡村的房子，塔楼被遗弃了。吉伯林派立即闯入这些建筑并摧毁它们，最终他们砸毁或推倒了 36座圭尔甫派家族的塔楼。

1250 年，腓特烈二世驾崩。圭尔甫派决心抓住这个机会并集结力量，在佛罗伦萨东南 15 英里的村庄菲日奈的一场战斗中与吉伯林派对峙。圭尔甫派获胜后，他们进军佛罗伦萨并开始实施新政。所有的家族塔楼都被命令降低高度，最高不得超过 70 英尺。与此同时，圭尔甫派开始了扩张主义的外交政策，召集军队攻击吉伯林派控制的其他城市如比萨和锡耶纳。

1260 年，吉伯林派再次夺回政权，着手消灭圭尔甫派据点。据记载，他们下令摧毁了不少于 103 座宫殿、500 多间房屋和 85 座属于圭尔甫派的塔楼。1266 年，佛罗伦萨圭尔甫派与法国教皇克莱门特四世（Clement Ⅳ）的军队一起建立了圭尔甫派城市联盟，并在意大利南部的贝内文托战役中击败了吉伯林军队。这导致了神圣罗马帝国皇帝在意大利的势力减弱，吉伯林派也暂时偃旗息鼓。

次年，圭尔甫派进军佛罗伦萨，吉伯林派逃离了这座城市。圭尔甫派决心取得对佛罗伦萨的永久控制，并立即启动了改造计划。乌贝蒂家族的大本营，一座位于市中心的大型塔楼和宫殿建筑群被夷为平地［即现在的领主广场（Piazza della Signoria）的大片空间］。与此同时，圭尔甫派还着手重新铺设街道，并改革投票制度。新制度继续采用了先前的由九位执政官组成执政团的形式，并由一位首席执政官来主持——这个行政框架沿用了几个世纪。

正是在这一时期，羊毛贸易开始蓬勃发展。佛罗伦萨与托斯卡纳港口比萨和里窝那之间的关系逐步修复，使这座城市的商品能够出海，这意味着有更可靠的商业路线进入国际市场，用于进口羊毛和出口精染布服装。佛罗伦萨开始进入繁荣时代，城邦的银行开始在北欧设立分支机构，以协助贸易融资。与此同时，这座城市继续铸造一种叫"菲奥里诺"的金币（fiorino d'oro），作为一种可靠的欧洲货币，进一步提升了佛罗伦萨的商业声誉。这是但丁于1265年诞生于佛罗伦萨时的情况。

阿里吉耶利家族长期以来一直是圭尔甫派的支持者。作为年轻知识分子的但丁进入公民生活，首先必须成为某个城市公会的成员，于是他选择加入了著名的"医师和药剂师公会"。当时很多药店店主还兼任书商，很可能是这一点影响了他的选择。现存佛罗伦萨的档案还保留着一些但丁在各种委员会上的演讲和投票的资料，他行使的职权属于执政团和首席执政官的民政管理的一部分，并提供顾问职能。例如，"商业六人小组"是贸易咨询委员会；在战争时期，一个名为"战时十人小组"的委员会负责管理军队。

尽管圭尔甫派取得了广泛的胜利，但在意大利北部与吉伯林派的竞争仍在继续，一些城市仍然在吉伯林派的控制之下。其中之一是托斯卡纳的阿雷佐市，位于佛罗伦萨东南约 50 英里的亚平宁山脉脚下。斗争在 1289 年夏天达到了顶峰，当时佛罗伦萨的圭尔甫派与阿雷佐的吉伯林派在坎帕迪诺发生了战斗。我们从中了解到但丁的另一个生活侧面，在这场战斗中，时年 24 岁的他正作为骑兵在前线服役。

根据编年史家维拉尼的记录，阿雷丁人（阿雷佐的居民）"八百匹马和八千兵力，都是非常优秀的士兵；其中有许多英明的将领"。尽管阿雷丁骑兵只有佛罗伦萨的一半，但他们对自己的对手不屑一顾："他们鄙视佛罗伦萨的队伍，说他们头发梳理得像女人；一直在嘲笑他们。"在这场战斗中，"两支军队以比以往任何一场意大利战役都更有序的方式相互对抗"。（我们只能假设这种描述没有考虑到罗马时代有效的军事战术。）

然而不可否认这是一场严肃的战斗，双方都有经验丰富且纪律严明的士兵，即使但丁的一些骑兵同伴可能有点过度在意自己的发型。这场战斗总共涉及大约两万名战斗人员。正如维拉尼所记录："阿雷丁人被击溃，有 1 700 多人被杀，2 000 多人被俘。"

但丁不会忘记这场战斗，在《神曲》中回忆道："我见过骑士向前行进，冲锋陷阵，站立集结，或者撤退以自救。"这场战斗中的英雄会发现自己被但丁置于天堂；敌人则被送进炼狱，或被诅咒在地狱中受永恒的折磨。

这场战斗之后的第二年，但丁得知了比阿特丽斯的死讯，她去世时年仅 24 岁。毫无疑问，他被这一噩耗摧毁了，并感到"像寡妇一样被抛弃，被剥夺了所有尊严"。他写道，自己"在荒凉的城市哭泣"。尽管这份悲伤充满诗意，但众所周知，但丁的妻子杰玛在这些年里为他生育了四个孩子；与此同时，他本人也在政治生涯中节节前进，最终在 1300 年成为佛罗伦萨的执政官之一。

然而，城邦的政治动荡再次爆发了。执政的圭尔甫派分裂为黑党和白党。黑党倾向于与教皇建立更紧密的联盟，而白党则反对教皇干涉佛罗伦萨的政治。但丁支持获胜的白党，他们将黑党驱逐出城。当佛罗伦萨得知教皇卜尼法斯八世（Boniface Ⅷ）支持黑党入侵时，但丁被派往罗马作为外交使团的负责人向教皇求情。但丁本人似乎就是这个代表团背后的推手之一，卜尼法斯八世秘密知晓了这一点，因此当代表团会见教皇时，教皇直接下令解散使团，将他们送回佛罗伦萨。然而，但丁被命令留在罗马。经过一番密谋，黑党在外部民兵的帮助下夺取了佛罗伦萨的权力，而但丁在自己缺席的情况下被审判。

黑党掌权的佛罗伦萨当局判处但丁流放两年，并勒令他支付罚款。但丁无法支付罚款，主要是因为他的所有财产都在佛罗伦萨被没收了。因此，他发现自己又被多判了更多年流放，并被警告如果他在此期间试图返回，将被活活烧死。

但丁对教皇的欺骗导致自己政治生涯的断送心怀怨恨。在《神曲》中，他将卜尼法斯八世放在地狱第八层的第三条沟渠。这是所有犯下买卖圣职罪的教皇的下场：以恩惠和教会职位来换取金钱。此处的罪人首先被埋葬在一个圆洞里，他的脚在那里不断被油火灼伤，火的热量根据罪行的严重程度而变化。每个罪人最终都会被一个更坏的罪人所取代，然后永远消失在地下。但丁在写作时意识到他无法在地狱见到卜尼法斯八世，因为在诗人穿越死者之地时，教皇还活着。为了规避这个技术性问题，但丁让教皇尼古拉三世（Niocholas Ⅲ）承受这些酷刑，并预言卜尼法斯八世最终会取代他继续受难。这也可以看作是对教会日益腐败的隐喻。

但丁还暗示了卜尼法斯八世诱骗前任教皇塞莱斯廷五世（Celestine Ⅴ）辞职，以便自己登上教皇宝座。因此，卜尼法斯八世也成为了欺骗的象征，进一步滑向罪大恶极的深渊：背叛。但丁下降到第九层，也就是地狱的最底层和最黑暗的地方，在这里道德已经极为稀薄。透过昏暗的迷雾，他辨认出路西法（魔鬼）的可怕形象，冰湖的水面几乎冻结到他胸口的位置。路西法的身体伸出三对巨大的蝙蝠翅膀，在他庞大的躯干上，头部有三张脸，当他咀嚼罪人时，每张脸都流着血腥的口水。在他中间的大嘴里的正是犹大，那个为了 30 个银币出卖基督的叛徒。另外两张嘴正在吞噬布鲁图斯（Brutus）和卡西乌斯（Cassius）的尸体，这两个古罗马人背叛了他们的恩人恺撒大帝，在元老院刺死了他。在但丁看来，恺撒之死是导致罗马衰落的转折点。恢复往日荣光的渴望在这几个世纪里一直是意大利半岛持久的追求——具体到但丁身上，这件事的重要程度仅次于基督教本身的卓越和权威。

据但丁的佛罗伦萨同胞、作家薄伽丘（Boccaccio）说，但丁与杰玛的包办婚姻并不幸福，所以当他被流放时，她选择留在佛罗伦萨也就不足为奇了。嫁给一个痴迷于他人（比阿特丽斯）的男人绝非易事，这件事早已成为当地无人不知的八卦。此外，杰玛是多纳蒂家族的成员，而该家族一直是黑党的支持者。

　　但丁现在开始了他痛苦的流放岁月，他深知"别人家的面包是多么苦，别人家的楼梯是多么难以攀登"，虽然此时的但丁已经获得了作为知识分子和诗人的声誉，并在各个宫廷和庄园中受到欢迎。他曾在博洛尼亚和帕多瓦住过一段时间，并在小镇卢卡与一位名叫根图卡（Gentucca）的女士同居了一段时间。这位女士得到的回报却是被但丁放在炼狱的第六层，这一层是为贪食者设置的——他们被迫挨饿，却永远无法触及周围树木上的累累果实，直到他们的罪孽被清除才能升上天堂。在流放期间，但丁在白党试图夺回佛罗伦萨控制权的密谋中也发挥了重要作用，但每一次努力都以间谍的出卖告终。1308年，佛罗伦萨判处但丁永久流放，城邦处于黑党的完全控制之中，现在他再也无法回到深爱的家乡了。

　　1308年是但丁开始创作《神曲》的那一年，这绝非巧合。直到那时他才明白，自己的流放生涯是看不到尽头了。他再也回不去的那座城邦，其精神却萦绕在伟大的作品中。《神曲》分为三个主要部分（地狱、炼狱、天堂），每个部分包含33章，每章由47节三韵阕（但丁独有的三韵句的格律）组成，囊括了曾经在历史中占据一席之地的所有重要的先贤、罪人、英雄和恶棍。正如我们在卜尼法斯八世的例子中看到的那样，这些人物不仅是真实的历史人

物，而且还具有神话般的地位，具有鲜明的象征意义。这部作品的
一大魅力在于它在许多不同的层面上都产生了重要的影响：现实
的、象征性的、寓言和神学的线索贯穿始终，每一种解释都产生了
自己的意义。

　　特别是最后比阿特丽斯带领但丁穿越天堂的部分，普遍被视作
对神圣理解的追求。事实上，比阿特丽斯的形象就象征着神学。然
而，正如随后几个世纪敏锐的学者们指出的那样，但丁的神学思想
并非都像他希望我们相信的那样正统，他有时也会受到阿威罗伊主
义（Averroism）的影响。

　　此处我们需要对历史背景进行一点说明：随着罗马帝国的衰
落，许多古典文学作品尤其是哲学作品都散失了。幸运的是，部分
作品的手抄本被辗转带到了中东，随着伊斯兰文明从印度扩张到西
班牙的时期，哈里发国的阿拉伯思想家们对这些典籍产生了极大的
兴趣。阿拉伯学者研究了许多经典著作的翻译，甚至还撰写了自己
的评论。

　　阿威罗伊［即伊本·路什德（Ibn Rushd）］是 12 世纪居住在
安达卢斯（伊斯兰西班牙，即现在的安达卢西亚）的阿拉伯学者，
他对亚里士多德古希腊作品的翻译和评论的抄本逐渐传到欧洲内
陆，又进一步被翻译成拉丁语这一学术通用语言。由于亚里士多德
的思想是中世纪基督教正统的思想基础，这些相关的评述引起了极
大反响。事实上，现在许多人认为这一时期预示着欧洲思想的巨大
转变，即后来所称的"文艺复兴"。文艺复兴一词（Renaissance）
字面意思是"重生"，正是这些经典思想的重生引发了早期的文艺

复兴思潮。

　　根据阿威罗伊对亚里士多德的解释，全人类共享相同的智力，这就解释了人类知识的普遍性。虽然阿威罗伊斯受到了 13 世纪基督教哲学家和神学家托马斯·阿奎那的批判*，但他的理论仍有其价值。因此但丁赞成阿威罗伊的解释，认为每个灵魂都拥有自己的智慧，这种智慧是普遍智慧的反映。

　　但丁不愿承认他在《神曲》中所追求的神学实际上已被"异端"玷污。事实上，他将地狱的第六层留给异教徒，他们注定要在永恒的坟墓中痛苦地燃烧。因此不出所料，但丁在穿越地狱的旅途中遇到了佛罗伦萨的吉伯林派领袖法里那塔·德格里·乌贝蒂（Farinata degla Uberti，其家族宫殿被拆除，剩余的空地形成了今天佛罗伦萨市中心的领主广场）。居住在第六层的还有神圣罗马帝国皇帝腓特烈二世，他曾是意大利吉伯林派的精神领袖。（具有讽刺意味的是，腓特烈二世在西西里岛的宫廷时，在传播阿威罗伊等阿拉伯哲学家的作品方面发挥了主导作用。）但丁甚至将他的竞争对手、佛罗伦萨诗人卡瓦尔康蒂（Cavalcanti）也放进地狱的这一层，这位诗人也曾是"新诗体"的成员伙伴之一，但丁称其为"我的第一个朋友"。显然，卡瓦尔康蒂采用了阿威罗伊主义的"错误"形式，他否认灵魂不朽——而这一点，正是整部《神曲》的基石之一。

---

　　* 译注：阿奎那坚决反对阿威罗伊关于灵魂的物质性和死亡性的学说，以及只有一个统一的人类理性和理性从外部进入个人灵魂的观点。

　　但丁在 1320 年完成《神曲》天堂部分的写作，从而完成了这部伟大作品。他在拉文纳的圭多·波伦塔（Guido Novello da Polenta）王子的宫廷生活了两年。1321 年，但丁被王子派去参与外交使团前往威尼斯，在穿过波河三角洲的沼泽地返回时感染了疟疾，几天之内就去世了。享年 56 岁。

第二章 财富、自由与人才

到但丁去世时，我们现在所说的文艺复兴①已经在佛罗伦萨掀起了第一股浪潮。为什么欧洲文明的这场巨变会从佛罗伦萨发端？为什么是在这个时候？关于第一个问题，现在已经有了五花八门的答案，其中被反复提及的因素包括金钱、一定程度上的公民自由和

_____

① 直到二百多年后瓦萨里（Vasari）使用"重生"（Rinascita）一词时，才第一次有了明确的文艺复兴的叫法。然而，在历史学家用"文艺复兴"来命名这一思潮之前，足足过了六个多世纪的时间。我们需要明白，大多数同时代的人并不完全了解正在发生的事情，他们所感知到的只是身边正在发生的广泛变化。正如下文将要看到的，这种变化可以激发奇迹和想象力，但也可能引发惊恐和不确定性。我们今天应该清楚，没有任何一个深刻变革的时代能够在当时就充分明白自身的历史意义和影响。人工智能的发展可能对生活产生的矛盾改变就是一个例子，就像历史上的许多案例一样，我们根本不知道自己将往何处去，但还是要勇往直前。

对想象力的放任；换言之，就是财富、自由与人才。这些元素相互作用相互激发，导致艺术、知识和商业领域的个人才能得以迅猛地蓬勃发展。当时的历史大环境也起到了推波助澜的作用。

当时亚平宁半岛被许多独立的城邦占领，它们之间经常相互交战。主要力量有米兰、威尼斯、热那亚、佛罗伦萨、罗马和那不勒斯，一些较小的城邦与强大的邻国结成联盟以求自保。大多数意大利城邦都有不同程度上的专制统治者：国王、公爵、教皇、贵族家庭、小独裁者等等。威尼斯和热那业是例外，由民选寡头统治，这种相对的政治自由以及沿海位置使这两个城邦都发展成为海上商业大国。另一个例外是佛罗伦萨，这个城邦的制度有一些接近民主的成分，虽然可能已经摇摇欲坠且容易腐败，但至少在名义上仍是民主的。城邦公民为此感到自豪；人们觉得他们对这座城市的事务有发言权。正如 20 世纪美国哲学家杜威（Dewey）的看法（尤其是关于他自己的国家），民主精神对塑造一个社会至关重要。

这种精神催生了自由的理念、代理人制度和个人主义，对教育的信念也是副产品之一。但丁去世后的十年里，佛罗伦萨建立了不少于 6 所小学和 4 所高中，教育了 600 名学生（包括女孩）。越来越多的公会成员子女被鼓励去上学，越来越多的上层阶级妇女能够管理家庭账户、农场和庄园，完成这些任务都需要能够识字和算术。尽管取得了这些进步，佛罗伦萨仍经常处于政治动荡的状态。这一方面受城邦内大家族分裂的影响，另一方面也受城邦之间持续的政治分歧的扰动。意大利城邦之间割裂纷乱的状况，与两千年前古希腊半岛局势如出一辙。这给一向以雅典为中心的西方文化也带来了深刻的转变——将佛罗伦萨视为新的雅典，并不容易。

不管笼统的类比如何，在当时来看，文艺复兴并不是非得发生在佛罗伦萨不可。13世纪初腓特烈二世（在西西里）的宫廷出现了一些被许多人归类于早期文艺复兴的事物。腓特烈二世被称为"世界奇迹"并非毫无道理。作为一个杰出的人，他在宫廷中鼓励各种学习——包括科学、文学、哲学和语言（他自己能流利地说六种语言）。根据20世纪英国历史学家普拉姆（J. H. Plumb）的研究："一个阿拉伯人向皇帝教授地理，并赠送给他一个银色球体，其上绘制了世界地图。"腓特烈二世还大力支持翻译古希腊哲学家的阿拉伯语版本的项目，他饲养了一群奇妙的动物，包括非洲长颈鹿、豹子和大象，以及一些来自格陵兰岛的大型白隼——他的求知欲和冒险精神似乎是无止境的。

但腓特烈二世也是一个任性的人物，他特别喜欢挑战教皇的权威（因此被教皇驱逐了四次）。在被教皇格列高利九世（Gregory IX）驱逐后，他发动十字军东征直接占领了耶路撒冷，并在那里自己加冕为国王（这让教皇别无选择，只能将他逐出教会）。然而，腓特烈二世的肆意妄为最终变得恐怖可疑。他在宫廷中进行自己的原创实验，以追求所谓的科学知识。他把一个人塞进木桶里，以观察在他死的时候灵魂是否逃走了；他让两个婴儿与所有人类隔绝接触，以发现他们是否会发展出上帝传授给亚当和夏娃的原始语言。腓特烈二世还下令缝合一只秃鹰的眼睛，以确定它是通过视觉还是嗅觉来检测食物①。

后来腓特烈二世弄瞎了长期首席顾问彼得罗·德拉·维尼亚（Pietro della Vigna）并将他关在笼子里，很明显这时神圣罗马帝国皇帝的行为已经远远超出了科学领域。好在这位"世界奇迹"于1250年就去世了。他的宫廷成员作鸟兽散，这个早期的文艺复兴苗头就此熄灭。

巧合的是，1250年也是文艺复兴另一位开创性人物去世的一年，他就是斐波那契（Fibonacci，意为"波那契之子"）＊。他于1170年出生在比萨，被称为"比萨的莱奥纳多"。当时，位于佛罗伦萨下游约50英里的比萨，既在阿诺河口附近，又是海运港口，是地中海的主要贸易中心。事实上，比萨曾短暂地与热那亚和威尼斯竞争，成为整个地中海的主要海上力量之一。更重要的是，比萨与佛罗伦萨的贸易联系促进了两座城市之间的思想传播。

比萨、热那亚和威尼斯的海上贸易路线在地中海上呈扇形展

---

① 我们需要把这种残酷的实验放在历史背景中来看待。大约400年后，法国理性主义思想家和科学家勒内·笛卡儿（René Descartes，通常被认为是第一位现代哲学家）认为，身体纯粹是机械的，只有灵魂赋予感觉和意识，动物没有灵魂，因此只是"自动机"，它们似乎只是在忍受和感觉到痛而已。笛卡儿开始了一系列的活体解剖实验。在他的研究过程中，他会切开并检查无数活体动物的内脏，从鸟类和兔子到猫和马。最臭名昭著的实验是他将情妇的狗钉在木板上，并在它还活着的时候把它切开。

况且，我们当代的生活也无法避免被这种肆意和残忍玷污。因为即使是当代的活体解剖，也需要利用未麻醉的活体动物来促进人类使用的医学和药物的发展。如果没有抗生素、疫苗、输血、器官移植甚至化疗，人类的状况会如何？很少有重要的医学突破能够在不造成动物痛苦的情况下验证人类使用的功效。

＊ 译注：其父圭日耶莫外号"波那契"（Bonacci），意为"好的，优秀的"。

开。密布的商业网络从加的斯延伸到黎凡特（近东），从巴巴里海岸（北非）延伸到黑海北部的克里米亚半岛。主要贸易货物是谷物、盐和木材，贵金属、奴隶和东方香料是从东地中海进口的奢侈品。

但欧洲人与一些伊斯兰地区的贸易会面临现实问题，毕竟这是十字军东征的时代，当时欧洲人与撒拉逊人（欧洲对中东穆斯林的称呼）正在交战。十字军那时甚至占领了耶路撒冷，并开始在黎凡特海岸建立自己的“王国”。但是，地中海其他地区与穆斯林的贸易仍像以前一样继续，欧洲贸易商通常会在港口附近有自己的“地盘”，在那里建造仓库来储存他们的货物。

在 1170 年斐波那契出生前后，比萨从北非到中东已经有六个贸易殖民地，分布横跨地中海。斐波那契的父亲圭日耶莫是一位成功且受人尊敬的商人，他被任命为北非布贾港（现为阿尔及利亚东部的贝贾亚）的比萨领事和海关官员。我们没有可靠的证据证明年轻的斐波那契受过教育。事实上，除了在他父亲位于比萨的总部学习商业实践外，他可能没有受过正规教育。确切的资料表明，在 1185 年他大约 15 岁时，曾经航行了长达 500 英里到布贾与父亲会合。正是在这里，他有了改变欧洲思想和实践的发现。

此时，欧洲仍在使用千年前古罗马遗留下来的数字体系：

Ⅰ，Ⅱ，Ⅲ，Ⅳ，Ⅴ，Ⅵ，Ⅶ，Ⅷ，Ⅸ，Ⅹ…ⅩⅩ…ⅩL…L…LⅩ…C

这对应于我们当代的数字：

1，2，3，4，5，6，7，8，9，10…20…40…50…60…100

　　罗马数字体系不够直观，当人们尝试进行数值操作时会变得非常麻烦，只适合用手指数数的情况，或使用简单类型的算盘，这是中世纪欧洲大多数商业计算的方式。用罗马数字来表现加法已经很麻烦了：

$$XII + IV = XVI$$

　　当涉及乘法或除法时，罗马数字就变得更复杂起来，数字没有给出任何计算过程的指示：

$$XV \times III = XLV$$

　　当斐波那契到达布贾时，他发现阿拉伯商人自有一套数字体系：

　　表格的下面一排就是我们现在的数字，对照显示出数字之间是如何演变而来的。

　　阿拉伯数字与罗马数字有两个显著差异。首先，罗马数字中没有符号表示"零"——或者说"没有数字"。阿拉伯数字（其中大部分起源于印度）中"无数字"的符号被称为 zephyrum，在意大利语中最初被称为 zefiro，后来在威尼斯方言中缩短为 zero*。比这个实际数字更重要的是它可以作为标记，进而引入十进制。如果我

---

　　*　译注：即现代意大利语中的数字 0。

们查看上表，我们可以看到 9 后面的数字是如何变成 10 的，即这些数字可以重复出现，前面有一个 1，以表明它们是接下来的 10 个数字的成员。当这串数字达到 19 时，它会继续上升到 20，这样出现新的数字序列，依此类推。这一切在我们现代人看来似乎很简单，但在当时引起的却是一场数学革命。现在我们可以轻松表达数字，50 不需要添加字母 "L"，因为这个数字只是十个数字串的第五次重复的开始。与代表 100 的符号 "C" 类似，它只是十个数字串的第十次重复的开始。因此，这被称为十进制系统，以拉丁词 "decimus（十）" 命名①。

现在，在账簿中记录交易变得容易多了。收入加总记在销售栏下，支出加总记在采购栏下，然后可以比较容易地将这些数字再相加（和相减）以得出最终计算结果。使用十进制方法计算这些总和很简单，错误（或欺诈）更容易被发现。

在经商的过程中，斐波那契在整个东地中海地区广泛旅行。他几乎肯定到过安条克、阿克里、雅法、提尔和拉塔基亚等比萨殖民地，同时对阿拉伯数学有更深入的了解。斐波那契很快就明白，阿拉伯数学远远领先于欧洲数学。

在 13 世纪的头几年，斐波那契还在三十出头的时候，他已经回到比萨生活。在这里，他开始将他新学到的所有阿拉伯数学知识

---

① 与西方语言不同，阿拉伯语是从右到左书写的，其数字也遵循同样的顺序，十进制数字中较小的在左侧。西方人习惯从左到右读取数字，或者从高位到低位读取数字，但不同的顺序不会对实际数字的大小产生影响。例如读作 "两百九十七" 或 "七个一、九个十和两个百"。

倾注到《计算之书》（*Liber Abaci*），并于 1202 年编写完成。那时距离印刷术的发明时日尚远，因此只能依靠手抄来复制书籍再传播开来。大多数抄写员是修道院的僧侣，他们的工作主要限于抄写宗教文本。因此，《计算之书》需要一些时间才覆盖到更广泛的受众。后来腓特烈二世曾阅读了一份抄本，他印象深刻，邀请斐波那契访问了他的宫廷。

　　斐波那契被广泛认为是中世纪欧洲最优秀的数学家。如今最为现代人所知的是斐波那契数列——1，1，2，3，5，8，13——该数列中的下一个数字总是前两个数字之和。多年来，这一数字序列在自然界中以一种不可思议的频率被检测到——从向日葵头部的种子排列到染色体遗传的规律，不一而足。这个数列还与黄金比例有关，使其在某种程度上成为物理世界和抽象世界的基础①。斐波那契于 1250 年去世，享年 80 岁，在家乡比萨备受尊崇。随着时间的推移，他的数字给佛罗伦萨的银行账簿带来了一场革命，在这座城市改变欧洲的过程中发挥了至关重要的作用。

————————————

　　①　黄金比例对数学家来说有着近乎神秘的魅力。

A——————————————— B ——————— C

在上面的横线中，假设线段 AB 与线段 BC 的比率，与线段 AC 与线段 AB 的比率相同。这个比率出现在基础数学和应用数学的许多不同分支中，从几何到核物理都有。另外，这个比率因其自身的美学吸引力也被艺术家和建筑师们青睐，音乐家通过它寻求音律的和谐，金融家通过它发现股票市场波动的模式。欧几里得（Euclid）在公元前 4 世纪就发现了黄金比例的存在，它也是斐波那契数列的核心；并已被当代科学思想家罗杰·彭罗斯（Roger Penrose）使用。这个比率实际上是一个无理数；换句话说，这个数字不能用任何精确的整数或精确的分数表示。尝试以 1 与这个数字进行比率计算只会得到一个无限的小数序列，如 1∶1.61803398…（即它像圆周率 π 一样是不可公度的）。

* * *

在 12 世纪下半叶，早期的银行业在佛罗伦萨建立起来。欧洲的银行似乎起源于 1157 年的威尼斯，随后很快在意大利北部的大多数城市出现了。为了实现商业扩张或对接外国公司，贸易商需要融资，这只能通过从银行贷款实现。这时出现了一个大问题：高利贷——按利息贷款——是圣经严格禁止的。但如果没有利息收入，放债人从一开始就没有动力向外借钱，尤其是在债务人有违约风险的情况下。最终还是利益驱使着早期的放债人以及后来的银行家，想尽办法秘密地绕过反高利贷法令。

当借到一笔款项时，债务人需要先付出一笔额外的"保险"款项，覆盖住银行家借出资金的风险。这种方法通常相当于支付原始贷款约 10％至 12％的金额。但当债务人偿还掉债务时，其实任何风险的可能性都消失了，但这一事实被认为是无关紧要的。利润动机很容易压倒逻辑问题。

商人们还想出了其他规避高利贷禁令的方法。由于几乎每个重要的贸易城市都在铸造自己的货币，因此跨城的贸易总是存在汇率问题。在货币经常贬值或硬币经常被切削，从而减少了其原始价值的情况下，利率被操纵的情况司空见惯。不易被动手脚的佛罗伦萨弗罗林很快成为一种标准，几年后又被威尼斯金币达克特（ducat）取代。多年来，这两种货币的价值几乎保持不变。然而，这种"几乎"仍然为某种程度的汇率操纵留下了空间。

在相距遥远的城市之间进行交易时，资金转移是必不可少的，比如佛罗伦萨和布鲁日之间的羊毛贸易。教皇收取会费也是如此，整个基督教世界收集的大量金钱都需要转移到罗马的教皇手中。装满金、银或货币的骡车，即使在武装警卫的护送下运输，在穿越偏远乡村或阿尔卑斯山时也容易受到强盗或武装匪帮的袭击。同样，穿越地中海的船队也难逃海盗的觊觎。但是，如果一家银行在主要收款点之一（例如布鲁日或巴塞罗那）设有分行，同时在罗马也设有分行（两者都拥有足够的资产），则可以通过本票或汇票进行资金转移。这些签字盖章的纸条只能由银行家自己进行有效力的验证，因此对于强盗或海盗来说毫无价值。

渐渐地，佛罗伦萨、锡耶纳、整个意大利北部及以外地区的账簿都开始使用阿拉伯数字，这使银行业得以蓬勃发展。此时的佛罗伦萨仍陷于圭尔甫派和吉伯林派的争斗中，它的竞争对手锡耶纳（位于南部约50英里）则完全处于吉伯林派的控制之下。因此，锡耶纳的银行比那些努力在佛罗伦萨的冲突中坚持下去的银行发展得更好。

1255年，格兰塔沃拉银行（Gran Tavola）已成为锡耶纳最大的银行。银行的创始人、颇具雄心的奥兰多·邦西诺里（Orlando Bonsignori）赢得了教皇英诺森四世（Innocent Ⅳ）的友谊，后者指定由格兰塔沃拉银行收取教会费用，从欧洲各地汇来的巨额会费使银行大发横财。根据21世纪德国历史学家沃尔夫冈·莱因哈德（Wolfgang Reinhard）的说法，格兰塔沃拉很快成为当时"欧洲最大的商业和银行企业之一"。

12世纪初锡耶纳一直由主教统治，但到世纪中叶已成为一个共和国了，就像邻居佛罗伦萨一样。在这种情况下，民主的国家机器很快就落入了商业银行寡头集团诺维斯基（Noveschi）的手中，后者掌控的11人委员会统治着这座城市。在圭尔甫-吉伯林时期，与佛罗伦萨的竞争不可避免地导致两座城市之间彻底的冲突。然而尽管只有5万人口（仅是佛罗伦萨人口的一半多一点），锡耶纳还是设法保住了城邦的独立。

在锡耶纳，我们再次看到了文艺复兴所需要的所有要素：财富、一定程度上的公民自由和人才。银行是慷慨的赞助人，这座城市以其卓越的艺术家而自豪，其中圭多·达·锡耶纳（Guido da Siena）是这一时期的杰出人物，但是圭多仍然深受拜占庭风格的影响。拜占庭风格在锡耶纳盛行并在中世纪蓬勃发展，这种艺术缺乏透视效果，其显著特征是人物形象趋于平面和刻板。此外，这座城市缺乏能够产生但丁一类大家的深厚文化，缺乏催生新人文主义的哲学传统。因此，锡耶纳虽然有一些培育文艺复兴浪潮的有利条件，但最终并未成功。

邦西诺里于1273年去世，继任的银行经理缺乏远见和能力，银行与重要的客户如法王腓力四世（Philip Ⅳ）之间产生了债务争议。最后的打击来自1298年，当时格兰塔沃拉失去了教皇的账户，该账户被但丁的敌人卜尼法斯八世转给了佛罗伦萨的银行家们。

格兰塔沃拉不久就倒闭了，随后，锡耶纳其他几家银行也破产了。这一结果使佛罗伦萨的银行家受益的同时，也让佛罗伦萨的市政当局认真思考：为什么会发生这种情况？如何防止这样的事情发生在自己身上？其中许多人对银行业务一无所知，宗教当局也是如此。新圣母玛利亚修道院的多明我会修士们在当时很有影响力，他们开始反对银行家和放债人，认为后者"把时间都花在计算上而非宗教实践上"。1299年交易行会被迫颁布法令，禁止在银行和账簿中使用阿拉伯数字。具有讽刺意味的是，该禁令给出的原因是阿拉伯数字太容易操纵，助长了伪造行为——但其实没有什么比罗马数字更容易伪造的了，只需要一笔就可以改变数字。

尽管遭遇了挫折，佛罗伦萨的银行业仍在继续蓬勃发展着。三家主要银行分别由巴尔迪（Bardi）、佩鲁齐（Peruzzi）和阿齐亚沃利（Acciaiuoli）家族拥有和经营。其中巴尔迪银行是最成功的，建起了一个从耶路撒冷到巴塞罗那、从君士坦丁堡到伦敦的巨大分支网络。银行业务必须由值得信赖的男性管理——主要是家庭成员或者姻亲。经理们通常是分支机构所有权的合伙人，有时在较大的银行或公司中持有少量股份。经理的薪酬与分支机构能够产生的利润密切相关。根据经理的经验或与雇主的关系，通常会拥有一定的权限以方便为银行签订商业合同。通过这些方式，一名经理可以积累大量资金。但作为一名"外籍"分行经理，通常只拥有不到六名员工，开展业务并不怎么容易。资料记载一名叫贝尔纳多·达万扎蒂（Bernardo Davanzati）的人，在威尼斯经营分行四十多年后的抱怨："我们目前无能为力。"他在佛罗伦萨和威尼斯关系剑拔弩张的时期写道："外国人天天都要忍气吞声，我们经常被各种元帅、船长和找麻烦的人玩弄于股掌之间，总有人要为难我们这些可怜的外国人。"

在此期间，外国分行与佛罗伦萨银行总部之间的资金往来大部分是由前面提到的汇票进行的，其运作方式与现代支票很相似。这些汇票由值得信赖的巴尔迪信使在分支机构之间传送，他们通常被认为是该市的"小外交官"甚至间谍。这些信使在为佛罗伦萨提供情报甚至当地八卦方面发挥了重要作用，这些信息可用于城邦的防御或攻击目的。（几乎可以肯定是一位信使将但丁在流放期间的密谋告知了佛罗伦萨市政当局。）那时城邦之间随时可能爆发小规模战争，信使可以提供的重要信息之一就是观察到雇佣兵扎营在城外。

早在 1164 年，巴尔迪家族的首领就被神圣罗马帝国皇帝授予了世袭头衔（伯爵）和佛罗伦萨郊外的庄园。当他们成为成功的银行家后，又拥有了位于佛罗伦萨以北 20 英里的整个韦尔尼奥地区。因为韦尔尼奥距离城市近郊很远，因此几乎独立于佛罗伦萨，拥有自己的防御城堡以及 9 个村庄公社。由于巴尔迪家族及其银行的财富和权力不断增长，市政府命令他们出售城堡，因为觉得已经对佛罗伦萨共和国构成了威胁。巴尔迪家族希望保留在佛罗伦萨市内的生活，包括他们的银行和奥尔特拉诺区的一座精美宫殿，因此他们别无选择只能服从。这座宫殿是巴尔迪家族购买阿诺河左岸的一块土地后建造的，与现在佛罗伦萨市内的巴尔迪街（Via de'Bardi）相接。最初这里是渔民和城里一些最贫困的家庭居住的地方，一个被称为"跳蚤窝"的棚户区。

巴尔迪家族实际上从没打算夺取佛罗伦萨政权，也没打算在韦尔尼奥建立自己的独立国家。他们的权力与佛罗伦萨的其他银行家族一起已经足以影响执政官的选举，并能左右大多数银行业务的决定。然而，禁止阿拉伯数字法令的颁布以及出售巴尔迪城堡的命令，表明那时的佛罗伦萨银行家们的权力还远未到一手遮天的程度。

可能是为了保护银行利益，1300年代初期巴尔迪家族的业务扩展到批发商品市场。他们专门从事粮食运输，很快就垄断了法国和意大利中部城市之间的运输路线。由于在这些行业取得成功，1320年代初巴尔迪银行与佛罗伦萨另一家银行佩鲁齐一道成为整个欧洲最成功的银行，在资本、专业知识方面都遥遥领先，分支机构数量庞大，遍布大陆、黎凡特及其他地区，只有汉萨同盟统治的德国北部和波罗的海还无法触及。汉萨同盟是一个在商业和军事上都有紧密联系的北部港口和城市组成的联盟，联盟在波罗的海、德国北部和佛兰德斯的多达80座城市保持着贸易垄断，甚至通过金斯林港与英国建立了联系。

在汉萨同盟和南欧（主要是意大利）之间维持银行业务联系的港口城市是佛兰德斯的布鲁日。这里已经成为货品丰富的贸易中心，从英国羊毛到格陵兰海豹皮，从俄罗斯毛皮到东方香料，应有尽有。其中香料一般是通过"香料之路"（Spice Routes）抵达南欧，该路线始于中国、印度和东方其他国家，穿过中亚，到黎凡特和黑海的港口结束。香料对于北欧来说是新奇的奢侈品，为意大利贸易商带来了高额利润。

这类贸易最初都是沿着穿越内陆山地的路线进行的。但在1277

年，第一艘热那亚帆船抵达布鲁日，从此建立起一条环绕伊比利亚半岛穿过比斯开湾、再穿过英吉利海峡到达北海的航线。威尼斯紧随其后。因此，世界上第一个证券交易所于 1309 年毫无意外地在布鲁日成立。这个已知最早的证券交易所能够处理汇票，更重要的是处理天南海北的商人希望进行交换的各种银行或商业企业的"股份"，或出售现金。据说这第一个交易所的名字来自范·德·伯兹（Van der Beurze）家族经营的布鲁日旅馆，最早人们是在那里开始进行此类交易的。

　　事实上，布鲁日似乎也满足了文艺复兴的一些要求，并且布鲁日也没有被前文讨论过的两个城市的问题所困扰——西西里岛因为腓特烈二世的发狂而失去可能，锡耶纳则是银行业崩溃。然而，文艺复兴之所以没有在布鲁日开始，似乎有一个压倒一切的原因：地理位置。

　　那些极大地刺激了文艺复兴的思想当时是来自东方的，即从阿拉伯语翻译过来的古典巨著，这些作品已经在西方遗失超越千年的时间。更重要的是，阿拉伯思想家为传播这些思想做了很多工作，并且形成和使用了更便利的数字体系，这个体系首先是由更遥远的印度使用的。地中海促进了这些思想从东方到西方的转移，同时成为南欧和黎凡特之间的便捷通道。布鲁日与这些哲学和科学的传播相距甚远，几近隔绝。尽管新思想最终会跨越阿尔卑斯山向北渗透，到达巴黎等知识中心和布鲁日等蓬勃发展的国际贸易中心，但这需要时间。布鲁日尽管拥有领先时代的商业氛围，但在其他方面仍然与意大利不可同日而语①。

佩鲁齐家族拥有的佛罗伦萨银行偶尔会与巴尔迪银行合作。编年史家乔瓦尼·维拉尼曾是佩鲁齐银行的股东，在1300—1308年期间受雇为银行的代理商，在意大利、法国、瑞士和佛兰德斯之间往来旅行，委托买卖商品。遗憾的是，在他的书中很少提及这一点，编年史的主要内容只是涉及佛罗伦萨的人民和事务。然而，一批可追溯到14世纪上半叶的佩鲁齐银行账簿幸存了下来，对我们了解这个佛罗伦萨第二大银行的运作提供了独特的视角。这一时期，该银行与医院骑士团建立了牢固的联系，后者统治着具有战略意义的罗德岛。该银行还开始涉足粮食运输和批发业务，与合作伙伴形成了利润丰厚的垄断地位，将粮食从法国南部运送到意大利中部城市。

佛罗伦萨第三大银行家族阿齐亚沃利，似乎对他们积累的财富进行了最具建设性的利用——成为艺术赞助人，特别是支持作家薄伽丘和画家乔托（Giotto）。在管理银行那不勒斯分行的过程中，尼科洛·阿齐亚沃利（Niccolò Acciaiuoli）与那不勒斯国王关系密切，最终被任命为王国的大总管（一个极有实权的职位，相当于首席朝臣和首席行政官的组合）。后来，阿齐亚沃利家族通过与希腊

---

① 尽管如此，不可否认的是，布鲁日是较为独立的北方文艺复兴的中心，正如1429年在该市去世的画家扬·凡·艾克（Jan van Eyck）所代表的那样。艾克作品中的现实主义和细节刻画，如《阿尔诺菲尼肖像》（*Arnolfini Portrait*），借助油画颜料的使用展示了卓越的技艺，这是习惯于创作壁画的佛罗伦萨艺术家无法企及的微妙之处。这得益于新发明和传播开来的眼镜的使用，它有助于画家对细节一丝不苟的追求。

的种种关系使奈利奥·阿齐亚沃利（Nerio I Acciaiuoli）成为了雅典公爵，统治着最初由勃艮第人在第四次十字军东征的过程中于1205 年建立的公国。在接下来的一个世纪里，奈利奥一世家族不少于五名成员相继管理这个公国。

关于这三家伟大的佛罗伦萨国际贸易银行，它们的锡耶纳先行者以及同时代的人物，还有重要的一点值得一提。著名的中世纪金融研究学者雷蒙德·德·罗佛（Raymond de Roover）在 1963 年写道："意大利商人发展出一套商业法规，起初是习惯法，但［很多］后来编入了法令……［这些］规则，或多或少地被全世界普遍采用，至今仍构成商业或贸易法的基础。"

文艺复兴是我们现代思想、科学、艺术和文学世界的开端，但经常被忽视的事实是，它也为我们当代社会中另一个很重要的侧面奠定了基础：这一点已被许多人视为社会的基本面——金融和商业。

第三章　乱世中的清醒头脑

14世纪初，佛罗伦萨开始逐渐从圭尔甫派与吉伯林派旷日持久的冲突中摆脱出来，成为欧洲的领军城市之一。一方面，财富的积累和一定程度的公民自由业已存在；另一方面，1302年但丁因被流放而激发出的文学创作力，恰恰满足了文艺复兴的第三个条件——原创和想象力的天分。在佛罗伦萨文艺界，拥有这种宝贵品质的并不只有但丁；也并不仅仅只有他的"新体派"文学圈子表现出新颖的灵感。被文艺复兴改变最深刻的其实是艺术领域——尤其是绘画。我们大多数人也正是通过这一方面感受到文艺复兴的精髓。出生于美国的当代文艺复兴研究学者劳罗·马丁内斯（Lauro Martines）就这一点提出了深刻的见解：

　　社会学研究艺术的关键，在于研究艺术家以何种方式将社会经验转化为形象语言。作为社会结构的功能和社会变化的一种方式，"看见"会以某种特定风格表达出来。艺术是我们的主观感受，同时也是一种神秘的社会语言。

　　乔托·迪·邦多内（Giotto di Bondone，通常简称为乔托）是文艺复兴起始时期最具代表性的画家，正是他，与当时主导中世纪艺术的拜占庭传统彻底决裂。

　　乔托于 1267 年左右出身于佛罗伦萨的一个铁匠家庭，在城墙东北约 25 英里外的维斯皮亚诺村（Vespignano）长大。他似乎从小就是一个聪明的孩子，顽皮而讨喜，很小的时候就被家人安排去山坡上放羊。关于乔托生平的细节，我们主要依据 16 世纪画家乔治·瓦萨里（Giorgio Vasari）的《意大利艺苑名人传》（*The Lives of the Most Eminent Painters*，*Sculptors and Architects*）一书。瓦萨里在乔托死后大约二百年后写作此书，这段时间足以让乔托的生平故事流传下来，但也不能确定这些故事是否随着时间的推移而被美化。然而在没有其他参考依据的情况下，这些文字还是给出了一些信息。

　　根据瓦萨里的说法，小时候的乔托放羊时就经常在地上或附近的岩石上用石头作画。一天，佛罗伦萨画家奇马布埃（Cimabue）从佛罗伦萨到维斯皮亚诺旅行，注意到乔托"用一块略尖的石头在一块光滑干净的岩石上草草地画了一只羊"。奇马布埃对这个未受过教育的孩子的写实绘画印象深刻，决定在自己的工作室为他提供一份学徒的工作。乔托的家人同意了，这个年轻人和奇马布埃一起回到了佛罗伦萨。奇马布埃是当时城中最著名的画家。尽管他以拜占庭风格作画，但赋予了程式化的人物最初的栩栩如生的效果，通过适当的四肢比例和一定的阴影效果引向现实主义风格。

乔托似乎很快地掌握了老师的绘画技巧，对奇马布埃作品的现实风格特别感兴趣，增强了他未经雕琢的自然主义绘画风格。根据瓦萨里记录的故事，有一天乔托被单独留在工作室，他趁机在奇马布埃一幅画中的人物鼻子上画了一只写实的苍蝇。奇马布埃看到后几次试图把苍蝇赶走，乔托捧腹不已。这个故事（或传说）说明了乔托对现实细节的关注。

瓦萨里的另一个故事则表现了乔托早熟的技艺，以及独立自信的品质。奇马布埃的工作室有一位才华横溢的年轻画家的消息很快传遍了佛罗伦萨，最终传到了罗马。教皇很感兴趣，派遣一名信使前往佛罗伦萨一探究竟。在信使的面前，乔托将他的画笔浸入一盆红色颜料中，在"不移动手臂，也不借助指南针"的情况下画了一个完美的圆圈。当信使索要一些画作时，乔托坚持认为这个圆圈就足以展示他的技艺了。信使失望地离开了，坚信乔托愚弄了他，为了不让教皇生气，他又收集一些其他艺术家的画作和乔托的圆圈一起带回了罗马。据说教皇对其他画都不感兴趣，唯独对乔托的红色圆圈很着迷，尤其是当信使告诉他乔托是如何绘制的。教皇对信使说："你比乔托的圆圈还简单。"这句俏皮话后来因其双关的含义成为骂人的俗语，因为在托斯卡纳方言中"圆圈"一词既有圆圈的意思，也有傻瓜的意思。

乔托的老师奇马布埃是一个令人敬畏的人物，对画作有着非常高的要求。根据瓦萨里的说法，当他发现自己的作品存在缺陷时，"他会立即销毁作品，无论它多么珍贵"。他也是乔托的严厉监工。当奇马布埃受小城阿西西（Assisi）的委托，绘制多幅描绘圣弗朗西斯（St Francis）的大型壁画时，乔托陪伴他前往这个位于佛罗伦萨东南 120 英里的城市工作，并担任助手。这些壁画至今仍然可以在阿西西看到，学者们也仍在争论其中哪些部分是奇马布埃绘制的，哪些是乔托的手笔。这充分说明了乔托日益成熟的绘画能力，以及他从老师那里学到的东西。

后来，乔托很快就以自己的名义获得佣金并发展出个人的绘画风格。最突出的特点就是因为直接描摹自然而带来的"真实感"。画中人物一般安排在现实环境中，动作和姿态栩栩如生，这与拜占庭风格的程式化人物和环境截然不同。

乔托绘画的这种变化被比作文艺复兴的前奏。在这一时期，银行家由于业务的性质开始变得更加理性。就贸易领域而言，教会在中世纪时期所鼓励的神秘主义和非理性信仰没有什么发挥空间了——精确的账簿才是商业的日常，而非空灵的愿景。这种态度变化从银行家和商人开始，通过小商人和熟练工匠阶级逐步在全社会传播。正如马丁内斯所说，乔托的风格"抓住了那些以贸易为生的人的自信和讲究实用的心态"。

然而，这种从神秘主义世界观向追求账簿精确性的转变，并不等同于宗教影响力的减弱。这些会计和商人仍然是虔诚的基督教信徒，因为他们习惯用"以上帝和利润的名义"来记账。这个账簿标题表明了商业与中世纪世界观的深刻契合——在今世的账本上可以赚到钱，但还是要在来世接受上帝的审判。在我们死后，我们曾经作为凡人度过的生命必须被计算在内——就像在分类账中一样。从善行的收益中减去罪恶的过失，"审判日"就是计算我们生命账簿的日子。

尽管乔托的画作对现实采取了更加审慎和理性的视角，但这种转变并没有背离他的信仰。画作的内容几乎完全是与宗教相关的——耶稣诞生、圣母玛利亚、受难，以及圣弗朗西斯生活中的场景等等。尽管在观赏者眼中，他确实偶尔会为活着的当代人画像，甚至是自画像。现在我们了解了乔托是怎样的一个人，尽管有关于彩绘苍蝇和完美圆圈的趣闻轶事，但乔托整体上仍是一个严肃自律、自尊自重的人物。至少，这是他想要通过自己的画面传达的。

我们认为但丁最可靠的画像也是来自乔托，根据瓦萨里的说法，他是"但丁的好朋友"。传说中他在费拉拉（Ferrara）遇到了这位流亡诗人，但丁向他委托了不止一幅画作。

乔托所作的但丁肖像在佛罗伦萨的一处墙壁上，在巴杰罗宫（Bargello）内的小礼拜堂中。这座巨大的建筑顶楼墙沿呈锯齿状，当初建造是用来给在佛罗伦萨担任督政官的外国人作住所。这幅肖像画是在但丁去世大约十五年后绘制的，但人们普遍认为画中是但丁相对年轻时的样子，应该就是他认识乔托的年纪。但丁的面孔轮廓鲜明，在其年轻的朝气中还带有一丝女性的脆弱。这恰好与我们了解到的 20 多岁的但丁相吻合：那时他刚写完《新生》，同时也是坎帕尔迪诺战役中的骑兵。

乔托在二十出头的时候娶了一个名叫休塔（Ciuta，Ricevuta 的缩写）的女人。他们生育了八个孩子，其中一个也成为画家。1301 年，乔托甚至在佛罗伦萨拥有了一所房子：对于一个出身于铁匠家庭的年轻牧羊人来说，这绝非易事。乔托在绘画上的创新使他的作品超越了老师奇马布埃，他的新写实风格吸引了那些富有的赞助人的关注——巴尔迪和佩鲁齐银行家族都曾支付给他佣金，阿齐亚沃利家族也给予他很多支持。乔托一生大部分时间都在意大利旅行，完成委托的各种画作，甚至担任雕塑家和建筑师的工作。

与留给后代的表情严肃的自画像相反，瓦萨里文字中的乔托是一个颇具幽默感的形象。乔托在旅途中到访那不勒斯，国王罗伯特（Robert）要求他在一座小教堂中绘制一些末日场景作为装饰。据传乔托所选的场景出自但丁的建议。瓦萨里描述道："国王总是很高兴一边观看乔托作画，一边聆听他的闲谈。乔托理解每个笑话的笑点，能机智地接住每句俏皮话。国王被他的画吸引了，也被他讲的轶事逗乐了。"乔托甚至还拜访了当时在阿维尼翁的教皇克莱门特五世（Clement V），到过法国更远的地方，可能远至卢瓦尔河。

回到佛罗伦萨后，乔托成为作家薄伽丘的朋友，薄伽丘也同样非常钦佩但丁。但是从薄伽丘口中，我们了解到了不同的乔托的形象。瓦萨里引用薄伽丘对乔托的评论："整个佛罗伦萨都没有比他更丑的人了。"（乔托的一幅自画像也确实暗示了这一点。）另一个故事似乎也证实了薄伽丘的观点。乔托在意大利中部的多次旅行中，妻子休塔和越来越多的孩子们总是伴随左右。当乔托在帕多瓦的斯克罗维尼教堂（Scrovegni Chapel）作画时，但丁前来拜访，看到画家兴高采烈地沉浸在作品中，年幼的孩子们在他周围乱窜。但丁有些吃惊地问道，一个能画得如此优美的人怎么能生出这模样的孩子？乔托机智地回答："我在黑暗中创作了他们。"

乔托在斯克罗维尼教堂绘制的一系列壁画被公认为是他的杰作，内容包括圣母玛利亚生活中的场景，以及"最后的审判"。这些画作不仅在风格上具有原创性，而且在诠释所描绘事件的手法上也经常是新颖的。尽管乔托所受的教育不多，但他似乎对自己所画的场景非常熟悉。斯克罗维尼教堂的壁画还描绘了基督教义中的七种美德及与其对立的七种罪恶。这些场景中的寓言人物通过使用单色灰色调色板赋予了人物大理石雕像般的质感。这些壁画可追溯至1305 年左右，当时乔托正处于事业的顶峰。

在佛罗伦萨居住期间，乔托与几个学徒一起开设了一个工作室，他们经常帮助他作画。在那期间，佛罗伦萨已经开始了许多文化项目——尤其是在建筑领域——旨在反映本市在意大利银行业的中心地位（威尼斯对该地位发起了激烈争夺）。在所有计划的建筑中，最重要的是一座新的城市中心大教堂，被命名为圣母百花大教堂（Santa Maria del Fiore）①。建造始于 1296 年，由阿诺尔福·

---

① 这座教堂迄今仍是佛罗伦萨市天际线中最突出的建筑物，也是城市中的主教堂（Duomo）。与大众误以为的恰恰相反，意大利语中 duomo 一词就是英语中 cathedral 的含义，与 dome（圆顶）并没有什么关系——圆顶这一设计，要到这座教堂建成一个世纪后才流行于教堂建筑中。

迪·坎比奥（Arnolfo di Cambio）负责，他为教堂奠定了哥特式设计的基调。大约十几年后迪·坎比奥去世，乔托被任命为这个长期项目的首席建筑师，他的主要贡献是教堂旁矗立的一座独立的钟楼，形制十分优雅。钟楼外立面装饰白色和彩色大理石，与大教堂和洗礼池的外观相匹配。乔托可称得上是一位出色的建筑师，但他在这一领域的抱负和能力仍不能与他在绘画领域进行的开创性工作相比。钟楼虽然无疑是一座精美的建筑，但仍然谨守着哥特式风格。

乔托于 1337 年在家乡去世，享年约 70 岁。瓦萨里描述了"乔托是如何被埋葬在圣母百花大教堂，在教堂入口的左侧有一块白色大理石碑，以示纪念"。1977 年进行的挖掘工作中有一些令人惊讶的发现，出土了据传是乔托的遗骨。2000 年对这些出土物进行法医鉴定时，证实这些骨头在主人的一生中吸收了大量化学物质，其中最主要的是砷和铅，例如艺术家常用的油漆（乔托会亲自为自己的画打底稿）。此外，头骨的牙齿磨损严重，表明他经常在牙齿之间咬着刷子。这些骨头无疑属于一个画家。但这些骨头还透露了其他的秘密——这是一个很矮的男人，头很大，有突出的鹰钩鼻和一只凸出的眼睛。他大约有四英尺高，可能患有先天性侏儒症。这与一个流传了数百年历史的说法吻合，即出现在佛罗伦萨圣十字教堂壁画中的矮人实际上是乔托的自画像。乔托其他的自画像都在不遗余力地掩饰这件事，尤其是仰视角度的自画像，误导性地使人觉得他性格傲慢，这与我们从瓦萨里那里了解到的乔托个性完全不符。

＊　　＊　　＊

　　我们现在来谈谈乔托的朋友、作家薄伽丘，这位作家与乔托有着类似的较为现实（或朴实无华）的生活观。薄伽丘出生于1313年，此时距乔托出生大约二十四年，距但丁去世仅八年——因此他没有见过但丁，但确实崇拜他，尽管也并非全心全意。正如我们将要看到的，薄伽丘是促成意大利文学诞生的三位伟大的佛罗伦萨作家之一［第三位是彼特拉克（Petrarch），将在下一章中介绍］。

　　乔瓦尼·薄伽丘（Giovanni Boccaccio）似乎是私生子。他出生于佛罗伦萨西南约20英里的小镇切达尔多（Certaldo），这里是他父亲博卡奇诺·迪·切利诺（Boccaccino di Chellino）的家乡，他是一位在巴尔迪银行工作的佛罗伦萨商人。母亲的情况至今不明。年轻的薄伽丘在佛罗伦萨由一位老师抚养长大，据说他热情地向他介绍了但丁的作品。

　　1326年，薄伽丘的父亲娶了一位名叫玛格丽特·德·马尔多利（Margherita dei Mardoli）的佛罗伦萨女子，大约同时期被任命为那不勒斯一家银行的经理。年轻的薄伽丘陪伴前往那不勒斯，并在父亲的银行当职员。在那里他学习了算术和会计，但事实证明他并不适合这个领域，最终父亲被说服允许他在那不勒斯大学学习法律。这所大学是欧洲最古老的大学之一，由神圣罗马帝国皇帝腓特烈二世于1224年创立，并因一个世纪前托马斯·阿奎那曾在此学

习而闻名。然而，薄伽丘很快就对学习法律和对会计学一样不再抱
有幻想了。

由于父亲作为银行家与那不勒斯国王罗伯特有工作接触，二十
多岁的薄伽丘也得以开始在宫廷圈子里走动。在这里，他爱上了一
个名叫玛丽亚·达基诺（Maria d'Aquino）的女人，她是国王的私
生女。与此同时，他开始写一些浪漫的散文，他的爱人化名为"菲
亚梅塔"（Fiammetta，意为"小火焰"）出现在一些作品的字里行
间。薄伽丘也成为尼科洛·阿齐亚沃利的密友。尼科洛是佛罗伦萨
银行家族的一员，他在宫廷中的影响力大到最终成为那不勒斯王国
的大总管。

正是在这段时间，薄伽丘实现了他作为诗人的真正使命，写出
许多基于古希腊神话的长诗。其中之一是《爱的摧残》（Il Filos-
trato），其标题是希腊语和拉丁语的混合，意思是"被爱顶礼膜拜
的人"。该诗以特洛伊罗斯（Troilus）和克瑞西达（Cressida）的
故事为内容，虽然历史背景可以追溯到神话中的特洛伊围城，但薄
伽丘巧妙地借此影射了当时那不勒斯宫廷的氛围，以及他对菲亚梅
塔的热爱。[薄伽丘这个故事的版本后来继续启发了乔叟（Chaucer）
和莎士比亚（Shakespeare）。]

薄伽丘对菲亚梅塔的感情很快就为人所知。就像但丁对比阿特
丽斯的爱一样，这几乎也是一种纯洁的"诗意"之爱。但关键的区
别在于薄伽丘有时能够与菲亚梅塔交谈，两人都意识到彼此是相互
爱慕的。即便如此，薄伽丘还是在 1340 年离开了那不勒斯，距离
他们的"婚外情"成为宫廷八卦不足两年。

但薄伽丘离开还有一系列其他的原因。首先，菲亚梅塔的丈夫当然会嫉恨这段感情。另外，1340 年暴发了一次小规模瘟疫，导致许多人不得不离开这座城市。与此同时，那不勒斯国王罗伯特和佛罗伦萨之间的关系日益紧张，政治局势急转直下。几年前薄伽丘的父亲就因为政治原因回到佛罗伦萨，这也很可能是他次年即告破产的原因。更糟的是，据资料推测薄伽丘的生母在这个时候去世了。

薄伽丘满腹怅惘地回到佛罗伦萨，父亲设法为他在政府中谋了一个小职位。正是在那时，薄伽丘写下了他的第一部伟大作品《菲亚梅塔》。作品内容的独创性第一次引起了世人注目。这部作品以挽歌的形式，用菲亚梅塔本人的语气写成，描述了她对某个"潘菲洛"（Panfilo）的感情。"潘菲洛"除了明显是薄伽丘的化身这一事实外，它本身也是蕴意无穷的。Panfilo 来自希腊单词 pan 和 philo，意思是"被所有人爱"，但也包含"所有人的爱人"的暗示。

菲亚梅塔对潘菲洛的感情同样是双刃剑。她称她的挽歌是"向恋爱中的女士们发出的警告"。在其中，她形象地阐述了与潘菲洛的感情关系的危险。正如 19 世纪英国评论家约翰·阿丁顿·西蒙兹（John Addington Symonds）所说："这是在文学上有作者首次尝试去剖析感情主题；自维吉尔和奥维德（Ovid）时代以来，还没有人在这个领域进行过任何心理性的分析。这部非凡作品通过巧妙地剖解女性的心迹，来证明了自己是一位深刻的情感专家。"

因此《菲亚梅塔》在内容新颖的同时表现出惊人的洞察力，不仅是文学方面的，还有心理和情感方面的。此前，但丁曾描述过他梦见比阿特丽斯吃掉他的心。但相对于但丁情感的珍贵之处即纯精神性的互动来讲，薄伽丘的暗示更为直接。以下段落就是一些证明，菲亚梅塔描述道：

> 我疲倦地躺在柔软的草丛中，然后好像被一条隐藏的蛇发现了。当我躺在草床上时，蛇的尖牙刺穿了我的左乳，那锋利的獠牙刚咬伤我的时候就像在灼烧。可后来我又感到有些安心，同时又担心会发生更坏的事。我把冰冷的蛇抱在怀里，向它传达怀抱的温暖，从而使它感到与我的心更亲切，以换取它的停留。毒蛇因为我的恩惠而变得更加勇猛，它把丑陋的嘴贴在我的伤口上，过了很久，在它喝了我许多血之后，它认为即使我反抗也已经引出了我的灵魂；然后，它带着我的血离开了我的胸膛。

薄伽丘很清楚他在这个隐喻中所描述的感受。尽管他和菲亚梅塔并没有通过真正的性关系来确定爱情，但该段落表达了（从菲亚梅塔的角度）她是如何想象这种情况发生的，充满了暗示性的生动细节。这几乎就是对双方都暗自在心里渴望的场景的直接描述。

来自外部环境的原因导致薄伽丘失去了菲亚梅塔，离开了那不勒斯；同样的原因也导致他离开了佛罗伦萨，开启了他最著名的作品的构想。为了充分了解这些背景，我们需要回到佛罗伦萨的政治旋涡中。

1330 年代后期，意大利城邦之间的激烈竞争使佛罗伦萨进入了一个经济紊乱的时期。三大银行——巴尔迪、佩鲁齐和阿齐亚沃利家族经营的银行——被欧洲舞台上的竞争对手威尼斯银行搞得大伤元气。英格兰国王爱德华三世（Edward Ⅲ）欠这些银行的巨债使得情况雪上加霜。

　　君主制和专制统治者再一次暴露了中世纪银行发展的根本缺陷：银行拥有巨大的财富，但没有权力。当一位君主向银行寻求贷款时，这是无法拒绝的要求——只要银行依赖于该君主统治区域内的贸易来维持运营。佛罗伦萨银行依靠他们在伦敦的办事处来促进佛罗伦萨纺织业赖以生存的羊毛贸易。爱德华三世资金短缺，同时还陷入与法国的战争，这场旷日持久的战争被称为百年战争，从1337年一直持续到1453年。佛罗伦萨的这三大银行都有义务（如果它们希望继续开门营业的话）借给爱德华三世大笔资金作为军费。一旦提供了一笔贷款，如果有任何收回原始贷款的可能，就不可能拒绝下一笔贷款。几年之内，英国国王的贷款激增到惊人的数额。巴尔迪银行被欠了超过50万弗罗林，佩鲁齐银行也相差无几。

　　那么威尼斯人在这一过程中扮演了什么角色呢？最近的研究表明，威尼斯人肯定是进一步削弱佛罗伦萨银行的一个隐藏因素。佛罗伦萨是一个内陆城邦，其海上贸易依赖于租用远洋船队来进行。近半个世纪前，比萨海军已经被热那亚人摧毁，威尼斯介入并填补了佛罗伦萨海外贸易的空白。因此，威尼斯确保托斯卡纳和布鲁日之间的大部分佛罗伦萨羊毛贸易通过威尼斯商船进行运输，这些船的船长条件便利，可以向威尼斯提供有关佛罗伦萨羊毛贸易的重要情报——数量、价值、盈亏等等。还有一个有利因素是，威尼斯货币达克特仍然是佛罗伦萨弗罗林的竞争对手。威尼斯现在已经控制了金银市场，因此可以操纵黄金价格，弗罗林的现行汇率被威尼斯决定。

与此同时，佛罗伦萨开始了一场代价高昂的鲁莽尝试，即征服邻近的小城卢卡。卢卡占据着托斯卡纳地区的西北角，对佛罗伦萨通往海岸的贸易路线构成了潜在的威胁。这场战争的代价是税收急剧增加，很快在人民中引起了广泛而强烈的不满情绪。由于害怕人民起义，统治家族——既有旧贵族，也有银行家和商人——采取了激烈的措施。他们开始四处寻找一个强势的人物来担任佛罗伦萨的临时统治者，最终选择了法国贵族沃尔特·德·布赖讷（Walter de Brienne）①。

动乱之中，佛罗伦萨统治阶层的家族呼吁举行议会，将所有14岁以上的男性召集到领主广场中央，并要求他们对提出的任何问题表明态度，表示同意（或反对）。在这种背景下，统治贵族们要求召集起来的人们确认沃尔特·德·布赖讷为佛罗伦萨领主一年。但此时市民阶级已经对统治家族深恶痛绝，他们没有表示反对，同时开始高喊"终身的！终身的！"，希望沃尔特直接成为永久的统治者。

因此，1342年沃尔特被任命为领主，作为对人民拥戴的回报，

---

① 沃尔特拥有布赖讷伯爵的头衔，在他的家乡巴黎以东100英里处拥有一处大庄园。他与那不勒斯国王罗伯特密切结盟，后者也再次成为佛罗伦萨的盟友。沃尔特当时恰好还是雅典公爵，尽管很大程度上只是名义上的，因为雅典已被加泰罗尼亚人占领。将近半个世纪之后，阿齐亚沃利家族才获得这个头衔，当时奈利奥·阿齐亚沃利帮助雅典推翻了加泰罗尼亚的统治。

他开始在平民阶层中提拔人选作为执政官，这一举动自然激怒了旧统治阶层。然而沃尔特很快流露出独裁的打算。当他拒绝取消重税时，人们又开始反对他，整个城市都掀起反抗的浪潮，沃尔特和他的 400 名士兵一起撤退到了领主宫（Palazzo Vecchio）[①]。

这座雄伟的石头建筑于 14 世纪初由负责城市大教堂（圣母百花大教堂）原始设计的建筑师阿诺尔福·迪·坎比奥完成。他以自己之前设计的巴杰罗宫为模型按比例扩大，外部形状设计为带有城堡城垛的大立方体。宫殿作为执政团的办公地点，能够俯瞰领主广场的广阔空间。耸立在宫殿上方 300 英尺高的钟楼，是在 13 世纪初一座高大的防御塔上改建的。这座塔的钟声——被人们通俗地称为"牛钟"，因为它总发出低沉的哞哞声——响起，就是召集城邦市民们举行集会的讯号。就这样，领主宫成为了市政生活的焦点。

沃尔特和他的部下躲藏在这座雄伟的建筑中，佛罗伦萨的市民则团结一致开始示威。编年史家维拉尼描述了他亲眼目睹的场景："人群全都涌上街头，要么骑马，要么步行。市民们聚集在各自的街区，挥舞着旗帜，高呼：'［雅典］公爵和他的人去死吧！人民万岁！佛罗伦萨万岁！自由万岁！'"

很快，一群激愤的暴徒聚集在领主宫的高窗下，叫嚷着要让沃尔特付出血的代价。为了缓和局面，沃尔特命令他的士兵释放了所有未经审判就被判处死刑的人，还下令将他任命的警察局长及其儿

[①]　这座建筑现在被称为韦基奥宫，几个世纪以来它的名称几经变换，为避免行文混乱，后文将一直称领主宫。

子与囚犯一起驱逐出宫殿。维拉尼记录了人们对这两个遭人痛恨的人物的反应：

> 他们当着他父亲的面殴打儿子，把他的四肢拽断，把他砍成碎片。之后，他们对他的父亲也实施了同样的兽行。一个暴徒甚至用长矛刺出了一块肉，另一个暴徒在他的剑上插了一块，然后他们开始在街上游行，高呼口号。有些人被野兽般的愤怒冲昏了头，甚至开始吃生肉。

到1340年代初，佛罗伦萨的三家主要银行——巴尔迪、佩鲁齐和阿齐亚沃利——陷入了更加严重的困境，仅仅是在勉力支撑运营。除了债务之外，威尼斯人针对佛罗伦萨货币进行的秘密阴谋开始产生影响。维拉尼记载："1345年，佛罗伦萨严重缺银，没有银币……因为所有银币都被熔化并运往海外。"此事关系重大，因为金币弗罗林用于国际贸易，而银币一直在佛罗伦萨城市内流通用于当地商业。由于威尼斯人的操纵，这些银币在国际市场上的价格已经超过了面值。这就不奇怪为什么投机者会囤积银币并将其熔化，以便在国外直接出售金属了。

针对这种情况，佛罗伦萨当局开始铸造新的银币。根据维拉尼的说法："这是一些非常漂亮的硬币，上面装饰着百合花和圣约翰的形象，被称为新圭尔甫币。"实际上，铸造新银币相当于贬值，因为新币被赋予了比之前更高的面值，但银含量并没有相应增加。

在沃尔特和他的手下被驱逐后，已经失去理智的暴徒们继续对佛罗伦萨的主要家族进行攻击和破坏。巴尔迪家族损失尤其惨重，他们的一些房屋遭到洗劫和毁坏。这个家族的三名成员还与一些锡耶纳的造假者秘密合作，在教皇国边界的卡斯特罗南部山区建立地下铸币厂。这件事被大众知晓后，巴尔迪家族的境况更加无力回天。鉴于问题严重，佛罗伦萨当局很快突袭了卡斯特罗。根据维拉尼的记录："其中两个［造假者］被抓获并被烧死，他们供认是三名巴尔迪家族成员让他们这样做的。"但是这三名巴尔迪家族成员逃跑了，并在不在场的情况下被判处火刑。

此时巴尔迪银行已经陷入绝境。英国国王爱德华三世欠下的债务几乎翻了一番，从 50 万弗罗林增加到 90 万弗罗林。神圣罗马帝国皇帝腓特烈二世的后裔、西西里国王彼得二世（Peter Ⅱ）又欠下 10 万弗罗林的债务。与此同时，爱德华三世欠佩鲁齐银行的债务也已经上升到 60 万弗罗林，西西里国王欠 10 万弗罗林。雪上加霜的是，佩鲁齐银行还欠其他账户持有人 30 万弗罗林，他们的存款已被查处并拿去抵债。

1345 年 1 月，"英国颁布了一项皇家法令，暂停向皇室债权人支付款项"，即英王爱德华三世公然违约。西西里国王很快也效仿。佛罗伦萨的大银行瞬间像多米诺骨牌一样接连倒闭，巴尔迪、佩鲁齐和阿齐亚沃利都难逃厄运，然而这还不是全部。正如维拉尼记录的那样："许多投资于巴尔迪和佩鲁齐的小公司和个人……失去了一切。"在崩盘之前，欧洲银行业之都佛罗伦萨经营的银行有 80 多家，其中许多是家庭作坊式的；最终除了十几家以外，其他所有银行都消失了。

维拉尼（后来在博纳考西银行工作）甚至被短期关押到斯丁凯监狱。这件事在他的编年史中以对所有历史学家布道的形式间接提及：

> 一个以撰写重要事件历史为己任的人，在谈到真相时不应沉默。他应该成为后人的榜样，并警告他们谨慎行事。对于已经过去的一切我们渴望得到原谅，因为所发生的事情也曾降临在作者身上，沉重地压在他和他的良心上。

即便如此，他对银行家雇主的愤怒也是显露无遗的：

> 哦，被诅咒的贪婪的狼，他的贪婪蒙蔽了我们的双眼，使我们的公民走向疯狂。为了从统治者那里获利，他们冒险搭上自己和其他人所有的钱，赌上自己的权力和地位，现在他们失去了一切，也摧毁了穷人的生活。

根据维拉尼的记载，英国国王欠巴尔迪和佩鲁齐银行的总金额"与王国本身的价值一样多"。但与21世纪银行业的崩溃不同，这些银行无论大小，都没有被国家"拯救"的问题。用现代的话说，佛罗伦萨的大银行可能"大到不能倒"；但与现代政府不同的是，佛罗伦萨城邦的执政官们是无权介入的。巴尔迪银行和贸易公司曾是"欧洲最精明的商人"，佛罗伦萨的三大银行都从事跨洲规模的银行和贸易业务，分支机构遍布欧洲、北非和黎凡特。而佛罗伦萨城邦政府在当时已经风雨飘摇，被迫通过年度"财产估算登记制"来维持，每个人都"根据自己的能力和收入增加的可能性"来支付一笔钱。在与卢卡的长期战争期间，税收负担成倍增加，此时任何进一步的税收增加，特别是为了拯救巴尔迪和佩鲁齐这样的银行——更不用说小银行了——都是不可想象的。

财产估算登记，顾名思义，实际上是对一个人财富的估计，如他的年收入。这种制度有利于地主，但伤害了工薪者。因为与以往一样，高收入者尽最大努力隐瞒或以某种方式尽量减少暴露他们的收入，意味着收入较低的人最终会支付更高比例的税款。

财产估算登记作为一种手段，可能而且经常被当权者用来削弱敌对的家族，夸大他们的收入估计。但这个系统的正面影响是，它并不鼓励炫耀财富，这侧面促进了民主精神，维持了所有人或多或少平等的错觉。

在需要的时候，例如对卢卡作战期间，政府可以征收一种名为"公民贷款"的特殊税。这是一笔一次性支付给政府的"自愿"贷款，作为回报，"志愿出借者"能获得5%的贷款利息。这成为宗教当局争议的焦点，因为圣经中明确谴责了高利贷。与收取"保险费"或操纵汇率的银行不同，这项税收公然涉及高利贷，即使是出于正当理由。各教派的意见不尽相同，方济各会宣布"公民贷款"不是高利贷，而奥古斯丁和多明我会则坚持认为是高利贷。最终方济各会赢得了胜利，但关于高利贷的争议——关于银行和公民贷款——将持续存在。

尽管巴尔迪、佩鲁齐和阿齐亚沃利银行倒闭，但这些家族并未到一无所有的境地。像维拉尼这样的小人物可能已经破产并被关押到斯丁凯监狱——那时的刑罚还经常包括一些强制的酷刑——但许多人已经筹到一些钱避免生活陷入赤贫。的确，在统治阶层家族中，被彻底毁灭的寥寥无几。大约四十年后我们就见证了阿齐亚沃利的东山再起，其中一名家族成员获得了雅典公爵的封号；巴尔迪保留了他们的家族宫殿，建在奥尔特拉诺区属于巴尔迪的土地上；同样，佩鲁齐家族在佛罗伦萨政治事务中也仍然是一股不可忽视的力量。尽管统治家族甚至银行家们仍然控制着这座城市，但他们的控制力已被削弱。为了维持选民的忠诚，尤其是在投票箱前，大家族必须为此付出代价，各种名目的"赞助"耗费了大量钱财。即使只是在精英家族之间竞争，选举仍然存在不可预测的因素；如果某一个家族获得了主导的优势，结果也仍然有待观察。在一个私有银行业务比政府强势得多的共和国中，民主不可避免地岌岌可危。

此时我们需要简要计算一下佛罗伦萨银行业危机造成的全部成本。考虑到成本相对于现代等价物的变化，将这些中世纪的数字与现代的价值计算方法联系起来几乎是不可能的。例如大规模工业生产取代了中世纪的手工业，使许多成本和价值变得无法估量。

然而，我们可以根据相对值给出一些估算。1340年代中期，工匠每年可赚取相当于40弗罗林的收入。一位高级政府官员的收入可能是这个数字的三倍以上，而一个富裕的家庭可以用大约1000弗罗林建造一座中等规模的宫殿。因此，导致巴尔迪破产的超过百万弗罗林的债务，理论上就可以建造1000座宫殿，支付大约25000名工匠的工资，或者支付数年整个城市的市政管理费用——包括从执政官到最底层的抄写员和其他体力劳动者的工钱。

当时，佛罗伦萨的大多数人都非常贫穷，甚至达不到支付"财产估算登记"费用的门槛。但这并不是意味着穷人什么都不用付；他们仍然被间接征税。每天早上，当农民们赶着他们的几只小猪、一头羊或一头牛，搬运他们的干草包或推着水果和蔬菜从农村到市场时，税务检查员等在门口，对监管的每种产品抽取一定数量的"最低税"。酒、盐和用于面包的面粉甚至也包括在征税范围内，被称为"关税"，实际上是一种进口税。

1348 年，比银行倒闭更糟糕的命运降临到这座城市。现在我们通常认为，鼠疫是被远洋船队从黑海北岸的克里米亚港口卡法［现在的费奥多西亚（Feodosia）］带到意大利的。这座城市曾遭到蒙古人的围攻，他们的骑兵携带了来自中亚的鼠疫耶尔森氏菌。蒙古人将死于这种疾病的人的尸体弹射到城墙上，导致病菌在被围困的市民中传播。

1348 年 1 月，已经携带病菌的船队抵达威尼斯和那不勒斯后，被称为"黑死病"的流行病开始在意大利蔓延。其中一条被感染的船只在比萨的港口停留，于是病菌传播到了托斯卡纳。到春天时，疫情已经蔓延到佛罗伦萨。同年晚些时候，维拉尼记录道："佛罗伦萨这里的疫情比皮斯托亚和普拉托（这两个小镇距城门以北几英里）更严重。博洛尼亚［向北五十英里］和罗马涅［亚平宁山脉以东的亚得里亚海地区］的死亡人数也相对少一些。"

维拉尼接着描述了这些症状：

　　该疾病表现为腹股沟和腋窝下出现肿块。感染者一旦开始吐血，三天之内就会死去……瘟疫会持续到……

　　这些句子就是维拉尼在编年史中最后的遗言。还没来得及写完日期，他也被黑死病夺去了生命。这场可怕的瘟疫席卷了整个欧洲，造成30％到60％的总人口死亡，即约有两千五百万人丧生。

第四章　薄伽丘与彼特拉克

　　薄伽丘于 1341 年左右从那不勒斯返回佛罗伦萨。因此，他见证了黑死病到来之前的动荡时期。在他刚回来时，佛罗伦萨是欧洲的主要城市之一，人口约 8 万。然而，即使在如此繁华的城市，生活也并不轻松。在这些人口中，有两万五千人受雇于羊毛贸易产业。经济不景气时许多人被解雇，其中一千多人得到了公共救济，其他人则沦为城市乞丐，穿着破衣烂衫徘徊在教堂或修道院外。总有一些人清晨聚集在富人的宫殿外，怀着感恩的心情等待一些面包皮、剩菜或者是一桶泔水。

　　白天，这些乞丐在较为热闹的街道、广场和市场上出没，衣衫褴褛地哀求路人施舍。许多人是被无力养活他们的家庭抛弃的；有一些可能是被主人解雇的仆人；还有一些是"堕落"的女人，比如使家庭蒙羞的女儿、被驱逐的妻子、太老或太难看而无法卖身为妓的女人。有证据表明，有些人是从战争中归来的伤残雇佣兵，从孤儿院逃出来的孩子，或者因精神虚弱、饥饿和疾病而无法确定年龄的人，他们的身体已经被监狱中的酷刑毁坏了。还有那些从比萨启航的船上工作多年的返航的水手，被迫在城墙内避难的农民，他们被暴徒赶出自己的小农场。仿佛人类所有的苦难脆弱都汇聚在这里，他们的背后是种种阴谋与不幸，被戕害的心灵和躯体，或者仅仅是命运的背弃。

这就是薄伽丘创作出他最伟大的作品的背景。与但丁笔下的角色都待在死后被发配到的地方不同，薄伽丘笔下的人物都非常活跃，他们游荡在人们熟悉的生活场景中，急切地寻找机会犯下所有但丁谴责的罪行。然而，正是作者的创作中分享的这种人性百态，流露了他深切的怜悯。

瘟疫袭击佛罗伦萨那一年，薄伽丘35岁，他描述了这个曾经是"全欧洲最高贵的城市"的悲惨景象。瘟疫肆虐的街道变成了人间地狱，像开放式的太平间一样可怕肮脏。他以特有的生动语言讲述了"我亲眼所见"的场景：

> 有一天，我看见路上扔着一团破烂衣服，来自一个死于瘟疫的乞丐。衣服被两头猪发现了，它们把鼻子伸进衣服里，又用牙齿撕咬衣服，用力地甩着，衣服便拍打在它们脸上。没过多久，它们就好像中了毒似的晃悠着倒下了。两头猪几乎很快

就死了，尸体倒在那团破布上。

像许多其他人一样，薄伽丘逃离城市前往近郊的乡村。根据他自己的说法，他在菲耶索莱（Fiesole）一座废弃的别墅中避难，那是一处可以俯瞰佛罗伦萨的山坡。几年后，他在书中讲述了这段日子并一举成名：

> 我记述了一百个故事、传说或寓言，或者随便你怎么称呼它们，以便为恋爱中的女士们提供些帮助。七位女士和三位年轻男士在共同躲避致命瘟疫期间，在十天的时间里讲述了这些故事。在这些故事中，你会发现追逐爱情的过程，既有快乐的，也有悲惨的；还有今时和往日一样总在发生的财富冒险。

这些故事有中篇小说也有趣闻轶事，都用后来成为标准意大利语蓝本的佛罗伦萨方言讲述，并为这样的写作树立了第一个伟大的榜样。薄伽丘称之为《十日谈》（*Decameron*）——源自希腊语"déka"（十）和"heméra"（天），反映了故事的时间框架。有时这部作品也被称为《人间喜剧》（*Human Comedy*），与但丁的《神曲》（*Divine Comedy*）形成鲜明的对比。我们看到的是一系列生动明白的世俗故事，而不是但丁式的冷漠判断和崇高神性：从朴素的智慧寓言（通常是非常规的那种）到充满诡计和淫秽的下流故事；从大胆的冒险到令人震惊的不幸事件，内容五花八门。

薄伽丘不像他的英雄但丁那样美化宗教，而是喜欢对神父和教会持嘲弄的态度。这非常符合许多目睹瘟疫影响的人的心理——再多的虔诚也不足以拯救在可怕的死亡中挣扎的受害者。黑死病的恐怖和自身的死亡似乎不可避免时，许多人选择放弃礼教，纵情声色。有些人赤身裸体地在街上奔跑或参加狂欢派对；其他人酗酒，洗劫富人的房产，或随意渎神。这些行为确实存在，证据就是在当时的记录报道中经常出现，这也是薄伽丘的叙事中总有那些狂暴的且淫秽的故事的原因。

《十日谈》中有许多粗鲁的行为和诡诈的心计，人们会将其与实际的中世纪生活联系起来。然而有趣的是，其中许多故事根本不是原创于中世纪的，而是改编自业已存在的故事，从希罗多德（Herodotus）到谢赫拉扎德（Scheherazade）在《一千零一夜》（Arabian Nights）中讲述的故事。这些故事非常经典，经受住了时间的考验流传下来，有时已经难以辨别出处。它们仍然很有趣，或具有启发性；讲述了人们的弱点，人们并不高尚的愿望，毕竟只是人类而已。薄伽丘讲述故事的方式更是如此。这是中世纪文学在进入即将到来的文艺复兴时期呈现出的更复杂的特征，即包含了新的人文主义元素。然而，所有这些色情异闻、欢乐的恶作剧和朴实的故事与哲学是何种关系？在这种情况下，我们可以说人文主义体现在故事角色的人性中。

站在道德高地去评判这些故事并不难，但这些故事究竟是关于什么的？让我们从一个例子入手，研究一下这些因语言难懂有时甚至被直接忽略的文字。（外国译者面对早期意大利文学的经典作品，习惯于绝望地放弃，经常留下大篇的意大利语原文。）

这个被许多诗人认为不适合我们聆听的故事是什么呢？女主人

公是"头脑简单"的阿莉贝克（Alibech），"一个十四岁左右的美丽女孩"。她住在北非，虽然不是基督徒，但她对基督教充满兴趣和敬畏，询问一个信徒如何才能最好地"服务上帝"。基督徒回答说，那些做得最好的人要远离所有尘世的财富，并在沙漠中隐居。因此，"在强烈的年轻冲动促使下"，她出发前往撒哈拉沙漠，了解这些隐士的生活。她找到的第一个圣徒，"看到她如此年轻和异常美丽"，就将她送走了，"觉得如果他把她置于自己的保护之下，魔鬼的影响可能会让他措手不及"。第二个圣徒同样不情愿，但指示她去拜访"一位名叫鲁斯蒂科（Rustico）的年轻隐士，他非常善良并且信仰坚定"。最终，阿莉贝克到达了鲁斯蒂科的小屋。鲁斯蒂科抱有"向自己证明有钢铁般意志的渴望"，于是邀请阿莉贝克在他的小屋里过夜，并为她准备了一张棕榈叶制成的床。

夜里，鲁斯蒂科发现满脑子都是睡在这里的美丽女孩。他绞尽脑汁"不知道以何种方式悄悄接近她，好让她认为他在任何方面都不是淫荡的"。于是他唤醒了她，开始讲述魔鬼有多么强大，上帝最欣赏那些能够把逃脱的魔鬼捉回地狱的人。

在谈话的过程中他们最终赤身裸体，相互跪着祈祷。此时鲁斯蒂科已经被欲望征服，因此他经历了"肉体的复活"。天真的阿莉贝克问："我能看看突出在你身前的那个东西是什么吗？我并没有这个。"鲁斯蒂科告诉她，这就是"我们正在谈论的魔鬼"。

阿莉贝克感谢上帝，让她没有这样的恶魔可抗衡。鲁斯蒂科表示同意她的看法，但随后告诉她，她也有一些他没有的东西。"那是什么？"阿莉贝克问道。"你有地狱。"鲁斯蒂科回答，并说上帝派他到她身边，这样他就可以把魔鬼放回地狱。"哦，上帝，我真的有地狱。让我们试着把魔鬼放回地狱，正如上帝所希望的那样吧。"于是他们就这样做了，一次又一次。

阿莉贝克后来对鲁斯蒂科说道："在我看来，任何不把所有精力都投入到将魔鬼送回地狱的人一定是个彻头彻尾的白痴。"如此持续了几天，直到鲁斯蒂科精疲力竭，他发现自己面对"热情的阿莉贝克"不断的要求已经无能为力了。

这可能是一个故意引人咋舌的，甚至不太可能发生的故事。尽管故事朝着离奇的方向越走越远，但它的结尾并没有明显的道德指引——除了"如果你需要上帝的恩典，就要把魔鬼送进地狱，这将为所有相关的人带来极大的宽慰，甚至上帝和魔鬼"。尽管薄伽丘表面上显得轻浮，但对阿莉贝克的青春期冲动和鲁斯蒂科经受的欲望折磨进行了精妙的心理描写。至于故事的原创性，薄伽丘让讲故事的角色声称这是一个古老的热那亚故事。学者们认为可能来自威尼斯，13世纪末从中国归来的马可·波罗（Marco Polo）讲述的忽必烈汗故事带来的灵感。故事结尾传达的信息似乎更适合1960年代的社会氛围，而不是1360年代，即薄伽丘完成这部巨著（超过800页的类似有趣的和嘲弄道德的故事）的时间。

薄伽丘在佛罗伦萨当局逐渐晋升到了一个重要的职位。黑死病使该市的人口一度减少到不到5万人，之后又迅速回升。早在1350年，薄伽丘就成为佛罗伦萨的外交代表，带领过出使远至威尼斯、米兰（佛罗伦萨的主要盟友）、阿维尼翁（当时为教皇所在地）和勃兰登堡的代表团。在此期间，他还抽出时间写了一本关于但丁的传记，虽然前者在薄伽丘的童年时期就在拉文纳去世了。但佛罗伦萨会有一些老人在但丁流放之前确实见过这位伟大的诗人，因此薄伽丘似乎是参考了这些人的回忆——根据现代学术研究，这种来源并不总是可靠的。薄伽丘非常钦佩但丁，尽管他们的性格差异不小。因此，他不禁感叹但丁对比阿特丽斯的纯洁爱情，是"当今世界不可小看的奇迹"。

现在，薄伽丘遇到了托斯卡纳三位伟大文学人物中的第三位，即诗人弗朗切斯科·彼特拉克（Francesco Petrarch）。彼特拉克比薄伽丘大十岁，大部分时间都在流亡中度过。彼特拉克的哲学人文主义从薄伽丘在那不勒斯的年轻时代起就对他产生了重大影响，尽管《十日谈》中并没有体现出这种哲学性的影响。薄伽丘在这位著名诗人访问佛罗伦萨时遇到了他，还被任命率领代表团迎接他。薄伽丘把彼特拉克安置在自己的房子里，他们成为亲密的朋友，在彼特拉克离开后也继续通信。彼特拉克似乎对薄伽丘喧闹的文学个性产生了一些使之平静的影响。

大约在 1360 年，薄伽丘开始撰写他的另一部伟大作品《名女列传》（De Mulieribus Claris），内容包括从神话、历史到他自己同时代的一系列著名女性的传记。尽管受到彼特拉克的影响，同时自身心态也已经更加成熟，薄伽丘还是在 106 位传主中包含了一些声名欠佳的女性。从夏娃到克娄巴特拉（Cleopatra）*；从罗马神话中的春之神和妓女的守护神弗洛拉（Flora），到 9 世纪的英国

---

　* 译注：即著名的埃及艳后。

女教宗，她伪装成男性并最终成为教皇，但在宗教游行中死于分娩*。

　　1361 年佛罗伦萨政变失败，密谋者被围捕并处决。虽然薄伽丘没有参与，但他的一些朋友与之有牵连，于是他明智地决定自己退休回到家乡切塔尔多。他在家乡度过了余生，逐渐变成一个肥胖而暴躁的老人，被一个又一个女人拒绝。最后，薄伽丘对自己和世界都感到绝望了，所幸彼特拉克设法说服他不要烧毁他的大规模藏书，这些书都曾是他作品的灵感源泉。1375 年隆冬，薄伽丘去世，享年 62 岁。

*　　*　　*

　　尽管弗朗切斯科·彼特拉克出生在托斯卡纳独立的小城阿雷佐，但他的父母都是佛罗伦萨人，只不过父亲后来被判流放了。彼特拉克在佛罗伦萨上游、阿诺河边的小村庄因奇撒度过了他的童年，由母亲抚养长大，流亡的父亲也曾来秘密探访。彼特拉克的父亲曾是但丁的朋友，但丁也一直流亡在外，直到 1321 年，也就是彼特拉克大约 17 岁时去世。此时，彼特拉克已和家人来到法国南部的阿维尼翁，跟随教皇克莱门特五世，后者因为将教廷从罗马迁

------

　　*　译注：现代的历史学家和宗教学者认为这是虚构的，是来源于与反教皇有关的民间传说。

至法国而颇受非议①。彼特拉克的父亲是一位教会公证人（处理教规法律的律师），他坚持希望儿子进入法律行业。尽管不情愿，年轻的彼特拉克还是学习了七年法律，先是在蒙彼利埃大学，然后在博洛尼亚，由弟弟盖拉尔多（Gherardo）陪同。此时彼特拉克已对拉丁语文学产生了兴趣并深受启发。父母去世后，他在 26 岁时回到了阿维尼翁并放弃了法律。

彼特拉克在这里与教廷的几位高级神职人员成为了朋友。灵动的机智和深入的学养使他在一生中无论走到哪里，都能吸引来许多朋友。在阿维尼翁，他与贵族科隆纳家族的两个兄弟建立了深厚的友谊，即年轻的隆贝兹主教贾科莫·科隆纳（Giacomo Colonna）和其兄红衣主教乔瓦尼·科隆纳（Giovanni Colonna）。几乎可以肯定，正是在贾科莫的影响下，教皇本笃十二世（Benedict XII）任命彼特拉克在隆贝兹（位于图卢兹西南约 30 英里的小镇）担任教士，这使彼特拉克得以靠津贴过活。

在接下来的几年里，彼特拉克四处旅行，远至包括佛兰德斯、波希米亚（现在的捷克共和国）和巴黎，后者曾是中世纪文化的中心。彼得拉克正是在那里发现了圣奥古斯丁（St Augustine）的作品，此人是 4 世纪罗马帝国最后一位伟大的哲学家。圣奥古斯丁与

---

① 根据维拉尼的记录，克莱门特五世曾向法王腓力四世秘密承诺过这一点，来换取腓力四世对教皇选举的影响和支持。（尽管克莱门特五世既不是红衣主教也不是意大利人，这两点对于当时的教皇候选人都是默认的门槛条件。）教廷搬到阿维尼翁造成了教会的大分裂，后来便有了两位教皇，一位在罗马，一位在阿维尼翁。再之后还有过三位教皇的时期，每一位教皇都试图将他的两个对手逐出教会。

基督教有着深厚的、有时甚至是深刻矛盾的关系。正是圣奥古斯丁设法将柏拉图（Plato）的哲学与基督教结合起来，赋予教义一种智识性的吸引力和未曾具备的深度。我们在后文将会看到，对柏拉图研究兴趣的重新高涨，对文艺复兴产生了至关重要的影响。

大约一千五百年前，17 世纪法国哲学家笛卡儿对一切都提出了怀疑，并得出了一个著名的基本结论，它在这位哲学家的所有怀疑中幸存下来——"我思故我在"——圣奥古斯丁也有过一个非常相似的结论，可粗略概括为"如果我被世界欺骗了，我仍然存在"。这是向内在和自我实现迈出的重要一步，对彼特拉克及其人文主义哲学的发展产生了决定性的影响。在人文主义中，一种新的"人性"正在形成。无论彼特拉克走到哪里，他都会随身携带一本圣奥古斯丁的作品。

彼特拉克被称为"第一位游客"，因为他一直在寻找名胜古迹。他会特意前往参观因拥有大型图书馆而闻名的修道院和古老教堂，他在这些古迹中探索寻找，有许多令人兴奋的发现，发掘出大量被遗忘或无法识别的手稿。在逗留期间，他也结下了许多亲密而持久的友谊，并通过信件交流绵延下来。

彼特拉克的第一部重要作品是一部用拉丁文六步格写成的史诗，名为《阿非利加》（Africa）。这首长诗描述了罗马将军西庇阿（Scipio Africanus）的功绩，他在公元前 202 年决定性的扎马战役中击败了迦太基人。《阿非利加》为彼特拉克赢得了广泛的声誉，在罗马被加冕为桂冠诗人——这是一项才恢复不久的传统荣誉，可追溯到古典时代，人们用月桂叶花环为获奖者加冕。

彼特拉克的荣誉和他的拉丁文史诗，都可以看作是预示着文艺复兴所蕴含的古典研究复兴和中世纪结束的进一步迹象。彼得拉克所起到的决定性作用，可以从他创造了"黑暗时代"（Dark Ages）一词中看出。当时诗人用这个词来描述整个中世纪，而现代通常用该词来指代公元 476 年罗马帝国覆灭到公元 1000 年之前——甚至这种用法也越来越有争议。

尽管我之前断言，一个时代的人很难完全意识到周围正在发生的事所蕴含的历史意义，但彼特拉克似乎非常清楚 14 世纪的意大利正在发生的巨变。这场欧洲思想转折的主导力量可以归功于人文主义的启迪，而彼特拉克正是早期的倡导者之一。

要理解一个新观点的全部意义，就必须掌握它出现之前的文化背景。正如我们已经看到的，中世纪基督教是人们生活的主导因素——今世的存在只是为来世做准备；死后会根据生前的行为受到审判，并相应地被送到地狱、炼狱或天堂，就像但丁的《神曲》描绘的那样。作为鲜明的对比，人文主义则强调人在今生的表现，作为人，我们应该充实地过好自己现在的生活。

这种本质上异教式的精神正是照亮过古典时代的哲学家、作家和艺术家的一盏明灯。因此，对古典作家的发掘热情逐渐在整个西欧传播开来，他们的作品也重新成为搜寻研究的重点——主要来自东方，通过拜占庭帝国和阿拉伯世界保存和翻译而来，例如阿维森纳（Avicenna）对亚里士多德作品的翻译。来自东方的思想还涉及其他新知识，例如斐波那契引入欧洲的印度-阿拉伯数字。后来，学者们也开始重新搜集和审读新发现的古典作品手稿，这些手稿以前并不为人知，或被认为已经永远丢失了①。在这种情况下，彼特拉克再次发挥了重要作用。

教育也开始发生变化。中世纪教育建立在经院哲学的基础上，强调语法、修辞和逻辑：如何写作（拉丁语）、如何说话和如何思考，即清晰而巧妙的论证和推理。但所有这些都开始在刻板的形式主义中僵化。首先，拉丁语可能是整个基督教欧洲的学者们通用的语言，与但丁、薄伽丘和后来的彼特拉克使用的意大利语不同，它并不是日常生活的语言。其次，修辞指的是一种以说服为目的的话语形式，除了在法律和少数允许公开政治演讲的地区之外，它也与日常生活无关。最后，逻辑仍然保留着其创始人亚里士多德在一千五百年前建立的严格的三段式论证结构，作为一种演绎推理方法，三段论依赖于从两个已知前提得出新结论。因此：

> 所有的人都是会死的。
>
> 苏格拉底是个人。
>
> 因此，苏格拉底是会死的。

正如我们将看到的，新知识将越来越多地通过科学方法和经验调查来获取，而不是通过三段论逻辑等纯抽象思维方法。

这些转变可以从教育领域即将出现的变化发展中看出。与经院

---

① 亚历山大图书馆是古代世界最大规模收集卷轴和手稿的图书馆，吸引了来自地中海各地的学者。公元前 48 年，图书馆被恺撒大帝意外烧毁，许多珍贵的古典作品被付之一炬。大约在公元 270 年，已经遭受大幅损失的图书馆又遭受了另一场类似的灾难。亚历山大图书馆的损毁对人类知识造成的损失是无法估计的，原有的藏书可能对人类历史的进步和进程产生的启发和影响也是无法估计的。

哲学不同，新人文主义试图重点研究我们现代所称的"人文学科"〔当时称为人类学（*studia humanitatis*）〕。原封不动的亚里士多德式的逻辑论证被抛弃，人们转而追求一种通过对古希腊罗马的古典著作重新发现和诠释的精神和道德哲学。

但在这时，拉丁语仍是通用语言，古希腊语在西欧几乎不为人知。正如彼特拉克所说："荷马对他来说是哑巴，而他对荷马来说却是聋人。"西欧保留的古希腊著作都是拉丁文译本。然而，来自阿拉伯世界的新译本为已知作品提供了新的视角，也引入了一些以前未知的作品。随着新的理性主义方法的出现，理性论证开始盛行，不再囿于亚里士多德的逻辑限制。

彼特拉克作为桂冠诗人声名在外，在意大利各地的宫廷中都受到欢迎。他的才智和学识使几位统治者将他视为"诚实的经纪人"。因此，他们征召他作为外交中间人，帮助谈判城邦之间的条约。彼特拉克的教士职位给他带来了一笔津贴可用于旅行，但同时意味着他不能结婚。即便如此，他还是在旅行过程中与一些女性发生了关系，并育有一儿一女，后来都被教会合法化了。

1345 年彼特拉克有了重大发现。在访问维罗纳时，他在大教堂图书馆中搜寻，发现了一个以前不为人知的藏匿西塞罗信件的地方。公元前 1 世纪，西塞罗以演说家和哲学家的身份在罗马声名鹊起，甚至在公元前 63 年被选为两位执政官之一。彼特拉克的发现有着划时代的意义，有些人甚至认为这一发现就标志着早期文艺复兴的开始。事实上，在启蒙运动（文艺复兴之后的时代）留下的印记中，可以看出西塞罗从那时起对欧洲思想的影响。18 世纪的历史学家爱德华·吉本（Edward Gibbon）指出了西塞罗对吉本所处的时代和之前的文艺复兴时期的影响，他写道："我品尝到了语言的美，呼吸到了自由的精神，从他的格言和举例中明白了一个人该有的公共领域和私人领域的概念。"

彼特拉克发现西塞罗信件的重要性，怎么高估都不为过。从将近一千五百年前开始，这个声音就清晰地讲述了人之所以为人的意义。人类开始为自身规划一幅更宏伟的图景——在充满活力的新世界中，人们可以成为什么，可以做什么。有了这种指引，再加上自己创作的诗歌，彼特拉克在世界上留下了不可磨灭的印记；同时这个世界也对彼特拉克产生了巨大而持久的影响。

彼特拉克 32 岁时，在弟弟盖拉尔多和两名仆人的陪同下，在法国南部攀登了高达六千多英尺的风涛山（Mont Ventoux）——他声称是受到马其顿国王腓力五世［Philip V，亚历山大大帝（Alexander the Great）英勇的后裔］的壮举启发，后者于公元前 200 年登上了海拔五千英尺的赫尔蒙山（Mount Haemo）。登山的灵感可能来自古典时代的英雄，但这次攀登给彼特拉克带来的转变则是完全现代的。人们通常认为 19 世纪早期的英国浪漫主义诗人是第一批被自然之美丰富了想象力的诗人，但在此之前的四个世纪，彼特拉克也因自然的体验而触动了灵魂，只是方式略有不同。

当彼特拉克艰难地走向风涛山顶时，尽管疲惫不堪，他还是忍不住惊叹于眼前的景色。他可以看到马赛附近蔚蓝的地中海，又可以俯视罗纳河谷（Rhône valley）和里昂以外的连绵群山。终于到达山顶时，他从口袋里掏出圣奥古斯丁的《忏悔录》，偶然翻到以下文字：

> 人们惊叹于群山之巅，江河之波，海涌之潮的雄伟，以及
> 夜星划过天际的轨迹的美丽，却从不反观内心的自己。

彼特拉克合上书，为自己被周围大自然的美妙分心而生自己的气。他意识到："除了灵魂没有什么是美妙的……我将内心的眼睛看向自己，从那一刻起，我没有再吐露一个音节，直到回到山脚下……我们看向自己，是为寻找只能在内心寻得的东西。"他责备自己说："没有任何山脉可以与人类沉思的范围相比。"

彼特拉克此时的反应带来很多不同的解释。有些人看到一个现代的人格出现了，挣脱了旧时代，实现了新的完整性。其他人则认为在中世纪强调神性的内心世界，与寻求冒险和发现新事物的意愿之间，彼特拉克感到左右为难，而这正是文艺复兴时期的思想特征——冲突促使了最优秀的作品的诞生。无论哪种解释是正确的，很明显彼特拉克正在走向更深刻的自我剖析，对自己的内心和外部世界有了更清晰的意识。

彼特拉克最令人难忘的是他写给"劳拉"（Laura）的十四行诗，他的"诗意之爱"。但丁有他的比阿特丽斯，薄伽丘有他的菲亚梅塔，彼特拉克则因为对劳拉的爱得到了灵感。他为劳拉写了超过 300 首十四行诗，这位女主角目前被暂时认为是劳拉·德·诺维斯（Laura de Noves），一位嫁给阿维尼翁贵族的贤惠女子。除了彼得拉克的十四行诗之外，人们对她的生活知之甚少。诗中描绘了一个理想化的人物，也有一些偶然出现的小细节让劳拉的形象充满活

力。在一首十四行诗中，彼特拉克提到"微风吹过她卷曲的金发"和"她明亮的眼睛刺痛了他"。在这一点上，她比比阿特丽斯更真实，但又不同于菲亚梅塔的激情。尽管对劳拉的了解并不多，一些评论家仍将她视为"文艺复兴时期的理想女性"。

通常，就像在第33首十四行诗中一样，除了对诗人的影响之外，劳拉本人的形象并没有出现：

> 孤独地沉思着，在荒凉的海岸边，
>
> 避开人群的喧嚷，我喜欢流浪，
>
> 并且小心地探索着远方的路，
>
> 那些尚未有人踏足的道路。
>
> 我努力地飞离人群的注视，
>
> 悲伤只能在风中飘；
>
> 而在我空洞的脸颊和憔悴的眼中
>
> 燃烧着内心深处的火焰。
>
> 可是啊，到远方去也是徒劳；
>
> 没有任何一种孤独能安抚我的烦恼思绪。
>
> 我认为所有无生命的事物都必须知道
>
> 我灵魂中秘密燃烧着的火焰；
>
> 而爱，不屈不挠地展开它令人无法抗拒的双翼
>
> 仍然盘旋在我的路上，仍然在我必经的途中。

在这首诗中，诗人寻得了孤独，但永远无法摆脱爱意。

彼特拉克似乎多次与劳拉交谈过，尽管她从不鼓励他的追求，

而且每当他谈到爱情这个话题，劳拉会告诉他"她并不是他认为的那样"。但劳拉冷淡的回应进一步升华了彼特拉克的感情。

他后来听到劳拉的死讯甚为动情，但仍保留了诚实的态度。他后来回忆说：

> 在我年轻的时候，曾不断地与一段无法抗拒但又十分纯粹的爱情斗争——那是我唯一的爱，如果没有过早的死亡，我会与它斗争更长时间。这对我来说是苦涩但有益的，熄灭了内心的火焰。我当然希望自己能说其中从来没有肉体的欲望，但如果我这样做了，就是在撒谎。

与此同时，彼特拉克对家乡佛罗伦萨的感情是矛盾的。彼特拉克的父亲是一位才华横溢的人，在家乡城市的行政机构中曾任高级官员（改革委员会主席；还领导了几个外交代表团）。然而和他的朋友但丁一样，他因曾经支持圭尔甫派被以莫须有的罪名流放，失去了除家人以外的一切。彼特拉克永远无法忘记这一点。但与此同时，他与薄伽丘结下了深厚的友谊，并进行了持久的通信，而薄伽丘一生都与佛罗伦萨保持着密切的联系。薄伽丘最终说服城邦执政官赦免彼特拉克家族的流放，归还大约五十年前从其父亲那里夺走的财产。彼特拉克会去佛罗伦萨拜访他的朋友，但他永远不会在那里定居；在旅行中，他又总是自豪地将佛罗伦萨称为"祖国"。

多年漂泊之后，彼特拉克于 1369 年在帕多瓦郊外的小镇阿尔夸［现为纪念彼特拉克，更名为阿尔夸-彼特拉克（Arquà Petrarca）］一座简陋的房子里安顿下来。五年后他就在这里去世了，享年 69 岁。

大约五百年后，佛罗伦萨竖立起一尊彼特拉克的全身雕像，至今仍矗立在乌菲兹美术馆的壁龛中，与这座城市历史上其他名人的雕像并列。

对于佛罗伦萨伟大的文学家三人组的评价，也许我们该看看18世纪研究文艺复兴的学者约翰·阿丁顿·西蒙兹是怎么说的：

> 但丁将宇宙浓缩入他的《神曲》。但人的灵魂也是一个宇宙，彼特拉克就是歌咏这个内在宇宙的天才诗人，薄伽丘则以同样独特和令人眼花缭乱的笔触来描写日常生活。从但丁的比阿特丽斯，到彼特拉克的劳拉，再到薄伽丘的菲亚梅塔——女性代表了最高尚思想的寓言，给心灵带来最纯净的激荡，女性作为被远距离崇拜的一切美的象征，再到女性作为男性的情人能够点燃和回报最炽热的激情……这就是风云变幻五十年间陆续出现的意大利文学天才。也正是因为他们，文艺复兴才如此迅速地从中世纪脱胎而出……

第五章　战争与和平

下一位将要登场的人物出生在遥远的地方，但他选择佛罗伦萨作为自己的归宿，并以尊贵的身份在这里度过了生命的余年。他就是传奇的英国雇佣兵指挥官约翰·霍克伍德爵士（Sir John Hawkwood），在意大利被称为"Giovanni Acuto"（骗子约翰，或者敏锐的约翰），有时也被称为"Haukevvod"，或者在意大利方言中只是"Acko"。

在 14 世纪，许多城市都没有自己的常备军，例如佛罗伦萨。战争打响时，他们不得不雇佣一个指挥官（condottiere）及其军队来作战。雇佣费用相当昂贵，而且在与卢卡的战争中，佛罗伦萨的雇佣兵颇不情愿与卢卡的雇佣兵作战。这种"不情愿"的情况经常发生，战斗往往像是两支军队之间的演习。只要有一方发现自己已经进入战术上的死胡同，就会发出投降的信号。这样没有人受伤，两支军队都可以自由地返回雇主那里领取工资。有时战斗可能会变得令人厌恶，但是雇主规定赢得胜利是付款的必要条件之一。虽然雇佣军在战场上经常踟蹰不前，但他们本身通常是一群顽劣和不守规矩的人，会通过强奸和掠夺来补充自己的"报酬"。雇佣军征服或进入的任何城镇都可能受到这种残害。

14 世纪下半叶，约翰·霍克伍德爵士被誉为亚平宁半岛上最成功的雇佣兵指挥官之一。他经常被米兰、比萨等公国或教皇所雇佣，卷入敌对佛罗伦萨的联盟，因此霍克伍德与佛罗伦萨早期的交手经历并不愉快。1363 年和 1369 年，他带领军队先后经过佛罗伦萨城门外的郊区村镇，队伍的弓箭手不止一次向城墙射击。但更糟糕的还在后面。

1375 年霍克伍德进军佛罗伦萨的地盘，大肆在沿途的乡村搜刮掠夺，在每个小城市都通过暴力威慑索要大笔钱财，但人们很快就发现他的最终目的地是佛罗伦萨市本身。

有一幅小型彩色油画是目前所存的唯一关于霍克伍德的同时代画作。霍克伍德的传记作者弗朗西斯·斯托诺·桑德斯（Frances Stonor Saunders）描述道："画作前景中的霍克伍德骑在一匹白色的战马上，手握战剑，佩戴着头盔胸甲以保护头颈。在骑兵队伍后面，一列囚犯脖子上拴着绳索，从佛罗伦萨境内一个看不出具体地点的城镇中被拖出来。队伍最前面是一个吹着喇叭的号角手，长喇叭上悬挂着带有霍克伍德个人纹章的三角旗，纹章式样里包含三个扇贝壳。在画面背景中，我们可以辨认出另一种纹章，即教皇主教冠和十字纹，这是一个重要的线索。当时霍克伍德正受雇于教皇格列高利十一世（Gregory XI），但当他前往罗马收取报酬时，教皇却坦白说他没有足够的资金支付；不仅如此，教皇还向霍克伍德建议，他们可以通过入侵佛罗伦萨轻松收回成本——那是意大利最富有的城市，而且没有自己的军队。

霍克伍德立即挥师北上，进军托斯卡纳，肆意破坏乡村，并向沿途所经的城市收取大笔"保护费"。当这些消息传到佛罗伦萨时，执政官们疯狂地争论着如何才能使城市免遭厄运。最终他们决定派两名特使去见霍克伍德，并且要求"不惜任何代价达成协议"。两名特使立即出城，打听着乡村中关于霍克伍德的传言，他们越过群山向东骑行，终于在小城伊莫拉外面的一座古老的木桥上与霍克伍德相遇。可以预见，谈判结果完全是倒向一方的：霍克伍德要求佛罗伦萨分四期支付 13 万弗罗林的巨额款项，以及给他所有的士兵补给粮食、酒和"礼物"。根据一位当时的编年史家的记载，在不到六个月的时间里，"托斯卡纳所有的黄金都奉献到英国人的面前"，唯有如此，佛罗伦萨才得以脱离险境。

*　　　*　　　*

约翰·霍克伍德可能于 1323 年出生在埃塞克斯郡的乡村海丁汉姆（Hedingham），伦敦东北约 40 英里处。那一时期人们的生活都很艰难，之前几年饥荒已经席卷了欧洲北部，严冬伴随着洪水，紧接着又是干旱的夏季和作物歉收。霍克伍德的父亲是当地庄园的侍从，但要抚养七个孩子，生活也并不轻松——即使对于小乡绅而言。

父亲去世时霍克伍德只有 17 岁，而且父亲拥有的财富主要传给了长子（也叫约翰）。年轻的霍克伍德得到的只是 20 英镑和几块田地。几年后，爱德华三世开始为对抗法国的战争（最终演变为英法百年战争）招募新兵，霍克伍德也加入了。他一开始是一名长弓手，但其军事天赋早早显露出来，后得以一路晋升。1346 年英国的克雷西战役胜利时他还在军中，但此后似乎就回家了。人们对他接下来十年左右的情况知之甚少，除了在多次盗窃和斗殴之后，他被登记为"常见犯罪滋事者"。在此期间，他结了婚并育有一个女儿。

直到 1356 年在英国人取得的另一场对法国的巨大胜利，即著名的普瓦捷战役中，霍克伍德的名字才再次出现。他在战斗中勇敢地搭救了"黑王子"（Black Prince，爱德华三世的长子），可能因此被封为爵士，尽管这件事并没有官方记录作为佐证。几年后英法停战，霍克伍德加入了著名的雇佣军队伍"白色军团"（White Company），于 1361 年向法国南部进发。这不是一群散兵游勇，而是一支训练有素的队伍，拥有多达 3 500 名骑兵和 2 000 名步兵，主要是英国人，也包括相当多的德国人和其他国籍的人。军团被精心排列成骑兵小队，每个小队由四名骑兵及其随从（通常是一名持盾者和一名侍从）组成。在战斗中，这些小队会搭配着长矛阵和弓弩手进行冲锋。白色军团因在士兵们之间培养起亲密友情而闻名，这反过来又增添了军事组织的民主元素。

在德国指挥官阿尔伯特·斯特兹（Albert Sterz）的领导下，白色军团一直向南进军，准备趁法国南部和意大利北部出现的权力真空而获利。这主要是由于阿维尼翁的教皇英诺森六世（Innocent Ⅵ）相对软弱，神圣罗马帝国皇帝查理四世（Charles Ⅳ）又懒于介入。白色军团逐渐逼近阿维尼翁，先是占领了罗纳河上战略位置重要的圣灵桥，切断了教皇会费运送到阿维尼翁的路线。英诺森六世为了报复，宣布将整个白色军团逐出教会，然而后来又决定干脆将他们雇佣作自己的军队。

霍克伍德加入白色军团两年后，也就是 1363 年，似乎是军队一致投票选举他为军团首领。斯特兹现在降级为霍克伍德手下，并且对此感到不满。霍克伍德带着队伍进入意大利北部，很快被比萨雇佣了六个月，费用为 15 万弗罗林，以对抗佛罗伦萨。

在 1364 年炎热的夏天，霍克伍德和他的手下抵达了比萨。他们得知佛罗伦萨的雇佣兵在来自里米尼的马拉泰斯塔（Malatesta）指挥下，在阿诺河以东几英里的卡西纳扎营。马拉泰斯塔指挥着一支由 11 000 名步兵和 4 000 名骑兵组成的雇佣军，其中大部分是经验丰富的德国雇佣兵。在这之前，斯特兹已经离开了霍克伍德并带走了大量的军团成员。霍克伍德发现自己只剩下 800 名英国兵，只好迅速从比萨市民中招募了 4 000 名士兵。这些新兵大多以前从未打过仗。

但霍克伍德毫不气馁，带领他的队伍迎着烈日离开了比萨。行进几英里后，他命令部队暂停，等待正午的海风吹来。海风经常在平原上吹起沙尘暴，他打算在尘土的掩护下进攻。远处，可以看到马拉泰斯塔的士兵们脱掉了盔甲在河里洗澡。不幸的是，霍克伍德的侦察兵并没有注意到隐藏在附近房屋中的 600 名热那亚弩手分队。于是在霍克伍德的手下向沐浴的士兵发起袭击时，很快就被弓箭射退了。

霍克伍德指挥军队开始战术撤退，然而来自比萨的新兵们惊慌失措，四散逃窜。霍克伍德只能眼睁睁地看着士兵们全面溃败。统计的伤亡数字差别很大，同期有记录表明霍克伍德的部下大约有30人死亡，300人受伤，这对于当时的实际战斗（而不是像"军事演习"那种打法）似乎是合理的估计；但其他编年史家声称实际数字高达十倍。不管真相如何，霍克伍德遭遇了不可否认的惨败。

于是，佛罗伦萨人开始庆祝这场他们获得的最伟大的胜利之一。虽然真正参与战斗的佛罗伦萨人很少，但这场胜利对城市的意义是毋庸置疑的，因为那些曾经被霍克伍德打败的城市遭受的命运确实令人毛骨悚然。然而，霍克伍德仅仅是一个冷酷的雇佣兵首领，一个只想从他的雇主那里榨取更多的钱，同时纵容手下烧杀淫掠的人？还是一个尽职尽责，面对失败也英勇向前的人？或者，他只是被那些冷酷无情换来换去的雇主们——教皇英诺森六世和格列高利十一世、米兰的维斯康蒂（Visconti）、奸诈的日内瓦红衣主教罗伯特、比萨的统治者等等——用作棋子？霍克伍德性格的变化，似乎与雇主名字的变化一样多。

我们知道，乔叟作为英王理查二世（Richard Ⅱ）的特使前往意大利①时多次会见霍克伍德，但显然并未对他的这个同胞留下什么好印象——乔叟将霍克伍德形容为"老练的、冷血的、纯粹以个人利益为动机的职业军人"。有人认为是霍克伍德启发了乔叟创作《骑士的传说》的想法，这是《坎特伯雷故事集》（*Canterbury Tales*）的第一部分。乔叟笔下的骑士是一个叫其他名字的雇佣兵，他在遵守中世纪的骑士准则方面较为随意，其中也包括勇敢、礼貌和殷勤（尤其是对女性）等美德。我们所知道的约翰·霍克伍德爵士的行为，几乎没有什么骑士精神的成分。但他也并不总是表现出典型的雇佣兵会有的那些粗鲁野蛮的行为，有时甚至表现出可以被描述为"高贵"的一瞬。在霍克伍德传记中，桑德斯直指问题的核心——"动机问题"。她指出，他"没有留下任何道歉，也没有留下任何个人记录使人能揣测激励他的内在力量和他脑海中的所思所想"。她得出的结论是，虽然关于霍克伍德的生平和事业有各种各样的文件证据，但说到底"他像一个谜，透过玻璃模糊地若隐若现"。

　　除了桑德斯提出的动机问题，我们还可以从霍克伍德参与的其他大事件中窥见他的性格。史料记载，霍克伍德及其军队参与了1377 年 2 月臭名昭著的切塞纳（Cesena）大屠杀，这场屠杀持续了三天三夜。围绕这场大屠杀发生的事件似乎是霍克伍德和他在意大利所处境遇的隐喻。根据佛罗伦萨大主教安东尼诺·皮耶罗齐［Antonino Pierozzi，就是后来的圣安东尼（St Antoninus）］的说

---

　　①　有理由认为乔叟确实也见过薄伽丘和彼特拉克，而且这两个人似乎都以自己的方式影响了乔叟，即使只是通过他们的作品。例如薄伽丘的《十日谈》，被许多人认为是乔叟的《坎特伯雷故事集》的灵感来源。

法，发生在切塞纳——罗马涅地区的一个小城市，靠近亚得里亚海中部海岸——的事件是"一场难以描摹的野蛮犯罪……自特洛伊屠城以来最邪恶、最严重的暴行"。

整个事件起因是年迈的教皇格列高利十一世指示日内瓦红衣主教罗伯特，前往切塞纳镇压一场叛乱，因为切塞纳属于教皇的势力范围。格列高利十一世下令"不惜一切代价"镇压起义。日内瓦的罗伯特和他的雇佣军，包括霍克伍德和他的手下以及另一支强大的布列塔尼人队伍，很快就吓得切塞纳屈服求饶。当时，红衣主教居住在能俯瞰城市的高处的堡垒中，而霍克伍德和他的部下以及布列塔尼士兵在城墙外建立了他们的冬季住所。天寒地冻，雇佣兵们开始掠夺周围的乡村，村民们只好挨饿，吃些萝卜之类的当口粮。2月1日，一些布列塔尼士兵冒险进城，试图偷走挂在肉摊上的一块肉。屠夫用切肉刀攻击他们，进行自卫和报复，围观的市民们冲向布列塔尼士兵并杀死了他们。

消息传来，红衣主教罗伯特想起了格列高利十一世给他的明确命令，即他必须不惜一切代价制服切塞纳。如果不能规训切塞纳这些不守规矩的公民，他不仅会失去格列高利十一世的青睐，而且还有可能在这个多病的老人去世后失去成为教皇的机会（这将发生在次年）。所以罗伯特制定了一个计划，他要求切塞纳的公民立即交出所有武器和50名人质。只有当市民们表现良好时，这些人质才能免遭厄运。为了鼓励市民，并向他们证明不会有进一步的报复行动，红衣主教宣布他已经派遣霍克伍德往法恩扎市的方向前进了20英里。

那天晚上，在夜色的掩护下，红衣主教罗伯特派了一个信使迅速追上霍克伍德，命令他立即返回，但要隐蔽行动。据同时代的锡耶纳编年史家多纳托·迪·内里（Donato di Neri）记载，红衣主教在霍克伍德回到切塞纳时说："我命令你和你的人进入镇上并主持正义。"

霍克伍德回答说："主人，如果您愿意，我会去安排人们交出武器，服从您的权威。"

罗伯特说："不，我想要鲜血和正义。"

"但是想想后果吧。"霍克伍德说。

罗伯特强行打断了他："这是命令。"

用传记作者桑德斯的话来说："两场斗争即将开始：一场是为了切塞纳的每个男人、女人和孩子的生命；另一场是为了维护霍克伍德的声誉。"

第二天晚上，一支由数千名布列塔尼士兵和霍克伍德的人组成的全副武装的纵队冲进城门，在黑暗的街道上挥舞着他们的剑、刀和斧头，城里燃起熊熊大火，当市民仓皇逃出家门时就被肆意砍杀。数百人带着他们的妻子和孩子穿着睡衣逃命，设法跑到了城市的东北门，但拉开大门才发现一排全副武装的布列塔尼和英国士兵在等着他们。噩梦般的场景不断上演。正如里米尼的编年史家马可·巴塔格利（Marco Battagli）所写："不论他们发现了多少男人、女人和婴儿，都将其屠杀殆尽，所有的广场都堆满了死者。"

混乱、屠杀和掠夺之后是对该市的每栋建筑进行拉网式扫荡，连市政办公室也不例外。该城市民原本约有一万五千人，多达一半被屠杀；其他人则被残害、被强奸或侥幸逃跑——在寒冷的乡村游荡，"赤身裸体、失去亲人、身无分文"。

这起令人震惊的事件迅速传遍了整个意大利，并继续向外传得更远。几周之内，这件事甚至传到了霍克伍德的家乡，英国传教士和改革家约翰·威克里夫（John Wycliffe）在一次布道中提到了它。

尽管霍克伍德曾经试图改变红衣主教罗伯特的想法，但他的参与仍是毫无疑问的。然而，正如许多人指出的那样，关于霍克伍德在现场的情况似乎奇怪地被遗漏了。根据就是编年史家所采用的目击者回忆中都没有提到霍克伍德亲自参与了大屠杀，甚至没有人看到他拔剑。尽管正如桑德斯指出的那样，他本来就可以站在城堡的城垛上监督全局。其中一位费拉拉编年史家，即《埃斯滕斯编年史》（Chronicon Estense）的匿名作者写道，"约翰·霍克伍德爵士，不应被认为是完全恶劣无耻的，他曾将大约一千名切塞纳妇女送到里米尼庇护"，虽然这样的行为不能抵消霍克伍德的罪责。桑德斯甚至承认："他可能质疑过屠杀的战略价值，但至于事实本身，他已经麻木了：对他来说，这只是他职业生涯中的常见事件。"

在此之后，54岁的霍克伍德拒绝了为格列高利十一世继续服务的机会。同年晚些时候，他与米兰统治者贝尔纳博·维斯康蒂（Bernabó Visconti）的私生女缔结了第二次婚姻。再后来，他指挥部队为帕多瓦服务，与维罗纳作战，并在卡斯塔尼亚罗战役中赢得了一场著名的胜利。在这场战斗中，霍克伍德调动他训练有素的队伍，刺激和引诱敌人到他自己提前选择的地点；他避免正面交锋，而是骚扰敌人的侧翼并用骑兵冲锋（他亲自率领其中一次冲锋）将其击溃。霍克伍德的传记作者威廉·卡费罗（William Caferro）将这场战斗描述为他"最好的胜利和那个时代军事实力所能完成的伟大壮举之一"。

在一次与势力强大的米兰岳父争吵后，霍克伍德与佛罗伦萨缔结约定，选择佛罗伦萨作为他晚年的归宿，这座城市也欢迎他作为他们的捍卫者和救世主。一段匿名的目击报告称：

> 霍克伍德爵士带着他的士兵进入佛罗伦萨……并在佛罗伦萨大主教官下马，我们的执政官和其他执政团成员向他致以崇高的敬意，献上大量的蜡和甜食，以及丝绸和羊毛的帷幔……他感到非常荣幸。

在这些荣誉中，最重要的是给予免税的待遇。霍克伍德已经积累了一笔可观的财富，这可是来之不易的，他总是分外小心地看守着。因此罕有的免税待遇对霍克伍德来说，与获得其他方面的尊重一样重要。他在佛罗伦萨的新家是以前帕尔马主教的住所，是一座足以与霍克伍德的崇高地位相称的宏伟宫殿。这位传奇的英国人自此开始了他作为佛罗伦萨杰出公民的日子，直到 1394 年去世，享年 71 岁。

执政官们决定让霍克伍德的形象永垂不朽，成为佛罗伦萨的英雄。他们委托该市当时最优秀的艺术家保罗·乌切洛（Paolo Uccello）在大教堂的墙上绘制霍克伍德的壁画，这幅壁画今天仍然可以看到。画面描绘了一个全副武装的将领，骑着威风的白色战马，手持指挥棒。他的憔悴暗示了他的敏锐。这幅肖像在霍克伍德死后才完成，因此其真实性像他本人一样是一个谜。

重要的是，在产生但丁、薄伽丘和彼特拉克这样的人物的时代，霍克伍德和像他一样的雇佣军同时也在意大利的土地上游荡，所过之处留下的都是破败的废墟和痛苦的回忆。这座孕育文艺复兴的城市曾经差点被霍克伍德夷为平地，而他却最终能够选择佛罗伦萨作为归宿，确实是幸运的。从消极方面讲，霍克伍德可以被看作是文艺复兴初始时期佛罗伦萨的恩人——如果这位粗犷的英国战士没有发生内心的转变，西方文化的伟大转折可能就无缘在这里发生。

*　　　*　　　*

与古希腊雅典的情况一样，纵观我们所回顾的历史时期，在佛罗伦萨平静的表面下，内部矛盾从未停止，并且于 1378 年迎来了一场大爆发，即所谓的"羊毛工人（ciompi）起义"*。

多年来，羊毛工人（包括精梳工、染工等）被迫在恶劣的条件下工作，报酬十分微薄。他们的工资只够糊口，工作的棚屋和洗衣房堪称血汗工厂。大多数人每天工作 16 小时，轻微的不服从都会

---

　　* 译注：ciompi 在意大利语中的发音是模仿工人们的木屐踩在地上的声响，以此指代工人。

受到雇主的严厉惩罚，可能会被鞭打、监禁甚至被判处断手。羊毛工人不被允许组建公会，这意味着他们在政府中没有投票权或发言权。尽管羊毛工人因为工资太低而无须纳税，但当其他公民被迫向政府缴纳"公民贷款"时，政府仍然可以用降低工资的形式压榨他们。

与卢卡的长期战争耗尽了佛罗伦萨的国库。战争结束时全城欢腾，富裕的市民们纷纷举办庆祝派对和宴会，但这种喜悦激起了怨恨，穷人只能在黑暗小屋的门口聆听灯火通明的大房子里传出的欢声笑语。起义的苗头在羊毛工人中传播开来，1378 年 7 月 18 日早上，他们没有像往常那样踩着木屐走在鹅卵石的上班路上，而是呼喊着游行到领主广场。看到眼前的场景，一些从事着最卑微的工作或依靠慈善为生的"小人物"（popolo minuto）——被认为是下层中的最底层——很快就加入了游行队伍。当时，萨尔维斯特罗·德·美第奇（Salvestro de'Medici）正担任首席执政官。虽然他来自一个古老的家族，但众所周知他对受压迫的阶级抱有同情，他在自己任内曾经努力采取措施以削弱富裕家庭的权力。

游行的人群聚集在领主宫外，高呼着"人民万岁！"，街头已经呈现出失控的状态。一些暴徒试图趁机强行闯入大门紧闭的富人的宫殿。很快人们又集中到了羊毛公会的开会场所——公会成员是那些买卖羊毛制品的商人，而不是辛辛苦苦将羊毛变成布料的人。羊毛公会大楼和执政的圭尔甫派的聚会场所被洗劫一空；与此同时，监狱被攻占，督政官被拖到街上吊死。

针对这种情况，萨尔维斯特罗发布了一项法令，驱逐了圭尔甫派领导人，并废除了该党最近颁布的许多镇压性质的法律。但他们很快就明白这些措施是不够的；群情激愤的工人们要求的是一场彻底的革命。

当萨尔维斯特罗两个月的任期结束时，羊毛工人和"小人物"们再次在赤脚工人米凯莱·迪·兰多（Michele di Lando）的带领下在城市中横冲直撞。这一次，他们战胜了守卫人员并冲进了领主宫。很快，大钟楼低沉的钟声就在城市上空回荡，召唤人们前往参加公开集会。兰多被人们推举为首席执政官，其他新的执政官也宣誓就职。他们采取的首要行动是创建三个新的公会，分别是染工、织工，还有为"小人物"创建的工会（其他工种的羊毛工人可以注册最后一个，他们占了总人数的大多数）。

米凯莱·迪·兰多原本的身份鲜为人知，人们只知道他是一名羊毛精梳工。据说他的母亲是一名洗衣工，妻子在肉店工作。尽管他不是最穷困的人，但他显然具有指挥那些受压迫者的领导才能。然而，这些才能对做一个城市的统治者来说并不够，也有人声称他在这方面得到了萨尔维斯特罗的秘密协助。

在接下来三年半的时间里，这座城市由一群羊毛工人支持者统治着，直到1382年。在此期间，羊毛工人政府清算了一些旧账，原有的统治家族的几名家庭成员以莫须有的罪名被捕并被立即处决。然而，民众的意见最终因为这种对生命的公然侵犯而产生分歧。

后来执政团决定与"佛罗伦萨公民"、涵盖范围更广的小商店主和较小行会的成员结盟时，结局已经注定了——这一举动引发了

"小人物"阶级的反抗，领导层分裂，有一段时间该市甚至同时存在两个相互竞争的政府。此时，原有的统治家族抓住机会，在一个难得的全体集会的场合预先进行了安排，率领武装随从在日益混乱的无政府状态中重新夺回了权力。旧秩序很快恢复，当局废除了混有一些最极端分子的羊毛工人行会。米凯莱·迪·兰多逃离托斯卡纳，其他几位领导人被处决。萨尔维斯特罗·德·美第奇虽然幸免于难，但整个美第奇家族还是难免因此蒙羞。

刚刚过去的几年给所有人上了一课。阶级之间的紧张关系——虽然有所缓和，主要是寡头政治家族、普通市民和受压迫的底层民众之间的关系——也依然存在。但是一位同时代的编年史家所表达的"每个良好市民都会被拖出家门，羊毛工人会抢走他所有一切"的恐惧得到了缓解，羊毛贸易很快恢复如常。

尽管出现了这些政治风波，14世纪下半叶的佛罗伦萨仍然为即将到来的繁荣时期奠定了基础。作品《普拉托商人》（Merchant of Prato）中的弗朗切斯科·达蒂尼（Francesco Datini）的生平和境遇，或许最能说明14世纪这方面的情况。该书由20世纪出生于英国的传记作家伊丽丝·奥里戈（Iris Origo）所著，她对一批藏在古老楼梯间、三百五十多年来一直未被发现的大量信件和文件进行了充分的研究利用。

14世纪的普拉托是佛罗伦萨西北约10英里处的一个小镇，以前是两个部分（城镇和城堡），在11世纪合并成为一个自由公社。由于这个时代意大利政治一贯的复杂性，普拉托被置于那不勒斯国王和王后的保护之下，从而确保它不会落入强邻佛罗伦萨的手中。

这种状况一直持续到 14 世纪中叶。弗朗切斯科·达蒂尼应该会记得这段时期，因为他出生于 1335 年。十多年后，那不勒斯的乔安娜一世（Queen Joanna I）以 17 500 弗罗林的价格将普拉托卖给了佛罗伦萨。尽管如此，该镇仍然是一个相对独立的地方，从周围山上的牧场放羊和获取羊毛，并因布料贸易而繁荣起来。

达蒂尼 13 岁时，他的父亲、母亲和两个兄弟姐妹死于黑死病，之后他和弟弟斯蒂法诺（Stefano）被蒙娜·皮耶拉（Monna Piera）收养，她是一位慈母。大约一年后，达蒂尼搬到佛罗伦萨，成为一名商人的学徒，事实证明，他是一个雄心勃勃的人物。15 岁时，他卖掉了自己继承的部分遗产——价值 150 弗罗林的土地——并与一些商人一起前往当时的教皇所在地和欧洲主要贸易中心阿维尼翁。除了沿着罗纳河谷运输的所有货物外，这条路线也是从英国和佛兰德斯到佛罗伦萨的主要陆路羊毛贸易路线。

教皇和他的大部分教廷（教皇政府）都生活在一座宏伟的城堡宫殿——教皇宫（Palais des Papes）。这座城市里还生活着红衣主教和各种大使、官员和公证人（例如彼特拉克的父亲）。在阿维尼翁，教廷的财富以及大学的医学、法律和修辞学，与蓬勃繁荣的各种贸易市场以及喧闹拥挤的贫民区一起飞速发展着。贫民区里，在臭气熏天的贫民窟、低矮的小酒馆和未铺砌的街道上，住着卑微的工匠、仆人、贫困的学生、洗衣工、鬼鬼祟祟的小偷等。

随着 1357 年波尔多停战协议的达成，英法百年战争一度休战，这意味着许多雇佣军指挥官和他们的手下都被吸引到了阿维尼翁（正如我们所见，霍克伍德在 1361 年曾威胁过这座城市），武器、盔甲和其他军事装备的贸易都可以赚钱，达蒂尼似乎在转向奢侈品和艺术品之前就进入了这一行业。

艺术品领域也正在发生深刻的转变。以前，艺术作品几乎完全由教会和富有的宗教团体委托创作和购买；现在私人赞助也会进行艺术品的购买。艺术品不再仅仅用于装饰宗教场所，而是挂在富人的住宅中。这是一个重要的变化，预示着文艺复兴时期艺术的繁荣。从这一点上我们再一次看懂了为什么文艺复兴没有在阿维尼翁出现，这里似乎很明显缺少某些东西。在我们反复提到的三个要素中——财富、一定的公民自由度和创作的人才——阿维尼翁只拥有第一个；教皇 1377 年离开后，此地的财富也大大减少了。

1376 年，达蒂尼与玛格丽塔·班迪尼（Margherita Bandini）订婚，玛格丽塔来自一个处在政治流亡状态中的佛罗伦萨家庭（她的父亲因参与反政府阴谋而被处决）。1383 年结婚后，达蒂尼带着玛格丽塔回到普拉托居住。他的生意继续蓬勃发展，经常长期到国外出差，特别是到阿维尼翁，这里仍然是商业利益的中心。在接下来的几十年里，达蒂尼和妻子之间的书信往来提供了对 14 世纪生活的一系列生动描述。

从一开始，达蒂尼的婚姻就遇到了困难。尽管六年前他与一个女奴有一个私生子，但和玛格丽塔却无法生育。夫妇俩都很痛苦。蒙娜·皮耶拉在普拉托写信给达蒂尼："回来吧！上帝在阿维尼翁给了你财富。在普拉托他会给你一个家庭。"朋友和家人纷纷写信向他们提供了各种当时流传的生育方法和建议。一位男性朋友向玛格丽塔建议："要连续在三个星期五喂饱三个乞丐，不听女人的家长里短。"一位女性朋友则推荐了"一种膏药，她们把它贴在肚子上"，但同时警告说"这东西味道太大了，有的丈夫会把膏药扔掉"。这个过程让玛格丽塔变得烦躁和悲伤，脾气也更大，达蒂尼出差离家的时间也变得更长了。正如奥里戈所说："我们看到一个16岁的女孩嫁给了一个已经饱经风霜的男人，而这个男人最需要的东西是她无法给予的：一屋子的孩子。"达蒂尼感到不如意，玛格丽塔也极易恼怒。奥里戈继续写道，"然而这段婚姻并非没有感情或缺乏尊重。"当夫妇俩回到普拉托生活，然后达蒂尼到附近的比萨去监督他设立的机构时写信给玛格丽塔："我吃什么都食不知味……如果你在这里，我会愉快一些。"她回信说："只要你能愉快，我不仅愿意去比萨，也愿意去世界的尽头。"

达蒂尼在佛罗伦萨建立了他的总部，并在巴塞罗那、比萨、热那亚和利沃诺之间来回奔波建立分支机构，这期间玛格丽塔一直待在家里。达蒂尼加入了一个不错的公会，该公会专门从事布料的制造和出口。但达蒂尼不仅经手布料，后来还有小麦，然后是剪刀、肥皂，甚至是餐刀和针。根据同时代的多梅尼科·迪·坎比奥（Domenico di Cambio）的记录，达蒂尼拥有"佛罗伦萨最繁华的街道上最好的店铺［机构］"。达蒂尼甚至与远达巴尔干和北非的地方建立了贸易联系——尽管他没有亲自前往这些地方，但有些传说的内容却并不相同。

根据奥里戈的说法，其中一个故事在 20 世纪仍在普拉托流传。普拉托的一位商人（通常被认为是达蒂尼）曾前往遥远的加那利岛，被国王邀请用餐。达蒂尼到达后，发现餐桌上除了都摆满餐具、餐巾纸外，还有"一根和他手臂一样长的棍棒"，这让他很困惑。后来当肉菜和其他食物被端进来时他才明白，因为食物的气味"引来了大量的老鼠，必须用这些棍棒赶走"。回到船上过夜后，第二天商人又回来王宫用餐，并把船上的猫藏在他中世纪上衣的大袖子里带来。饭菜上桌后，他从袖子里掏出那只猫，"它飞快地杀死了二十五只老鼠，其他的都四散奔逃"。国王很高兴，尤其是当商人告诉他："陛下，您对我礼遇至此，作为回报，我只能将这只猫送给您了。"国王奖励商人"价值 4 000 金币的珠宝"。第二年商人回来了，这次给国王带来了一只雄猫，他因此又获得了 6 000 金币的奖励。

　　这个商人当然不可能是达蒂尼，但这样的传闻说明了旅行者的故事被海外进行贸易的商人带回托斯卡纳并迅速传遍各地。新闻——从闲聊到更可靠的信息——大多是口耳相传的。更为官方的信息，例如公共法令，会被张贴在墙上；或考虑到那些不识字的人，在公共场所宣读。其他消息则是在教堂布道时在民众中传播的。即便如此，八卦、谣言和故事仍然是谈话中灵动的"货币"——就像今天一样，流行新闻可以因其娱乐性和真实性而被标价出售。

　　达蒂尼夫妇俩的通信却很少包含这种来源丰富且不断流通的"货币"；也不太能表现出像达蒂尼这样的资产阶级家庭所具备的当时的风俗习惯。与我们印象中的意大利家庭生活形象相反，奥里戈声称："那时几乎没有给感情或温柔留下多少空间；父母有着严肃的权威。"除非得到许可，否则孩子们禁止在父母面前坐下；同样，当被告知该做什么时，他们应该谦虚地低下头。同时代的弗拉·乔瓦尼·多米尼奇（Fra Giovanni Dominici）在他的《家庭行为管理准则》中是这样教导的："每天至少两次让孩子们虔诚地跪在父母的膝盖上，祈求他们的祝福。"

这就是修士（他当然没有自己的家人）认为的或预期的正确行为。这些指导建议，就像偶尔出现在达蒂尼家族信件中的生硬和过分客气的用语一样，很可能只是一种反常现象。在中世纪晚期，人们的实际行为和社会的高标准期望之间的鸿沟很深。从但丁和彼特拉克的爱情诗歌与他们实际的爱情生活对比，到教皇的不齿行为与人们对这个崇高职位的期望对比，社会生活的各个方面都体现着这种显而易见的差别。14 世纪后期，在罗马和阿维尼翁分庭抗礼的两个教皇因其亵渎神圣的贪婪而臭名昭著——包括裙带关系、买卖圣职和兜售"赎罪券"（据称这能缩短买家在炼狱中度过的时间）。更不用说切塞纳大屠杀之类的事情了，背后涉及格列高利九世和未来的教皇克莱门特七世（Clement Ⅶ，当时是红衣主教罗伯特）的阴谋①。

相比之下，达蒂尼的信件——无论是夫妻之间还是其他人写给达蒂尼的——主要关注家庭问题的细节，这些细节至今仍让我们感到熟悉。例如，尽管达蒂尼可能已经"饱经风霜"，但他仍然慷慨大方。当他的一个商业伙伴在阿维尼翁去世，留下他和一个女奴生

---

① 现在被视为"伪教皇"，因为他的教廷在阿维尼翁。此处我们不应与 16 世纪在罗马的教皇克莱门特七世（出生于佛罗伦萨）混淆，后文会提及。

下的四个年幼的孩子时，达蒂尼把这些孩子带到他家，雇了一名妇女照顾他们，并在其中一个女孩结婚时提供了嫁妆。

　　说到这里，有必要就奴隶问题做一个简短的补充。在黑死病之后的几十年中，可从事体力劳动和家庭服务的人力严重短缺。农场工人和仆人以及各种劳工的需求都非常大。教会禁止将基督徒用作奴隶，因此解决问题的唯一方法是引进"异教徒"。这导致了相关的奴隶贸易利润丰厚，包括年轻的穆斯林、来自高加索和黑海地区的"异教徒"斯拉夫人和鞑靼人，以及主要通过威尼斯贩运到意大利的非洲人和柏柏尔人①。所有中上层的家庭中都可以见到他们的身影，包括在用餐时坐在与家庭成员同一张长桌的末端。

　　随着年轻女奴的长大成熟，她们不可避免地会引起家主的注意。达蒂尼的情况就是如此，他在 1392 年与 20 岁的奴隶露西亚（Lucia）有了另一个私生子，取名吉内芙拉（Ginevra）。不难想象没有孩子的玛格丽塔的感受，而且她当时已经三十出头了。吉内芙拉几乎立即被扔出家门，交给了佛罗伦萨新圣母玛利亚医院的修女。然而，六年后，达蒂尼的笔记记载着吉内芙拉又回到了这个家庭，就以女儿的身份继续被抚养长大。与此同时，生母露西亚已经嫁给了达蒂尼的仆人南尼·迪·普拉托（Nanni di Prato），达蒂尼无疑给了她一份合适的嫁妆。玛格丽塔的母性本能似乎战胜了愤恨，她开始喜欢小吉内芙拉，在信中经常提到她。玛格丽塔提到了

---

　　① "奴隶"（slave）这个词就起源于该时期，源于"斯拉夫"（Slav）一词。威尼斯大运河入口附近的滨水区今天被称为"斯拉夫（或奴隶）码头"。

吉内芙拉偶尔生病，为她购买了一个玩具手鼓（花费了 20 索尔），以及在 9 岁时请当地一位女士教她阅读。随着吉内芙拉的长大，玛格丽塔为她购买了"许多精美的衣服"，显然这个女孩现在已经被她的继母宠坏了。

多年来，达蒂尼的各项业务蒸蒸日上，变得越来越富有。他与妻子间的通信还表明，有些人试图利用他们慷慨的天性。玛格丽塔的哥哥巴托洛梅奥（Bartolomeo）似乎遭遇了许多不幸。1399 年 1 月，他写信给妹妹说，当他离开在小镇丰迪（罗马东南约 60 英里）的家时，整个城镇及其周边地区都被雇佣军洗劫一空。"小麦田和葡萄园都被砍伐烧毁；我的家人一定遇到了严重的麻烦……所以我恳求你，玛格丽塔，能不能帮帮我的家庭。"那时达蒂尼出差了，玛格丽塔似乎以某种方式帮助了巴托洛梅奥，但很明显她的态度已经有所保留。

几个月后，巴托洛梅奥因为再次陷入困境出现在普拉托。玛格丽塔写信给她的丈夫："当我听说他来了，这对我来说比亲眼目睹他死去还要悲痛……他毕竟是我的兄弟，我不能放弃他……他贫困潦倒，还拖着孩子。"她似乎又一次帮了他，但同时给这个兄弟写了一封信，提到了一些家庭的事情，暗指以前给过他们的帮助："你和我的母亲这样的行事方式，使我根本不敢在达蒂尼面前谈论你或其他亲戚的求助。"

巴托洛梅奥倒是并不气馁，回信说："你说你背负着沉重的负担，不敢为你的家人向达蒂尼开口。我只希望我和其他亲戚都没有什么急切的需求——但如果真的命运不济，我们也没办法啊。"然后他继续概述了他新的经商计划，这不可避免地涉及需要达蒂尼的支援。当时恰逢"圣年"（1400 年），即基督诞辰百周年纪念，预计会有数以千计的外国朝圣者造访罗马，"罗马宫廷在人类所知的每个行当中都能大赚一笔"①。

我们从信中得知，同年晚些时候，达蒂尼和玛格丽塔带着吉内夫芙拉逃往博洛尼亚，以避免蔓延到托斯卡纳的瘟疫进一步暴发。这无疑是明智之举。我们不确定达蒂尼一家在博洛尼亚待了多久，但他们似乎见到流亡在当地的一些佛罗伦萨圭尔甫派成员，其中有人与达蒂尼成了亲密的朋友，随之而来的就是商业上的合作。比起法治起主导作用的今天，那时人们更加看重"信任"在商业中的分量。

达蒂尼一家最终回到了普拉托和佛罗伦萨。几年后，当吉内芙拉 15 岁时，博洛尼亚的一位朋友写信给达蒂尼，祝贺他女儿订婚。达蒂尼回信说，已经有几位男士向吉内芙拉求婚，但"不是为了她，而是为了我的钱"。最终这位父亲还是为女儿寻得一位"不会看轻她，也不会为和她生育的孩子感到羞耻的伴侣"。吉内芙拉与莱昂纳多·迪·托马索（Lionardo di Tommaso）正式结婚，这位年轻的普拉托小伙子是达蒂尼一位商业伙伴的亲戚。

①　这个计划后来显然落空了，八年之后巴托洛梅奥还在一封信中抱怨，他在阿维尼翁担任海关官员，年薪仅为 72 弗罗林。（当时达蒂尼每年付给他的住家女佣 10 弗罗林，这些女佣没有家人需要照顾，这笔工资还包括了平时的家庭开支。）在这之后的某个时候，巴托洛梅奥去世了，达蒂尼帮忙支付了这位妻舅所请的优秀医生的费用，还"为全家人置办丧服"。

达蒂尼现在已经 70 岁了，在那个年代绝对是不寻常的长寿。这位骄傲的父亲要确保女儿拥有一场奢华的婚礼。嫁妆是 1 000 弗罗林，比佛罗伦萨的一些大商人能提供的还要多。然而，由于吉内芙拉置办的妆奁和盛大的庆祝活动（精明的达蒂尼认为这些费用可以从嫁妆中扣除），最后新郎莱昂纳多只获得 161 弗罗林——而且约定如果婚后两年内，吉内芙拉因瘟疫去世，这笔钱也须归还。这件事以及其他几个例子，表明达蒂尼直到晚年仍然是一个名副其实的商人。

达蒂尼声誉日隆，经常交往的都是些达官贵人，他还批评过玛格丽塔对官员们的妻子不够友善。他的社会地位在 1409 年达到顶峰——这一年，教皇亚历山大五世（Alexander V）和安茹的路易二世（Louis Ⅱ）安排了一次会议，讨论教皇对路易二世寻求那不勒斯王位的支持。会议地点就在普拉托，路易二世决定留宿在达蒂尼家。毫无疑问，这是一种至高无上的荣誉；但实际上这意味着达蒂尼和家人不得不临时寻找其他住所。停留期间，路易斯和他的王室随从还肆意享用了家中的食物和酒窖。

此时达蒂尼虽然年老体弱，但已经活过了他的大多数同龄人。据他最亲密的朋友兼律师拉波·马泽爵士（Ser Lapo Mazzei）说："他认为自己得到了上帝的长寿特许。"对于一个如此全心致力于事业的人来说，"在他看来，他必须死去是一件奇怪的事，祈祷竟然毫无用处"。

达蒂尼最终于 1410 年 8 月 16 日去世，留下了大约 7 万弗罗林的财富。其中大部分与他的豪宅一起遗赠给慈善机构，由普拉托市政府管理。时至今日，达蒂尼的遗赠仍被家乡的市民所铭记。

　　玛格丽塔与心爱的吉内芙拉及其丈夫莱昂纳多，在佛罗伦萨度过了余生。尽管有可怕的黑死病、羊毛工人起义骚乱以及霍克伍德及其雇佣军队的残酷扫荡，但从弗朗切斯科·达蒂尼及其家人留下的信件和文件中，我们得以了解到在整个动荡的 14 世纪中，日常生活是如何存续并维持着表面上的正常状态的。就像前一个世纪的编年史家维拉尼一样，达蒂尼的书信让我们深入看到了佛罗伦萨及其周边地区真实的生活，也是社会结构中至关重要的阶层——中产阶级的生活，虽然这些日子籍籍无名，不为后世纪念或赞颂。

　　这才是正常的生活（正如我们大多数人过活的那样）延续的方式。尽管物质繁盛和技术进步在时代中掀起了巨大的波澜，但仍然可以看到这样琐屑的日常，一如我们的邻人。

第六章　圆　顶

　　文艺复兴与古希腊和古罗马的文化都有着较深的渊源。在前两种文明中都诞生了精湛技艺与和谐美感融为一体的建筑，古希腊的雅典帕台农神庙就是一个代表，随后的古罗马建筑设法克服了希腊人未能解决的一个问题——拱券。这种弯曲结构由位于顶点的楔形拱心石固定，使得所有石头的排列都得到加固，并使结构整体能够承重。

　　拱门作为古罗马的特色出现在各种建筑中，从桥梁到输水管再到斗兽场。这种简单而又反直觉的天才设计是二维的，但也是向三维转化并设计出圆顶的重要一步。但正如我们将要看到的，这个过程并不像听起来那么容易。首先，圆顶会涉及混凝土的使用。混凝土虽然从古埃及时代就已为人所知，但直到古罗马人手中才真正发挥用处，他们开始将混凝土用于建造圆顶。这种结构的经典例子就是罗马的万神殿，其历史可以追溯到公元126年左右。几个世纪后罗马帝国覆灭，留下一片摇摇欲坠的废墟，但斗兽场的许多拱门仍然屹立不倒，万神殿宏伟的圆顶也是如此。然而，这些建筑是如何建造的秘密已经遗失了，后人只能在不解和惊叹中长久地仰望。

大约在1403年，两个年轻的佛罗伦萨知识分子抵达罗马。文艺复兴早期对古典世界知识渴求的增长，推动孕育了旅游业的雏形。多年来，朝圣者一直习惯于沿着主要的公路、崎岖险峻的阿尔卑斯山路，以及罗马古道的部分遗迹，经过漫长而危险的旅程抵达罗马。这里是西方基督教的中心；这里有数百年历史的圣彼得大教堂，据说就建在圣彼得（St Peter）当年被倒钉十字架的地方（他认为自己不配与耶稣一样的姿势被钉十字架，因此要求倒钉）①。

罗马，自古罗马时代初期就被称为"永恒之城"，随着基督教时代的来临，这一称呼又具有了新的含义。这座城市成为圣彼得在世的代表——教皇的家。以往常常是信徒们准备远行到罗马，接受教皇的祝福。然而，渐渐地，一类新的旅行者也被吸引到罗马。这些早期的"游客"前往参观古城遗址：罗马斗兽场、万神殿和罗马广场，那些优雅的柱子仍然矗立在巨大的遗迹废墟中。这些新访客

---

① 直到1960年，人们才从后来翻修过的圣彼得大教堂（在16世纪翻修，取代了之前4世纪的建筑）的祭坛下方挖掘出一些骨头。法医分析显示，这些是一名61岁男性的骨头，年代可追溯至公元1世纪，与圣彼得去世时的年龄和年代完全相同。1968年，教皇保罗六世（Paul Ⅵ）宣布这些遗骨基本肯定是圣彼得的。

开始搬动任何可以带走的部分，其中一些人成为了收藏家；而其他不那么守规矩的，则开始将遗迹卖给更富有的买家，也经常拿最普通的石头来混杂冒充以提高要价。尽管我们可能将这种"汪达尔主义"* 视为早期文艺复兴的行为表现。

　　但是 1403 年在废墟中游荡的两个佛罗伦萨年轻人有自己的打算。26 岁的菲利波·布鲁内莱斯基（Filippo Brunelleschi）和十几岁的多纳泰罗（Donatello）组成了一对有点奇怪的搭档。布鲁内莱斯基是一个身材矮小、普普通通、性格有点遮遮掩掩的人物，多纳泰罗则是一个英俊的年轻人，他的浮夸行为暗示了同性恋倾向。两人都不是沉稳的人，且自视甚高。不过，年长的布鲁内莱斯基已经参加过为洗礼堂（位于佛罗伦萨大教堂旁边）设计大门的公开比赛，并展现出高超的水平。大门上有圣经场景的镀金青铜饰带，这项任务非常适合早期作为金匠接受过训练的布鲁内莱斯基。他的设计与一位名叫洛伦佐·吉贝尔蒂（Lorenzo Ghiberti）的年轻画家的设计不相上下，但这位画家的生平信息迄今不为人知，他通过精心复制古代硬币和奖章上的肖像来完善自己的作品。最终，由 34 人组成的委员会决定，两位获奖者应该在这个享有盛誉的项目上携手合作。根据布鲁内莱斯基的传记作者罗斯·金（Ross King）的说法，"菲利波表现得傲慢自信，顽固地不愿与他人合作"，他要求掌控主导大门的设计，要求遭到否决后，他直接拒绝领奖，并发誓

---

　　* 译注：vandalism，汪达尔人是古罗马帝国时代生活在北欧的落后的日耳曼民族之一，他们被当时的罗马人认为是"蛮族"。此处指的是肆意破坏古典文物的行为。

再也不会制作其他雕塑，甚至不会再利用青铜器制作作品了。

　　尽管布鲁内莱斯基和多纳泰罗的年龄悬殊，且都有一些多刺的个性，但他们都对佛罗伦萨知识分子中越来越流行的新人文主义抱有浓厚的热情。他们的另一个共同点是早期的学徒生涯：都接受过金匠培训。年轻的多纳泰罗在这个领域早早崭露头角，因此怀有成为一名出色的雕塑家的雄心。事实上，他访问罗马正是为了实现这一目标：能够直接研究装饰古建筑的古典雕像，以及仍然躺在废墟中的许多碎片。多纳泰罗误以为，在布鲁内莱斯基对洗礼堂大门项目感到极度失望之后，这位心怀不满的旅伴也和他有着类似的抱负。

　　与前来参观废墟的其他游客不同，两位佛罗伦萨艺术家都想要近距离观察他们选定的对象，这需要时常攀爬不稳定的壁架，在栏杆上保持平衡，甚至使用梯子接近高处的雕刻。多纳泰罗设法在局促的空间里安身，同时煞费苦心地将自己感兴趣的古典形象绘制出精确的草图。在多纳泰罗看来，布鲁内莱斯基似乎在从事同样的活动——但实际上并非如此。布鲁内莱斯基本着隐秘的天性，偷偷地对建筑物做笔记，记下它们的尺寸，确定它们的比例、角度、轮廓、高度等等——不是从地面上看，而是特写镜头一般，正如最初的建造者所看到的那样①。

----

　　①　即使是最精美的古典建筑也经常利用各种建筑技巧，这对于外行观众来说是不易察觉的。例如，帕台农神庙细长的柱子实际上在中段有点凸出，这消除了从地面观看时柱子腰部变细的观感。这种改进提供了一种"反向视错觉"，从而使建筑在观众眼中呈现出精致的比例。

　　布鲁内莱斯基决绝地放弃了雕塑和青铜作品，决心成为一名建筑师。据罗斯·金说："他在羊皮纸上刻了一系列神秘的符号和阿拉伯数字：似乎是一组密码。"公平地说，这不能完全归因于布鲁内莱斯基的隐秘天性。当时还没有专利法这样的东西，任何人都可以自由窃取他人发明（或重新发现）的新想法和技术。罗斯·金对阿拉伯数字的描述似乎不符合当时的现实，佛罗伦萨当局 1299 年使用阿拉伯数字的禁令早已搁置，许多人已经熟悉了我们今天所知的数字。然而，从前文展示的图表中可以看出，如果使用原始的阿拉伯数字而不是后来进化出的欧洲样式，肯定会使布鲁内莱斯基的数字对除专家之外的人来说难以理解。

　　甚至布鲁内莱斯基的实际测量也不太可能是用当代计量单位进行的，这可能因地而异。例如，建筑行业普遍接受的度量标准"一臂"（braccio）*，传统上被视为一个人伸出的手臂的长度，这是一个颇为宽松的定义。这导致意大利不同城邦之间存在相当大的差异。佛罗伦萨的"一臂"几乎为 23 英寸（略低于 60 厘米），米兰的"一臂"为 23 又 1/2 英寸（或几乎正好 60 厘米），而罗马的"一臂"长近 29 英寸（略高于 73 厘米）。布鲁内莱斯基肯定会使用他自己习惯的量尺，从而使得他对建筑物评估出的精确比例进一步难以被他人知晓①。

----

　　* 译注：braccio 在意大利语中意为手臂。

　　① 在嘲笑这种古怪的中世纪差异之前，我们需要明白直到 19 世纪——五百年之后，进入工业时代——英国主要城市的时钟仍在按自己的不同时间运行。只有随着铁路和协调时间表的需要的出现，这些区域的时间才开始同步。

但布鲁内莱斯基的调查绝不是浅尝辄止的。我们目前可以肯定地知道，他确实爬上了万神殿，以便能够非常仔细地观察圆顶。他很清楚建造这样的建筑所面临的困难，这一问题已经击败了近一千年来的建筑师们。当圆顶建成时，重量沉重地压在周围支撑的圆形墙壁上。这种石（或砖）墙不仅要承受来自上方的巨大的垂直压力，还要顶住圆顶支撑带来的迫使墙壁外凸的水平压力。这是几个世纪以来困扰所有大型圆顶建造的核心问题。

通过艰苦的调查和对建筑架构的深刻理解，布鲁内莱斯基最终找到了这个问题的答案。当他测量万神殿的混凝土圆顶时，发现圆顶本身远没有看起来那么完整和沉重。在建造过程中首先搭好起支撑作用的圆顶形木制框架，然后将五千吨混凝土一层一层地浇筑上去，框架的周长随着它越来越高而收缩。但这些混凝土层并不是厚薄均匀的。

布鲁内莱斯基测量了支撑万神殿圆顶底部的墙壁，发现它有惊人的 24 英尺厚。然而，随着圆顶上升并向内弯曲，形成的混凝土层变得越来越薄。不仅如此，材料本身也巧妙地减轻了圆顶重量。布鲁内莱斯基注意到，上升曲面的混凝土层通过添加浮石等石头而变轻了。靠近顶部的地方，通过在土层中插入空的双耳瓶（装酒或油的轻质黏土瓶），整体重量变得更轻了。

同时，圆顶还通过引入箱体或下沉板进行调整。这些物体排列在圆顶内部环形的方格内——方格的大小随着每层的上升而减小。所有方格形成了一个垂直和水平交叉的支撑网。穹顶的顶端有一个大大的圆孔，可以漏进光线。

与多纳泰罗第一次参观罗马之后，布鲁内莱斯基在接下来的十年里又多次造访，每一次都进一步积累了古典建筑的知识。1417年开始他便长久地待在佛罗伦萨的家中，其住处正好可以欣赏到仍在建设中的圣母百花大教堂。

接下来的几年里，布鲁内莱斯基通过发明一些巧妙的机器来养活自己，包括钟表、手扳葫芦、起重机和其他用于提拉石头的设备。这些独创的技术与他敏锐的数学头脑有关。布鲁内莱斯基花了很多年时间研究斐波那契的成果，不但将后者的作品《几何实践》（*Practica Geometriae*）当作自己的课本来用，还研究《计算之书》和其他更高深的作品。

布鲁内莱斯基在该领域最重要的发现是透视的几何效应①。从本质上讲，这使得用二维线性进行三维表达成为可能。物体因为与观察者的距离拉远而逐渐变小，绘图平面呈现出立体效果。这一革命性的发现将很快改变文艺复兴时期的艺术，但与许多天才的见解一样，因为超前于时代而并未被马上认可。

布鲁内莱斯基不算是画家，几乎没有机会在公众面前展示他的

---

①　这项发明或发现仍然存在争议。不可否认，古希腊人在他们的一些人物画中使用了某种基本的透视形式，在雕塑和头饰中也十分精妙地运用了毫无疑问的立体效果。但20世纪的艺术评论家贡布里希（E. H. Gombrich）认为，如果古希腊人能够用雕塑来表现现实主义，那么他们的二维艺术（其中很多已经遗失了）肯定会随之发展。然而，我们所看到的这些希腊雕塑、楣梁和绘画并不是自二维平面上发展来的完全的三维空间。布鲁内莱斯基是否通过对古希腊艺术的观察获得了他最初的透视灵感？即便如此，他对这种方法的深刻认识和研究发展肯定仍是自身思考的结果，同时他也创造性地完善了这种改变西方艺术的新技术。

新想法，因此他在这期间的活动并没有带来多少收入。与此同时，他那早熟的朋友多纳泰罗技艺日益成熟，吸引了富有而有影响力的商人提供赞助，这些赞助人使他雕刻家的天分能够充分发挥，作品在整个佛罗伦萨颇受追捧。雪上加霜的是，多纳泰罗现在已经开始与布鲁内莱斯基的竞争对手吉贝尔蒂合作进行洗礼堂北门的楣饰设计，这正是布鲁内莱斯基曾经拒绝了的工作。

布鲁内莱斯基此时已经四十多岁了，是一个毫无吸引力的中年男人——衣服破烂不堪，经常脏兮兮的，鹰钩鼻和后缩的下巴固定在一张永远带着挑衅表情的脸上。毫不奇怪，他也一直未婚——在那个阶层的任何家庭看来，他都没有什么可以指望的好前景。布鲁内莱斯基可能穷困潦倒，脾气暴躁，但好在仍是一个公会成员，尤其是金匠所属的著名公会——丝织公会①。这意味着他保留了一定的社会地位，可以参加投票，因此不能被视为下层手工业和工人阶级——像羊毛工人那种。与此同时，出色的技术发明和众所周知的数学能力，使他在同龄人中像他的外表一样与众不同。

布鲁内莱斯基回到佛罗伦萨居住一年后，该城发起了一项为圣母百花大教堂建造圆顶的竞标比赛。有可能——事实上，很有可能——多年来，布鲁内莱斯基一直在秘密地为这个机会做准备。

佛罗伦萨早在 1296 年就开始建造大教堂，当时正值早期银行业的鼎盛时期，巴尔迪、佩鲁齐和阿齐亚沃利三大家族银行在整个欧洲占据主导地位。来自羊毛交易的雄厚资金和商业野心，以及与

---

① 丝织公会中包含金匠和铜器工匠的成员。

三大洲的贸易联系，使得佛罗伦萨当局敢于大手笔施展自己的抱负。受委托设计和建造这一杰作的建筑师，正是佛罗伦萨最优秀的中世纪雕塑家和建筑师阿诺尔福·迪·坎比奥，他出生于13世纪初，比但丁早约30年。迪·坎比奥已经通过设计领主宫证明了自己的才干——这座建筑因其红砖结构、高耸的塔楼和精致整洁的哥特式线条，至今仍是城市的地标建筑。

但当局决定，新修的大教堂将不止于此，应当成为意大利乃至更大范围内的新建筑奇迹。新教堂要比米兰建造的宏伟的哥特式大教堂更好，还要胜过罗马有数百年历史的圣彼得大教堂，并且能够容纳3万名信徒。在这宏大的设想中，这座新教堂要有一座类似于圣索菲亚大教堂的圆顶——那是东基督教世界拜占庭帝国的大教堂，一座可追溯到公元557年的壮丽建筑。虽然自那时以后的八个世纪中再没有任何圆顶建成，可是没有什么能阻止佛罗伦萨及其公民的自豪和雄心。但随着1340年代几乎整个佛罗伦萨银行系统的崩溃，这种傲慢的野心偃旗息鼓了，随后几年又发生了灾难性的黑死病瘟疫。

半个多世纪以来，这座未完工的大教堂的墙壁和地基沦为废弃的建筑工地，刺眼地占据着城市的主要广场之一。杂草丛生，墙壁开裂，任由严寒酷暑来破坏。大教堂的继续修建工作刚刚重启，各种问题就进一步暴露出来。其中包括先前的执政团遗留的种种指示和限制，迪·坎比奥绘制的草图中似乎有意为之的含糊，那时他已经去世了一个多世纪，无法出来解释了。

更糟糕的还在后面。对大教堂已有部分的测量表明，这座建筑至高无上的圆顶需要不少于 138 英尺的跨度，比圣索菲亚大教堂（104 英尺）的圆顶还要宽，仅比罗马万神殿（140 英尺）的圆顶小一点。与此同时，半废墟状态下的大教堂此时只剩下中殿的立面和墙壁，以及建筑物东端不完整的裸露地基，即用于支撑圆顶的墙壁的位置。

所有人都知道，如果这个圆顶建不成，佛罗伦萨之前的吹嘘将沦为整个意大利的笑柄。但是，迪·坎比奥的蓝图设计的窄墙如何支撑这样的结构呢？

执政团收集到一大堆看似巧妙的主意，其中只有两个经得起认真推敲。一个提议在建造过程中架设木制脚手架来支撑圆顶，但是后来人们发现根本没有足够的木材可用。另一个建议是在计划中的圆顶下方堆起一个巨大的土堆，上升到足够的高度，以便圆顶建造时内部可以保持平衡。但是，这个大土堆之后将如何移除呢？一个执政官提出了貌似有效的解决方案：在土堆中混入一些最低面额的硬币，这肯定会吸引年轻劳力来搬运土堆。但是经过计算发现，这样的计划需要的硬币数量几乎与流通中的数量一样多……圆顶的问题最终仍是无解。

因此，1418 年执政团宣布了这项圆顶的设计竞赛。当布鲁内莱斯基来到竞赛委员会面前时，又表现出他一贯的激进风格。他略带轻蔑地表示委员会对他们即将面对的挑战毫无概念。他们想要一个传统的半球形圆顶，但在目前的情况下，这是完全不可能的。布鲁内莱斯基拿出一个鸡蛋，问有没有人知道如何让它直立。委员会集体沉默并感到迷惑不解。布鲁内莱斯基敲碎了蛋壳的钝端，壳的其余部分仍然保持直立。他说，这才应该是圆顶的形状，也是保持直立的方式；他会建造一个蛋形的圆顶，而不是半球形的圆顶，较薄的一端位于顶点处，这样才能减轻墙壁所受的压力。为了进一步提高整体强度，圆顶将由石肋支撑，从底部一直延伸到顶点（很像雨伞的肋骨）。然而当委员会询问他究竟打算如何建造时，布鲁内莱斯基又拿出他的典型做派，拒绝透露秘密①。

　　尽管采取的方式不同寻常，委员会最终还是被布鲁内莱斯基说服了；可是作为预防措施，他们决定将合同与两名建筑师共同签订，以便可以控制布鲁内莱斯基。老对手吉贝尔蒂再一次被选为他的合作者，这一次布鲁内莱斯基暴跳如雷，执政团不得不叫来卫兵，强行将他逐出会议室。

　　布鲁内莱斯基一生都在为这个机会做准备，因此他不会轻易放手，或者把自己的秘密研究拿出来与他人分享。然而，这一次他似乎不得不咽下他的骄傲了。他开始着手工作，用自己设计的巧妙的起重机，将大而重的石头抬到大教堂墙壁的顶部。当支撑墙全部就位，圆顶的建造终于可以开始了。但布鲁内莱斯基此时竟然病倒了（或者他声称是这样），并回到他那能远眺大教堂工地的家中休息。吉贝尔蒂只好独自上阵，布鲁内莱斯基愉快地看着他面对建造圆顶的任务百般尝试。最终，吉贝尔蒂不得不征询委员会的意见，是否可以建造飞扶壁来支撑压力过大的墙壁，但被否决了——因为飞扶

---

　　①　关于布鲁内莱斯基在竞赛委员会面前立蛋的故事有许多不同的版本，没有哪个是完全能令人信服的，因此我选择了最简单的，同时在我看来相对合理的一个版本。

壁正是佛罗伦萨的竞争对手米兰所拥有的大教堂的墙壁支撑方式，早已被明令排除；佛罗伦萨的圣母百花大教堂圆顶，必须是完全原创的设计。

从一开始，圣母百花大教堂就打算打破中世纪哥特式建筑的传统。换句话说，这座有朝一日将象征佛罗伦萨文艺复兴的建筑，实际上是在文艺复兴开始之前（至少在建筑领域）就被构思出来了。这种对创新性的坚持，或以佛罗伦萨的方式行事的坚持，正是这座城市在不久的将来能够在文艺复兴中发挥主导作用的重要因素。

与此同时，布鲁内莱斯基懒洋洋地躺在床上，直到一纸命令要求他尽快出现在大教堂的建筑工地上。根据罗斯·金的说法，布鲁内莱斯基到达时，"头部缠着绷带，胸前敷着膏药"。看到他的样子，许多人相信了，认为他确实已经病重到接近死亡边缘；也有人仍不太相信。还有一些人认为他是缺乏勇气，他们觉得他知道自己根本无法完成任务。当场没有向吉贝尔蒂提供任何帮助，布鲁内莱斯基又蹒跚着回到了自己的床上。吉贝尔蒂现在只能靠他自己了："这项庞大的任务给［他］造成了不小的压力，因为［布鲁内莱斯基］本性如此，不肯与他的同事分享对这个结构的了解……更不用说圆顶设计的秘密。"

布鲁内莱斯基的顽固和傲慢可见一斑，以至于他的"病"或者说是赌气缺席大教堂圆顶项目，似乎持续了好几年。与此同时，他被说服参与建设了另一个项目：佛罗伦萨孤儿院（Ospedale degli Innocenti）。这是城市的首个收容弃儿的场所，在意大利也尚属首次。这座建筑的资金通常认为来自布鲁内莱斯基参与的丝织公会，但现在有资料表明，几位富有的公民也以私人财产为这个著名的建筑做出了相当大的贡献。布鲁内莱斯基在古罗马废墟中攀爬描摹时学到的许多经验教训都融合进了这座精美的建筑中，其最引人注目的特征是一排优雅的细柱，支撑着九个完美的半球形拱门。该形式被认为是对古典风格的开创性复兴，时至今日仍然是佛罗伦萨保存最好的早期文艺复兴建筑之一。

在建造孤儿院的过程中，布鲁内莱斯基继续偶尔出现在大教堂工地，只是为了看看事情的进展情况；或者更确切地说，为他们没有进展而幸灾乐祸。最终，吉贝尔蒂因无力解决圆顶问题而放弃了。于是布鲁内莱斯基得偿所愿，被委托独自建造圆顶，吉贝尔蒂则去监督大教堂圆顶之外的内部建设工作。无独有偶，布鲁内莱斯基的另一个老朋友多纳泰罗又被指派为吉贝尔蒂的助手。但布鲁内莱斯基一如既往地充满怀疑，他要求深入了解一直被他视为死敌的吉贝尔蒂对大教堂墙壁的建设计划——因为这些墙壁上最轻微的弱点都会对圆顶造成灾难性的影响，布鲁内莱斯基不想为此受到指责。多纳泰罗同时也将协助已经不再年轻的布鲁内莱斯基在圆顶上的工作。

布鲁内莱斯基对圆顶的终极设计既巧妙又是完全原创的。圆顶的支撑墙不是圆形而是八角形，这使他能够在八个不同的部分建造准蛋形圆顶，每个部分都被混凝土肋条隔开（伞状效应）。他更大胆的想法是同时建造两层圆顶，内层紧贴着外壳，并且在建造时不使用任何内部支撑结构。

内圆顶更重更坚固，以支撑外圆顶。内圆顶由互锁的砖块构成，形成类似填充拱的样式。由于上一层拱形砖的重量压在下一层，因此每一层拱都保持了强度。与此同时，不断增长的圆顶中砌入了上升的斜人字形砖，这种砖随着高度上升逐渐变细薄，使得砖砌的周长在每层上升的水平面上逐渐收缩，并将其重量和压力转移到最近的混凝土肋上。

随着内圆顶的水平环层上升，布鲁内莱斯基还同步加入了一系列起到加固作用的"链条"：金属链或砂岩环，以规则的间隔嵌入圆顶中，以保持其形状并抵御侧推力。这种"潜在的膨胀"是一个非常现实的问题，因为更坚固、更重的内圆顶底部有 7 英尺厚，顶部逐渐变薄至 5 英尺。

内圆顶中包含许多突出的支柱，从外部水平砖的表面垂直升起，就像刺猬背上竖起的刺一样。这些突出的支柱能够帮助支撑上面更轻的圆顶，支柱底部有 2 英尺宽，顶部逐渐变细到 1 英尺。

完成圆顶所需物料的一些统计数字是令人惊讶的。例如，此次建造利用了不少于 400 万块砖，重达 37 000 吨——远远超过埃菲尔铁塔重量的三倍。外圆顶的顶部距离地面超过 375 英尺（约 115米）。当时它是欧洲最大的砖石建筑：直径甚至超过了万神殿圆顶。直到今天，它仍然是有史以来最大的无钢筋砖砌圆顶。

抛开其他方面看，布鲁内莱斯基绝对是一位技艺精湛的数学家——从他关于透视的发现中就可以看出。但是用于计算阶次压力的数学方法那时还没有出现——这意味着布鲁内莱斯基不得不严重依赖直觉。他很可能进行过一些初步的计算，虽然后来都被他销毁了；不然他很可能会因为应用力学方面的许多基本数学发现而受到赞誉，这些发现后来都被他人再次所获。但布鲁内莱斯基更愿意为自己保守这些秘密：他显然对实际成就更感兴趣，而不是开创理论。

布鲁内莱斯基得以幸运地活着看到圣母百花大教堂于 1436 年完工，也就是他开始工作大约十六年后。又过了十年，他在 69 岁时去世，执政团决定将他安葬在大教堂地下室，以这项荣誉感恩他的贡献。其实在那个阶段教堂仍有一些收尾工作在进行，其中最重要的是在圆顶上建造灯笼式天窗和镀金球。这些部分直到 1469 年才由艺术家安德莱亚·德·维罗奇奥（Andrea del Verrocchio）完成，当时他的工作室里有一个名叫莱奥纳多·达·芬奇（Leonard da Vinci）的早熟的少年学徒。将灯笼的石雕和青铜球吊到圆顶顶部的机器，也来自布鲁内莱斯基早年的设计。

面对用来将石雕和镀金球体吊到圆顶顶端的复杂而强大的机器，年轻的莱奥纳多被它们精妙的构造深深迷住了，并为这些机器绘制了许多详细的草图。事实上，多年来人们一直认为这些复杂的图纸是莱奥纳多自己的发明，这种看法如今已经不怎么受追捧了。另一个疑点来自多年后莱奥纳多笔记本中一行神秘的话："记住我们焊接圣母百花大教堂里镀金球的方式。"这是否意味着莱奥纳多在完成布鲁内莱斯基的圆顶中也有自己的贡献？

这些问题引发了一系列有趣的猜测。布鲁内莱斯基无疑是文艺复兴时期的风云人物之一，也就是说，他拥有广泛的不同的技能，尤其是经过对古典遗存的学习在文艺复兴初期崭露头角的技能。在这些技能的基础上，他将自己巧妙的设计以高度原创的方式体现出来——特别是双穹顶的建造。资料表明，布鲁内莱斯基还忙于许多更现代的技术，例如光学——这肯定有助于他进一步发展透视的概念。

尽管布鲁内莱斯基拥有从古典文化总结而来的技能、经验和知识，但我们很清楚，他的圆顶建设工作中掺杂着不少运气的成分——布鲁内莱斯基是一位先驱，这意味着他有时会超越现有知识的极限，并且在前进的过程中，当他无法十分确定自己要做的事，就需要靠"猜测"来指引。所幸，他那精准的直觉往往是正确的。

布鲁内莱斯基作为文艺复兴初期的人物，无疑会被拿来与他杰出的继任者——文艺复兴时期最伟大的人物——莱奥纳多·达·芬奇进行比较。文艺复兴时期代表人物的特征之一，就是他们的技能能在广泛的范围内得到实践。事实上，他们的"技艺"确实扩展了许多事物，从珠宝的切割和镶嵌，到绘画、雕塑和建筑，以及军事和土木工程。因为那时此类问题尚未开始完全专业化发展，经典知识的传承和重生与整个文化都息息相关。

在人们无一例外生活在家庭之中，学徒们总是待在师傅开设的工作室的时代，几乎没有什么独处、隐私或安静可言。这意味着一个人写在笔记本上，或者画在速写本上的东西，不管藏得多么好，总会被别人发现。其他学徒、仆人（如果他们识字）、其他家庭成员——所有人都可能发现笔记本里的秘密并进行传播。这些"秘密"可能是用于绘画或研磨和混合颜色的技巧，可能是复杂的新机器的构想，甚至一个人最私密的心事——都可能被作为八卦传播，可能会被贩卖给竞争对手，或用作勒索，或被投递到当局为收集秘密信息而悬挂在街道上的小箱子里。因此，布鲁内莱斯基用代码编写他的笔记本内容也就不足为奇了。

他在笔记本中使用的简单的"神秘符号和阿拉伯数字"，在今天的我们看来，很难构成真正复杂的密码。（尽管在他销毁的许多笔记本中，使用的密码可能更难破解。）这种密码笔记的写作方式是布鲁内莱斯基与莱奥纳多的另一个共同点。还有莱奥纳多的加密方法——用镜像方式的拉丁文写成——几乎和布鲁内莱斯基所用的一样简单。这种方式似乎是某一类神秘气质的副产品。然而，他们也以此达到了目的——保护自己的内容免受无知的学徒或仆人的窥探。但笔记本中包含的图纸是另一回事，因为几乎没有办法对图纸进行编码。然而，这些图纸如果没有相应的阅读说明，即便落在别人手中也没有什么价值。

布鲁内莱斯基当然具有很高的艺术技巧——正如他为洗礼堂大门做出的设计，更不用说他对透视方法的发展了——虽然还不能和莱奥纳多相提并论。然而，他的数学和建筑技能似乎更胜一筹。莱奥纳多曾为几座建筑绘制了细致的草图，但他从未参与过实际的建造过程。在机器设计方面，莱奥纳多更具想象力，涉及的范围更广。布鲁内莱斯基的机器都是实际有效的（莱奥纳多设计的机器并非总是如此）。尽管布鲁内莱斯基毁掉了他的许多构想和设计，但毫无疑问，他的想象力所能达到的程度还是远远低于莱奥纳多笔记本中所流露的——从解剖图、飞行器、军用机器和潜水服，再到关于云和水的运动的一切研究——这些东西大大超出了布鲁内莱斯基的想象力范围。尽管如此，前者明显还是对后者有些启发作用。十几岁的莱奥纳多煞费苦心地将布鲁内莱斯基草图中机器的齿轮、滑轮和绞盘的精确细节列在纸上，试图弄清楚它们是如何工作的，在涂涂写写之中，勾勒着自己的未来之路。

第七章　精通数学的艺术家们

　　为布鲁内莱斯基立传的第一人是安东尼奥·马内蒂（Antonio Manetti），同时期佛罗伦萨的一位年轻人。布鲁内莱斯基去世时，马内蒂已经 23 岁了。因此他在青少年时期应该有机会见证布鲁内莱斯基建造圆顶的过程。在写作时，他还接触了布鲁内莱斯基的一些朋友，以及来自他的反对阵营的人，因此获得了全面而广泛的关于他的逸闻八卦。对于后人来说幸运的是，马内蒂钦佩布鲁内莱斯基，并了解他所取得的成就的重要性。他赞同布鲁内莱斯基对新兴起的古典学习风潮的态度，这些内容与人文主义一起，成为当时佛罗伦萨上流社会年轻一代学习内容的一部分。新思潮开始对新一代受过良好教育的公民在整体观念上产生影响，改变了他们对艺术和文化的理解。

尽管马内蒂对布鲁内莱斯基抱有同情，但他也毫不留情地揭露了主人公的许多性格缺陷，最突出的就是脾气暴躁。布鲁内莱斯基对工作的每一个细节都要求到极致，这不止一次导致他的团队集体弃他而去。然而，如果不是通过这种着了魔一样的方式，恐怕也就没有今天的圆顶了。

在布鲁内莱斯基建造圆顶的过程中，他还设计出了一系列起辅助作用的机器或者装置。其中最巧妙的也许是一艘名为"Bada-lone"（意为"大铲子"）的运输船。在意大利语中，"badile"的意思是"铲子"，暗示了桨是如何工作的。这艘船发明的初衷是为了将卡拉拉的大理石沿阿诺河从比萨运送到佛罗伦萨。为了让载重巨大的船能逆流而上，布鲁内莱斯基在船的两侧增加了几组扇叶，可以协助提供动力。于是，布鲁内莱斯基的众多敌人之一，乔瓦尼·达·普拉托（Giovanni da Prato）创作了一首恶毒的十四行诗，嘲笑这艘造型奇特的船，并预言它只不过是一只"水鸟"——意指那些丑陋的扇叶能做的顶多就是弄得水花飞溅，像一只逃跑的水鸟。这些夸张的言辞成了当时人们茶余饭后的谈资，达·普拉托将布鲁内莱斯基的头脑称为"无知的深坑"，称他为"一只可怜的野兽，或者傻瓜"。他还轻率地承诺说，如果布鲁内莱斯基的船能成功，他就自杀谢世。

布鲁内莱斯基尽其所能，也写了一首十四行诗，将达·普拉托描述为"一只看起来就很可笑的动物"，甚至没有足够的智力来理解他的发明。最终这艘运输船在世人惊奇的目光中启航时，达·普拉托决定明智而低调地躺倒一会儿以示认输。在这一时期，布鲁内莱斯基与他的同胞们骂战频繁、出语恶毒，以至于马内蒂曾记录当局迫使他宣誓"原谅伤害，放下仇恨，完全摆脱［他自己的］任何派系或偏见，只关心共和国的美好、荣誉和伟大，忘记迄今为止因派系纷争或任何其他原因而受到的所有冒犯"。

　　马内蒂本人是一个颇具折中智慧的人。他也是一名数学家和建筑师，但他选择将大部分精力投入到另一个不寻常的任务中。在仔细研读了但丁的作品后，他绘制了许多"地狱"的精确地图。其中包括层层下降的地狱的概图，对特定某一层的具体描绘，还有深渊底层的"路西法之墓"。这些画的尺寸、形状和位置，都是根据但丁诗中的线索精确计算出来的。

　　马内蒂对但丁作品中数学内涵的研究并不能算被误导，我们从一个方面就可窥见端倪：但丁整首诗中都贯穿着对数字 3 的痴迷——这首诗甚至是用三韵体写的①。但丁认为数字 3 是我们理解宇宙创造方式、人类在其中的位置以及宇宙如何运作的基础。他相信 3 象征着永恒，因为亚里士多德早在基督诞生之前就认为自然界是按照"三分理论"（tripartite）运作的。三位一体（圣父、圣子和圣灵）、来世（地狱、炼狱、天堂）和许多其他方面的形式都延

---

　　① 三韵体，字面意思是"第三韵"，通常由三行诗节组成，每个诗节通过一个有联系的三重韵与下一个诗节相连。因此，每节诗的第一行和第三行押韵。该诗节的中间行为下一诗节的第一行和第三行提供韵脚并依此类推，形式为：a b a，b c b，c d c，等等。

续到了基督教中，通过这种方式，亚里士多德将科学和基督教神学结合在一起，描述了现实中原本看似独立的方面。

马内蒂绘制"地狱"的画册直到 1506 年才出版，也就是他 1497 年 73 岁去世之后的第九年。马内蒂自己的建筑思想直接源于他对布鲁内莱斯基的研究以及对人文主义思想的赞赏。他非常理解布鲁内莱斯基的工作所具有的革命性意义，打破哥特式大教堂一贯以高耸尖顶来表达神秘荣耀和形而上学超越的中世纪传统。文艺复兴时期的建筑，至少在早期发展中，倾向于更人性化的设计尺度，较少使用尖顶和繁复的装饰，外观也同样避开了飞扶壁和滴水嘴，力求向古典简约回归。

马内蒂最出色的建筑作品是重建奥尔特拉诺的圣灵教堂（Basilica di Santo Spirito）。两个多世纪以来这里一直有一座教堂，14 世纪时曾作为薄伽丘和他的人文主义朋友圈子的聚会场所。因此 1375 年薄伽丘去世时，将他的整个图书收藏捐赠给了这座教堂。该教堂的重建工作原本是委派给布鲁内莱斯基的，但他兴趣寥寥；在他去世后，马内蒂接手了这个项目。长长的直线条的使用，朴素的白色墙壁，赋予这座建筑一种返璞归真的美感；教堂内部 320 英尺长的中廊边上是两排细长的柱子，与布鲁内莱斯基在佛罗伦萨孤儿院的设计相呼应。这些柱子实际上就是布鲁内莱斯基的想法，第一批柱子是在他生命的最后一周运到教堂的。然而，马内蒂决定不盲目追随他的偶像的想法。布鲁内莱斯基原本打算装饰教堂的正面，但马内蒂选择了留白，从而使教堂显得更舒朗、更现代。布鲁内莱斯基的佛罗伦萨孤儿院一向被认为是文艺复兴时期建筑的先驱，但马内蒂的圣灵教堂则是文艺复兴早期风格的完全体现。

尽管布鲁内莱斯基对圣母百花大教堂的圆顶进行了长期细致的工作，但建筑内部始终没有完全落成，原因之一是一项雄心勃勃的计划多年来一直在酝酿。早在1393年，执政团就提议在大教堂中为雇佣兵长官约翰·霍克伍德爵士竖立一座巨大的大理石雕像，展现他在战马上的雄姿。这个想法显然有隐藏的动机——意图向整个意大利展示，佛罗伦萨是如何尊重那些为共和国而战并忠于国家的雇佣兵。对一个活着的人来说，这样的荣誉是前所未有的，雕刻所需的优质大理石成本高昂，雕刻家的报酬就更不用说了。当执政团得知年迈的霍克伍德正在低调地变现在佛罗伦萨的资产——卖掉城市近郊的财产以及一些贵重物品——打算回他的家乡英国时，就更迫切地想要尽快实现这个想法，希望通过在大教堂里立像的殊荣说服霍克伍德留下来。

但当霍克伍德于次年去世后，一向务实的委员会悄悄搁置了竖立大理石雕像的提议，随后决定委托才华横溢但要价不高的保罗·乌切洛（Paolo Uccello）在大教堂的墙壁上绘制一幅单色壁画，其颜色至少要与承诺过的大理石雕像相似。乌切洛用自己精湛的透视技术增强了立体效果，因此那些站在24英尺×13英尺高的壁画前仰视的、未受过什么教育的观众，可以很轻易地以为自己正在凝视着雕像，或者至少是一个楣板——伟大的雇佣兵长官骑在他的战马上。

* * *

我们所熟知的艺术家保罗·乌切洛出生于佛罗伦萨以东约 20
英里的普拉托韦基奥村，出生日期不详，估计是在 1397 年左右。
父亲多诺·迪·保罗（Dono di Paolo）是一名理发匠兼"外科医
生"，是社会中受人尊敬的中下阶层成员。除了刮胡子和剪头发，
他还会拔牙、放血（用蚂蟥），以及一些高级的医生收费昂贵的小
手术。乌切洛的母亲安东尼娅（Antonia）来自佛罗伦萨著名的德
尔贝库托家族。当无法安排合适的婚姻时，这些家庭中资质平平或
较晚出生的女儿经常被送往修道院，但安东尼娅显然更愿意下嫁一
个并不奢求大笔嫁妆的追求者。

乌切洛出生日期的模糊，以及童年生活留下的信息较少，正是
他生活的特征之一。他可能已经成长为自乔托以来佛罗伦萨最优秀
的画家，但并不是一个风云人物。事实上恰恰相反，他宁愿以安静
的方式走自己的路。大约一个世纪后，乔治·瓦萨里在描写乌切洛
时从一开始就不满地申斥道：

> 自从乔托以来最迷人、最富有想象力的画家肯定是保罗·
> 乌切洛，如果他花费在描绘人物和动物上的时间，和在更精细
> 的视角上浪费的时间一样多的话。那些细节可能很吸引人，也
> 很巧妙，但过度研究它们就是在浪费时间和精力，用难题来扼

杀头脑……

正如瓦萨里有意指出的那样，艺术家通常以"孤独、古怪、忧郁和贫穷"的方式徘徊在自己的人生中。乌切洛的情况确实如此，但这似乎并没有让他本人感到困扰，他痴迷于探索迷人的细节和视角问题。奇怪的是，尽管透视技法是文艺复兴时期艺术的一个核心特征，但乌切洛的绘画更像早期的哥特式风格。他喜欢专注于场景的生动色调和戏剧性，而不是文艺复兴画家们所青睐的现实主义。

大约在 15 岁（或者可能更早几年），乌切洛前往佛罗伦萨，在布鲁内莱斯基的宿敌洛伦佐·吉贝尔蒂的工作室里当学徒。正是在这里，他在同伴中获得了我们今天知道的绰号——Uccello，在意大利语中是"鸟"的意思。当其他学徒对生活物件和小雕像进行绘画时，乌切洛常常躲在一边沉迷于他最喜欢画的对象——动物，尤其是鸟类。大约在这个时候，年轻的马内蒂曾向他教授几何学，从而激发了他对几何学终生的痴迷，甚至超越了他对鸟类和动物的迷恋。

1416 年乌切洛学徒毕业，凭借着完全成熟的艺术技法被著名的"医药行会"（Arte dei Medici e Speziali）* 录取，这正是但丁在近两个世纪前加入的行会。尽管如此，乌切洛的早期职业生涯几乎是一场斗争。

与其他的年轻艺术家一样，乌切洛受托在教堂和修道院中绘制

---

* 译注：画家于 1314 年被纳入医药行会，也许是因为他们必须像药剂师研磨药物一样来研磨颜料。

宗教内容的壁画。其中一个委托来自圣米尼亚托修道院院长，委托内容是描绘1世纪和2世纪基督教神学家们的生活场景。圣米尼亚托修道院位于能俯瞰佛罗伦萨的郊区山顶上，为了全身心地投入到工作中，乌切洛不得不在修道院中和僧侣们共同居住。因此，他的日常饮食与僧侣们都是一样的，以奶酪汤和奶酪馅饼为食。出于一贯的羞怯，乌切洛无法开口向修道院院长抱怨食物的问题——所以他干脆跑掉了。根据瓦萨里的说法，当院长承诺会为他提供更丰富的膳食后，他才被说服回去完成画作。

宗教壁画之后，乌切洛得到了更重要的作品委托：描绘圣罗马诺战役的三大场景，在这场1432年的战役中佛罗伦萨军队击败了锡耶纳人。三幅画中的每一幅都惊人地再现了战斗场景，前景是骑马的战士举着长矛冲锋，背景是整齐的步兵手持长矛站立，营造了极佳的整体效果。从形式上讲，这些长矛的长直线条布满了前景，引导观赏者的目光集中在主要的骑乘人物身上，同时暗示了正在发生的冲突。在高举的武器和混乱的战斗场景之外，可以看到远处乡村中的细节，零星的人物正在打猎、采摘葡萄或打架。三幅画作分别描绘了战斗的不同阶段，时间上先后持续了八个小时。从画面光线上看，第一幅是清晨，第二幅是中午，第三幅已经接近黄昏。看着画作，我们仿佛会听到战场的轰鸣，看到倒下的士兵、死去的战马和刺穿敌人的长矛，但画面上几乎没有鲜血。这些画并不是为了写实，但仪式化的对抗场面和士兵们坚韧不拔的决心，似乎已经传递出了战斗的本质——正如一个听说过战争的恐怖，但又从未参与过的人所能想象的那种生死冲突。

乌切洛到 56 岁时仍然单身，按照那个时代的标准，他已经是个老人了。这究竟是由于他的性情，还是由于他窘迫的经济状况，我们不得而知。他年复一年地不断地画画，瓦萨里写道："在佛罗伦萨的许多家庭中都可以找到乌切洛的画作，每幅画都很小，都是透视画法，用来装饰沙发、床等附近的墙面。"乌切洛很可能内心已经放弃了这些，他虽然继续画动物，但都是些不带任何感情的描绘。虽然他喜欢动物，但他对动物的本性并不抱有幻想，他画了很多动物打斗的场景，比如一幅画描绘了一只被困在角落里的狮子，向一条试图吞噬它的恶龙咆哮。

后来乌切洛终于结婚了，新娘是托马萨·马利菲奇（Tommasa Malifici），一年之内她就生下了一个儿子，乌切洛选择以艺术家多纳泰罗的名字给儿子取名多纳托（Donato）。鉴于瓦萨里对两位画家之前交往的描述，这是一个奇怪的选择。一天，乌切洛正在旧市场（Mercato Vecchio）的圣托马索教堂的大门上方画一幅壁画。他特别的习惯是在作品前面竖起一块木屏风，这样在完成之前没有人可以看到画作。当多纳泰罗来访并询问他是否可以提前看一看画时，乌切洛粗暴地拒绝了他的请求，并告诉他："你只能等着。"

一段时间后，当多纳泰罗在旧市场买水果时，他注意到乌切洛移开了屏风，露出已经完成的作品。乌切洛很热切地想知道多纳泰罗对画作的看法，并把他请了过来。多纳泰罗仔细观看了这幅壁画，然后干巴巴地说："好吧，现在它倒应该被掩盖起来，而不是向所有人展示了。"

乌切洛的儿子多纳托出生三年后，他的妻子托马萨又生下了一个女孩，名叫安东尼娅（Antonia）。安东尼娅 10 岁时，她的父亲将她安置在加尔默罗会修道院。乌切洛在他的纳税申报表上声称他已经年老体弱，无力挣到足够的钱来养活女儿，而且妻子也生病了。值得注意的是，瓦萨里将安东尼娅描述为"一个会画画的女儿"。

当安东尼娅于 1491 年去世时年仅 35 岁，她的名字被记录在医药行会（她父亲以前所在的行会，现在她被公认为最负盛名的艺术家）。这样的举动是史无前例的。在安东尼娅的名字旁边写着"女画家"（pittoressa）*，据说是"画家"这个词的女性形式首次正式使用。几个世纪以来，曾有几幅作品被认为出自安东尼娅之手，但后来都被否定了。最可能的解释是，安东尼娅在父亲晚年先是担任助手，然后成为合作者。有传言说她可能还继续画乌切洛的动物画，为贫困的母亲提供少量的经济支援。

在生命的最后十年，乌切洛越来越孤独和虚弱。然而直到 1470 年，也就是他去世前五年，才完成了他最后的杰作《狩猎》（The Hunt）。画面中一群猎手骑在马上，手持长矛，周围是许多随从和猎犬。猎手们穿过树林追逐他们的猎物，也就是一些在远处跳跃奔跑的鹿。由于画面上的树林太黑，这幅画经常被称为《夜间狩猎》。有人尝试将这种色调的黑暗解释为色素退化的问题，但解释不通，因为狩猎的参与者都没有携带火把——如果是在夜间，他们肯定需要火把来照亮道路。

---

* 译注：pittore 在意大利语中为画家，-essa 为阴性后缀，意指女性。

只有透视大师才能构建出这样逼真的远景。画面中有不止一种视角。第一种视角由两个元素构成：由树木的定位创造的静态，由冲锋的猎人、随从的跑动和猎犬的追逐创造的动态。这些形象（人类和动物）都拥有丰富的姿态——腾空、奔跑、跳跃，符合哥特风格中通过鲜明华丽的色彩来表达活力的特点，而非古典现实主义手法。然而，这些形象又被明确无误地置于文艺复兴风格的背景中——这是介于两个世界之间的艺术品。仿佛是为了强调还有第二个视角，一条小溪被大胆地创造了出来，它从画面的右边一直流向它自己消失的地方，也就是主视角的右边。

这幅画作引发了各种微妙的解释。这或许是一种精神上的追寻，带领我们越来越深入未知的黑暗？或者这就是《神曲》开篇时，中年但丁迷失其中的"幽暗森林"？

我们没有找到一个完全令人满意的解释。但就像所有最好的艺术品一样，它不能被"完全解释"，而是作为一个始终值得思考的对象——因为它的美丽、它的技巧、它所描绘的内容，以及它在欣赏者心中激发的任何象征性的解释。狩猎的场景总是如此，但同时也是一种在黑暗中迷失自我的隐喻。画面中的树林不是完全天然的，显示出有人类耕作的迹象：前景中的一些树只剩树桩，被砍掉了树枝，而溪流笔直，很可能是一条运河。这幅画充满了谜团，很容易引起观看者心中的思索和回响。简而言之，中世纪的黑暗僵化风格被置于文艺复兴时期的清晰背景中，这种神秘，甚至是隐秘的特点，使整个场景如此充满奥妙。文艺复兴在这里呈现出一种新的深度——但具有讽刺意味的是，这种深度源于对过去精神的追求。

鉴于乌切洛内向的个性和有些过时的绘画风格，也难怪他没有追随者——除了女儿安东尼娅，她很可能将自己的女性特质掺杂进了《狩猎》这一男性活动的缩影。有些研究者在一些手势、奔跑的人物、腾跃的动物中发现了女性特有的细腻。然而，在狩猎骑手或他们的随从中没有女性；鹿也似乎都是长着鹿角的雄性。

如果这幅画作有任何寓意，我的理解是，画中的人物就代表着人类整体。我们在腾跃的马匹上横冲直撞，或在恐惧中勒紧坐骑；向我们的同伴打着手势或指点着，随从举着他们的长矛，刀插在腰带里，他们的态度也各不相同——有的热情奔跑，有的正在呼喊，有的指指点点，有的拖拉在后。兴奋的猎犬追逐着猎物，它们忽左忽右，一齐深入越来越幽暗的森林之中。

＊　　　＊　　　＊

我们要介绍的第三位精通数学的艺术家是皮耶罗·德拉·弗朗切斯卡（Piero della Francesca），他出生于 1415 年左右，比乌切洛晚了十年。皮耶罗来自博尔戈·圣塞波尔克罗（Borgo San Sepolcro），一个坐落在托斯卡纳东部群山中的小镇，距佛罗伦萨约 40 英里。与前两位懂数学的艺术家不同，皮耶罗在他有生之年一直因几何学成就闻名，而非他的绘画作品，不过这种不公正的评价早已被纠正了。

在后一个世纪瓦萨里的写作中，他对皮耶罗的命运感到非常愤慨，认为他的作品被抄袭，他的荣耀经常被其他人据为己有："皮耶罗去世后，他在画室里留下了许多已经完成的和部分完成的画作。那些不道德的朋友们偷走了画，并声称是自己的作品，就像驴子试图通过披上狮子的皮来夸耀自己。"他继续赞美皮耶罗的成就：

> 他被广泛认为是解决了算术和几何中几个难题的大师。然而，他日益衰弱的身体阻碍了他进一步探索的可能。这也是他的原创研究和成就长期无人知晓的原因之一。

瓦萨里认为有一个人应对皮耶罗遭受的不公负责，这个罪魁祸首就是一个叫卢卡·帕乔利（Luca Pacioli）的修士。瓦萨里声称：

> 皮耶罗把他所知道的一切都教给了这个人，把他发现的所有数学秘密都透露给了他。是的，卢卡正是那个应该尽最大努力去宣传皮耶罗的数学成就的人。然而，他邪恶地选择将老师传授给他的所有知识财富都据为己有。

不幸的是，瓦萨里这番话对皮耶罗和卢卡·帕乔利都是极大的伤害。帕乔利也出生在博尔戈·圣塞波尔克罗，大概比皮耶罗晚了三十年。他的伟大著作《数学大全》（*Summa de Arithmetica，Geometria，Proportioni et Proportionalita*）*于 1494 年在威尼斯出版，即皮耶罗去世两年后。不可否认，书中内容包括了皮耶罗积累并传授的数学知识，但帕乔利自身的研究成果所占比重明显更多。

注意原书标题中的指示性词"Summa"，即"概要"，在这里可

---

　　* 译注：该书又名《算术、几何、比及比例概要》。

能是另一种翻译。帕乔利的书旨在作为一本当时欧洲已知的所有数学知识的百科全书。除了包括欧几里得写下的定理外，还包括"比萨的莱奥纳多"*引入欧洲的知识（包括阿拉伯数字），以及代数运算（algebra，源自阿拉伯语 al-jabr，意思是"零散部分的重新组合"）。

今天，帕乔利的《数学大全》因其对复式记账法进行了第一次完整阐述而被人们铭记，这一方法当时正在改变佛罗伦萨的银行业，并且开始在意大利和北欧传播。这种记账方式简单地说就是将每笔交易记入账簿的两个单独列中。左边一栏是借方，右边一栏是贷方。例如当记录一笔 10 弗罗林的贷款时，将同时在借方和贷方列中登记为 10 弗罗林。这使得银行家们能够快速计算总资产：资产（现成的资产、现金或欠他的钱）和负债（他欠其他借方的钱），欺诈也更容易被发现。因此，复式记账法可以被视为现代金融的第一步。出于这个原因，帕乔利经常被称为"会计学之父"。

帕乔利用"白话"写了他的大部分作品。值得注意的是，这是当时商业中日常使用的语言——与受过教育的阶级和教会使用的高级拉丁语不同。（但丁在《神曲》中使用托斯卡纳方言只是一种新的泛意大利语的开端——之前不同的地区方言使用者往往彼此难以理解。）帕乔利希望他的书成为一本意大利北部大学学生的教科书。他的目标是传播知识，而不是声称自己创造了《数学大全》的全部内容。

---

* 译注：指斐波那契。

帕乔利的书在威尼斯印刷这一事实，让我们看到了文艺复兴时期为数不多的与佛罗伦萨或托斯卡纳无关的重大变化之一。大约在1440年，莱茵河地区美因茨的约翰内斯·古腾堡（Johannes Gutenberg）制造了一台活字印刷机。他并不是第一个发现这种印刷方法的人，因为大约六个世纪前，中国的唐朝就已经知晓了这种方法。不过古腾堡似乎是在完全独立的情况下实现的自己的想法。

尽管古腾堡通过自己的"发明"得到的利润后来被骗走了，但印刷技术本身很快就传遍了德国，然后穿过阿尔卑斯山到达威尼斯，于是威尼斯很快就成为了意大利的印刷中心。正是通过帕乔利《数学大全》的出版，皮耶罗的数学思想在整个意大利乃至更远的地方得到了传播。

正如我们之前所看到的；布鲁内莱斯基可能是第一个完全理解透视秘密的人，第一个将其发展为成熟而有效的艺术技法的人。后来，他的传记作者、艺术家和数学家安东尼奥·马内蒂继续向前推动这一技法的发展。然后乌切洛出现了，他痴迷于透视视角，以至于超过对绘画的看重。乌切洛引入的"双重视角"的手法，以数学的方式使文艺复兴时期的艺术得到完善。然而，这种绘画的数学化在皮耶罗身上达到了顶峰，他比前辈们更进一步。

在这一点上，我们不禁思考透视技法的继承发展究竟传达出什么样的信息。这些文艺复兴早期艺术家们的意图和目标是什么？他们被期望成为建筑师，建筑绘图的需求——依赖于图案、比例和平衡，以及审美的数字比例——强烈地激发了这些艺术家的想象力。如果建筑物都可以按照如此精确的图纸建造，那绘画为什么不行？

这是中世纪思想转向新人文主义的过程中产生的另一个副产品。中世纪的神秘主义态度在很多方面都是人们早期对待世界的态度。那时画作可能是风格化的，但对世界的基本愿景是整体的或宇宙的。就像但丁的《神曲》一样，它包含了宇宙中的一切——希腊语中的"世界"、"宇宙"或"秩序"。然而，人文主义强调"人"才是衡量事物的尺度。

几个世纪以来情况确实一直如此，但只是在字面和实际的意义上：例如，"一庹"（braccio）是一个人手臂的长度。在其他语言中，有诸如英尺（一脚的长度）、跨度（一个手掌的宽度）、码（男人腰带的长度）或一英里（基于罗马千步法）之类的计量单位。文艺复兴将为这种以人为尺度衡量事物的观念增加了一个心理维度，人类对自我的审视从作为浩瀚神秘宇宙的从属，转变为个体意识和实际体验的中心。

古典艺术技巧的重新发现，使早期文艺复兴的艺术家描绘的人物越来越栩栩如生，并通过阴影等技法使形象具有更全面的立体感。可预见的潮流就是在画作中忠实地再现现实背景，利用到透视这样包含数学测量的重要元素在内的技法。

可以说以前的经验法则（"一脚""一跨度"等等），已经到了需要更精确的数学来规范的时代。世界变得越来越容易被衡量，第一批钟楼和报时钟开始在整个欧洲的各大城市陆续出现并非偶然。时间正在被测量，其精确度接近了以前只会在银行家的账簿中看到的情况。

从那时开始，数字从账簿中来到了人们对周围世界的精确测量中。这不可避免地影响到了艺术家们对包罗万象的世界的描绘。绘画有了一个可被量化的潜在模式，可以用算术或几何方式（如透视）绘制出来。皮耶罗将艺术沿着这种数学化道路继续推进。

皮耶罗出生之前，他的父亲贝内代托·德·弗朗切斯基（Benedetto De Franceschi）就去世了。贝内代托曾是一名商人，但他和妻子都是佛罗伦萨古老的弗朗切斯基家族的后裔。父亲去世后，皮耶罗继承了母亲家族的姓氏。

很小的时候，他就在当地一位名叫安东尼奥·德安吉亚里（Antonio d'Anghiari）的"艺术工匠"那里当学徒，此人是父亲的朋友。德安吉亚里的艺术风格仍然是鲜明的哥特式，因此当锡耶纳的一些画家受雇在圣塞波尔克罗进行建筑修复工作时，他们的文艺复兴风格对皮耶罗来说是一种启蒙。然而直到他二十出头来到佛罗伦萨时，他作为画家的真正独创性才显现出来。

1439 年 2 月 15 日，当时拜占庭皇帝约翰八世·帕莱奥洛古斯（John Ⅷ Palaeologus），也是东正教的宗教领袖，率领拜占庭代表团抵达佛罗伦萨，参加旨在调和东西方基督教矛盾的大会*。东方教会的首都君士坦丁堡那时正被奥斯曼帝国虎视眈眈，后者已经占领了安纳托利亚西部（今土耳其）和巴尔干南部的大部分地区（即现在希腊、保加利亚和罗马尼亚的部分地区）。

大约六百年前的那一天，当东正教代表团进入佛罗伦萨，瞬时

---

* 译注：即佛罗伦萨大公会议。该次会议曾三易其地，前两次分别在巴塞尔和费拉拉。

引起了轰动。皇帝本人尤其如此，一位匿名的编年史家这样描述他："穿着一件白色长袍，外面披着红色斗篷，头戴一顶白帽子，帽子前面镶着一颗比鸽子蛋还大的红宝石，以及许多其他的宝石。"这一景象无疑给年轻的皮耶罗留下了不可磨灭的印象。二十年后他受命为公元 4 世纪的君士坦丁大帝（第一位基督教罗马皇帝，君士坦丁堡也以他的名字命名）画肖像，在创作这幅作品时，皮耶罗大概准确地回忆起了那天在佛罗伦萨所见的情景。画中的君士坦丁大帝不仅戴着约翰八世所戴的帽子，而且还带有其他的明显特征。

在佛罗伦萨，皮耶罗与多梅尼科·韦内齐亚诺（Domenico Veneziano）合作，后者于 1410 年出生于威尼斯，但为了追求成为艺术家的梦想而移民到佛罗伦萨。1439 年，皮耶罗和韦内齐亚诺一起为佛罗伦萨市中心的圣埃吉迪奥（Sant'Egidio）教堂创作了一幅壁画，但这幅画早已消失。15 世纪的最初几十年，佛罗伦萨活跃着几位著名的艺术家，包括多纳泰罗和布鲁内莱斯基，皮耶罗几乎肯定会遇到他们。他似乎吸收了这些画家的古典艺术风格，很可能受到他们的启发开始对数学进行更深入的研究。

到 1450 年，皮耶罗自己的风格已臻成熟，并且在后来的绘画生涯中保持着稳定。他很快开始收到一些有影响力的赞助人委托。就皮耶罗而言，其中最重要的委托来自有教养的雇佣兵长官费德里科·达·蒙特费尔特罗（Federico da Montefeltro），他是乌尔比诺（Urbino）的统治者。乌尔比诺是佛罗伦萨以东 70 英里、在山脉另一侧的小城。蒙特费尔特罗曾是一名成功的雇佣军指挥官，经常为佛罗伦萨而战。他在职业生涯中积累了巨额财富，并决心将乌尔比诺改造为文艺复兴时期的文化中心之一，邀请了许多一流的艺术家和知识分子在他的城市生活和工作。艺术家中最重要和最有影响力的是皮耶罗，他成为蒙特费尔特罗宫廷①的成员。

据资料记载，皮耶罗于 1455 年至 1470 年间曾在乌尔比诺工作，但他究竟在这座城市生活了多少年仍不确定，因为他同时还在许多其他城市进行委托创作：尤其是佛罗伦萨，还有托斯卡纳城市阿雷佐，以及受教皇尼古拉五世（Nicholas V）的委托前往罗马。

也许皮耶罗在乌尔比诺画的最好的作品是《鞭笞基督》（*The Flagellation of Christ*）。这幅神秘的画作引发了人们的各种猜测，主要针对其复杂而有争议的视角，以及占据右前景和左背景的高度个性化人物的身份。令人惊讶的是，与所有构图规则相反，这幅画的左右两侧截然分开。然而皮耶罗对线条的巧妙运用和眼神的引导使这两个区分的部分形成了统一的画面。尽管主题是暴力的——基督被钉十字架前受到的鞭刑，但画面充满了古典的平静。有趣的是，目睹这种酷刑的主要人物戴着拜占庭皇帝访问佛罗伦萨时所戴的独特帽子，这导致许多人将基督的苦难解释为象征着君士坦丁堡被奥斯曼帝国围困的苦难。[事实上，君士坦丁堡在 1453 年就被苏

---

①　半个世纪后，该宫廷一位名叫巴尔达萨雷·卡斯蒂廖内（Baldassare Castiglione）的外交官写出了一本《廷臣论》（*Il Cortegiano*），确立当代朝臣应有的道德和风度。这本书提供给我们许多对文艺复兴时期文化生活的举止和习俗的迷人观察。《廷臣论》很快成为风靡整个欧洲的礼仪手册。1528 年该书在威尼斯首次出版后，很快被翻译成所有主要欧洲语言，可见它的影响力和受欢迎程度。英文版第一版于 1561 年出版，对伊丽莎白时代的宫廷生活产生了至关重要的影响，这在莎士比亚的许多戏剧中都有鲜明体现。

丹穆罕默德二世（Mehmed II）占领了，比皮耶罗的画早了将近二十年，是那个时代影响巨大的事件之一。〕皮耶罗的绘画中应用了许多几何的、和谐的和美学的比例，这幅作品在 20 世纪时又被立体派和抽象派画家"重新发现"。

如果不提及杰作《耶稣复活》（*The Resurrection*），那么我们对皮耶罗作品的审视是不完整的。这幅画描绘了基督从坟墓中复活的场景，前景是沉睡的使徒，背景是现实主义风格的贫瘠山坡。（一些评论家甚至声称这是达·芬奇在《蒙娜丽莎》的背景中使用类似现实主义主题的灵感来源。）另一件令人难忘的作品是乌尔比诺公爵蒙特费尔特罗的肖像，现今还挂在伦敦国家美术馆。这幅作品的不寻常之处在于侧面视角，仅描绘了人物脸部左侧。选择这个姿势是为了掩饰蒙特费尔特罗在佩鲁贾的一场比武中失去了右眼并且右脸受了重伤的缺陷。能够看出主人公遭受毁容的唯一线索是蒙特费尔特罗鼻子顶部的凹痕，实际上他的鼻子在事故中没有受到伤害，但他本人命令外科医生切除他的鼻梁，以便剩下的左眼可以同时看到左右两侧，从而使自己能提防暗杀的危险。〔乌尔比诺的前任统治者、其同父异母兄弟奥丹托尼奥·达·蒙特费尔特罗（Oddantonio da Montefeltro）即死于暗杀，人们认为现任公爵也参与了这场阴谋。〕此处我们再一次看到文艺复兴时期的典型特征，即伟大艺术与凶残谋杀相伴，在这个预示着现代世界来临的灿烂新时代的背面，暴力的阴影从未消散。

皮耶罗住在乌尔比诺的时候，他可能第一次遇到了来自圣塞波尔克罗的同胞卢卡·帕乔利，他是蒙特费尔特罗儿子的家庭教师。

大约在这个时候，皮耶罗还结识了热那亚人文主义者莱昂·巴蒂斯塔·阿尔贝蒂（Leon Battista Alberti），他博学的兴趣中包括对数学的深刻理解。阿尔贝蒂鼓励皮耶罗写下了作品《关于绘画中的透视》（*De Prospectiva Pingendi*），该书涵盖了大量的算术、几何和代数主题，如何画人物脸部的说明，以及通过不同色彩和艺术手法创造透视效果。在写作过程中，皮耶罗参考了从阿尔贝蒂的《论绘画》（*De Pictura*）到欧几里得的《几何原本》（*Elements*）等许多书籍。根据瓦萨里的说法："皮耶罗如此仔细地研究了欧几里得，他对自己的工作和方法有了更深入的了解。他比任何有实践经验的几何学家都更了解，在规则物体的基础上绘制出的完美曲线的本质。"该书还包含人体解剖的透视关系，成为文艺复兴时期后来追随皮耶罗的艺术家们重点关注的内容。

皮耶罗直到 1480 年左右才完成了《关于绘画中的透视》一书。当时他已经六十多岁了，视力开始急剧恶化，据说最终"在六十岁时因角膜炎而失明"。这一说法并非事实，因为皮耶罗还在继续写数学作品，其中有一些需要精确绘制的几何图形。事实上，他于 1485 年完成了《论五种正多面体》（*De Quinque Corporibus Regularibus*），不久之后他回到了位于圣塞波尔克罗的家中。据说他在这里独自度过了余生，只有仆人照料。

1492 年 10 月 12 日，即克里斯托弗·哥伦布（Christopher Columbus）第一次踏上美洲的那一天，皮耶罗去世了，享年 77 岁。欧洲正在进入一个新时代，同时还"发现"了别处的新世界——这两种发展共同将西方的思想拓展到了超越先前想象的极限。

第八章　付账单的人

　　蒙特费尔特罗直接模仿佛罗伦萨，将不起眼的乌尔比诺城改造成了文艺复兴时期的艺术和知识中心之一，有赖于他多年来雇佣兵军旅生涯的启发。佛罗伦萨、米兰、那不勒斯、罗马——在蒙特费尔特罗漫长而成功的指挥官经历中，他曾多次受雇为这些强大的城邦国家而战（有时是这些国家彼此作战）。

　　蒙特费尔特罗本人可能渴望成为一个有文化的人，但那些组成雇佣部队的下级士兵则是来自意大利、德国、瑞士、法国和英国贫困农村地区的人，可能还包括穿短裙的苏格兰兵和衣衫褴褛的爱尔兰战士。这些人是一群凶残粗鲁的人——热衷于强奸和掠夺，而且往往既愿意与敌人作战，也热衷于和同伴打斗，指挥官（以及指挥官的忠实追随者）往往要竭尽全力压制住他们。

根据意大利中世纪的习俗，战役只在天气晴朗时进行——从晚春开始，到秋天的第一场雨之前就结束。冬天，军队会付清报酬并解散，让士兵可以回家；或者建立冬季营地，军事赞助人一般要提供庇护设施，例如粗毛毡帐篷或简陋的营房，通常就安排在马厩里。在这种时候，马需要干草和饮用水，士兵们也期望有足够的食物和更多的补给。在"淡季"期间，进行的活动一般还包括锻造和打磨武器、赌博、用充气猪膀胱粗野地踢球，以及摔跤、举重和跳高等体育比赛。由于天气寒冷，人们只能在下雨的时候趁机洗洗澡或洗洗衣服。无怪乎这片土地上的村民往往首先通过空气中飘来的气味发觉军队的临近，然后赶紧逃往树林或山洞。

然而，即使在这样的环境里，文化也顽强地与粗野共存着。即使是久经沙场的雇佣兵首领也能为文艺复兴做出自己的贡献。无论是对文化的追求，还是寻求社会进步方面，蒙特费尔特罗都是一个典型例子，而且并不是个案。这位雇佣兵长官还喜欢累积头衔：1437年他被神圣罗马帝国皇帝西吉斯蒙德（Sigismund）封为爵士，并继续得到不少于两位教皇授予的类似头衔。1462年，教皇庇护二世（Pius Ⅱ）任命蒙特费尔特罗为教皇军队的"军事长官"的正式头衔。十二年后，后来的教皇西克斯图斯四世（Sixtus Ⅳ）将他最喜欢的侄子嫁给了蒙特费尔特罗的女儿乔瓦娜（Giovanna），并授予他乌尔比诺公爵的头衔作为结婚礼物。

佛罗伦萨雇佣蒙特费尔特罗的军队断断续续超过六年，军费来源一直是个问题。蒙特费尔特罗的财富以及他对乌尔比诺复兴的赞助，我们已经明白了来龙去脉；然而，那些为他的军事服务买单的人又是如何获得财富的呢？

在米兰公国周围，广阔的农业腹地、金属产业和科莫湖周围的丝绸产业带来了可观的收入。米兰所处的意大利和北欧贸易纽带的战略位置还额外增加了一些收入。在神圣罗马帝国皇帝腓特烈二世选择在西西里建立他的宫廷之前，那不勒斯广阔的领土也曾是权力和财富的中心之一。罗马的财富，则来源于从格陵兰到维也纳、从瑞典到西西里岛的整个西方基督教世界的教皇会费。这些货币和其他重要贸易收入的转移，经常由银行家们进行，因为羊毛贸易，他们早就与北欧建立起密切的联系。这自然有利于强大的佛罗伦萨银行，如佩鲁齐或巴尔迪银行，但教皇对银行的选择并不总是那么牢靠和固定不变的。随着各个城邦实力渐增，佛罗伦萨不得不面对新选举的教皇会选择指定其他城邦银行的尴尬局面。正如我们所见，银行业已经成为这座城市日益增长的财富来源。

1340年代中期巴尔迪、佩鲁齐和阿齐亚沃利银行相继倒闭，佛罗伦萨只剩下几家小银行。其中之一是阿尔贝蒂银行，该家族的实力之前一直较弱。然而他们紧紧抓住了转瞬即逝的市场机会，成功地接手教皇会费的业务。然而阿尔贝蒂家族并不团结，很快分裂成几家相互竞争的小银行。根据金融历史学家雷蒙德·德·罗佛的说法："此外，该家族的一些主要成员卷入佛罗伦萨的政治丑闻中，结果从1382年到1434年整个阿尔贝蒂家族都被流放了。"

此时佛罗伦萨还留下四个主要的银行家族：帕奇、卢切拉、斯特罗奇和美第奇，其中最后一家最终占据了领军地位。"虽然美第奇家族成功地压倒了他们的竞争对手，但他们从未达到 14 世纪的巨头巴尔迪或佩鲁齐的规模。"这一表述无疑令人惊讶，尤其是考虑到美第奇家族后来在佛罗伦萨拥有的巨大权力和影响力，以及掀起的文艺复兴浪潮。然而这句话的真实性是无可争辩的，正如德·罗佛所说："美第奇银行的业务保存了大量的记录，可以提供一份相当完整的资料……的确，现存的账目收支并不平衡，充满了空白，但［几乎］比任何其他中世纪公司的资料都更接近于完整。"

1397 年 10 月，37 岁的乔瓦尼·迪·比奇·德·美第奇（Giovanni di Bicci de'Medici）① 创立了前途灿烂的美第奇银行。在这之前，他作为一名文员在亲戚维耶里·德·美第奇（Vieri de'Medici）所有的另一家小银行中工作，并逐渐成为一名初级合伙人。无论从哪方面来讲，乔瓦尼都是一个有点枯燥的人，他一丝不苟，勤奋努力，雄心勃勃——尽管最后这一品质他掩饰得很好。由于萨尔维斯特罗·德·美第奇（Salvestro de'Medici）卷入了乔瓦尼 18 岁时目睹的羊毛工人起义，美第奇家族有时仍在上流社会中抬不起头来。

1385 年，乔瓦尼被提拔到一个非常需要才干和诚实信用的高级职位：罗马分行的经理。同年他娶了皮卡尔达·布埃里（Piccarda Bueri），新娘带来的嫁妆高达 1 500 弗罗林，至少是乔瓦尼年薪的十倍。而乔瓦尼似乎将这笔钱暂时投资进了佛罗伦萨两个成功的羊毛作坊中。

1397 年，他从即将退休的上司维耶里手中接过了整个罗马分

---

① 可参考本书绘制的美第奇家族图谱来分辨不同的家族成员。

行。按照惯例，新的所有者要对银行的所有债务和资产负责。与许多其他银行一样，维耶里银行的罗马分行争取了很多居住在该市的富有的红衣主教来开户。这些红衣主教的奢侈生活意味着他们中的许多人背上了无法偿还的债务。因此乔瓦尼接手时银行尚有 860 弗罗林的应收账款。但同期他的羊毛投资应该进行得不错，因为同年 10 月他就在佛罗伦萨开设了自己的银行，初始资本为 1 万弗罗林。尽管在罗马遭遇了挫折，但他本人还是能够在佛罗伦萨新开的银行中持有 5 500 弗罗林的控股股份，另外两个较小的股东似乎是与美第奇家族有姻亲关系的合伙人。

从一开始，乔瓦尼就显示出他是一个谨慎的银行家，他更看重稳扎稳打，而不是像前雇主维耶里那样激进地鼓励红衣主教们大量前来开户。

早期的佛罗伦萨银行家们在金融实践方面已经取得了相当大的进步，比如复式记账法这样的创新。早在卢卡·帕乔利 1494 年出版的《数学大全》对这种会计方法的工作原理进行"解释"之前很久，这种方法就在实践中被广泛使用了。其他金融工具还包括汇票、信用证等。

许多银行家具有创新精神，他们引入了自己的新方法，或者对上述做法进行修改。乔瓦尼则恰恰相反，他坚持谨慎行事，充分利用那些久经考验的可靠方法。之前银行崩盘的记忆一直在他心中警钟长鸣。除了正常的账簿之外，美第奇银行还有自己的"秘密账本"（libro segreto，一种机密分类账）——这是当时银行的普遍做法。德·罗佛描述了这些秘密账本如何"包含合伙人关于投资和支取的账目、经营成果账目、分配给分支机构的资产账目，有时还包含代理商和文员的工资账目"。换句话说，这些秘密账本上的数字揭示了银行的基本结构，以及其各个外国分支机构的利润（或亏损）。

美第奇银行和所有其他银行一样，也有自己的特别规定。例如，该银行新威尼斯分行的经理奈利·迪·奇普利亚尼·托纳昆奇（Neri di Cipriani Tornaquinci）被指示在任何情况下都不得向德国人或波兰人提供任何贷款。当他违抗这条指令将现金借给一个德国商人后，他顿时明白过来老板如此下令的原因。这名商人随即离开了威尼斯，越过阿尔卑斯山到达德国，银行已经没有希望从那里收回贷款了。尽管美第奇银行采用了高效的会计方法，托纳昆奇还是有办法迅速秘密地借来8%的高利贷来掩盖账户中的这个漏洞。随着运营资金缩水，托纳昆奇开始在他的账簿中插入捏造的利润条目。三年后，他的渎职行为才在佛罗伦萨被揭发，当时坏账已上升到惊人的13 403弗罗林，未付工资达到683弗罗林。托纳昆奇在佛罗伦萨被起诉，当局下令没收他在该市的住宅以及在城市近郊拥有的农场。

托纳昆奇逃离了佛罗伦萨，他穿越阿尔卑斯山前去寻找他的债务人。最终，他设法在克拉科夫找到了这个商人，并成功追回了部分欠款，但他把这笔钱私自留下了。一段时间后，乔瓦尼得知托纳昆奇曾试图赚到足够的钱来偿还所有的债务，在这个过程中已经失去了一切。他对托纳昆奇很同情，并寄给他36弗罗林，足够一年的生活。尽管在财务上一向谨慎，但对于乔瓦尼来说，金钱似乎并不是一切。

这样的故事说明了那个时代银行业日常面临的风险。尽管遭遇了类似的挫折，乔瓦尼和美第奇银行仍然很快就开始赚取可观的利润——佛罗伦萨和乔瓦尼的财富在这些年里齐头并进。佛罗伦萨开始向托斯卡纳腹地扩展，沃尔泰拉和皮斯托亚都成为了佛罗伦萨的附属城市。早在 1351 年，佛罗伦萨就向那不勒斯女王买下了普拉托；然后在 1384 年，阿雷佐也处于佛罗伦萨的统治下。1406 年，佛罗伦萨终于控制了老对手比萨，佛罗伦萨的贸易从此可以不受限制地接入海路，比萨不可能再强行征收进出口税。1421 年佛罗伦萨又从热那亚人手中买下了港口城市利沃诺，进一步促进了海外贸易。

在此期间，富有的阿尔比齐家族及其盟友接管了佛罗伦萨的管理。他们通过赠送昂贵的礼物收买人心，结成战略动机的婚姻以扩大影响；他们推举的候选人占据了执政团中的高级职务。在选举中，他们确保盟友在执政团中获得席位，而执政长官总是阿尔比齐家族的支持者。有了这样的力量，就尽可能减少了敌对势力带给他们的麻烦。持不同政见者或反对者可能因应税货物的沉重负担而破产，或被流放。只要经济繁荣，大多数公民也就接受了这种统治。

与此同时，受益于海外贸易联系的飞速发展，美第奇银行开始大量开设分行或设立代理商，包括布鲁日和伦敦（羊毛贸易）、里昂和阿维尼翁（大型贸易展览会）、安科纳（协助将精美的佛罗伦萨布料运送到黎凡特）等，那不勒斯和加埃塔也有分行进行西地中海贸易——随着业务蒸蒸日上，很快在巴塞罗那也开设了一家分行。

　　乔瓦尼的财富日益庞大。然而，他明白炫耀是不明智的，并继续以朴实无华的方式生活。从他在公共场合的表现来看，他对政治权力没有任何渴望。他不想与阿尔比齐家族或者任何其他强大的家族如乌扎诺等争执。乔瓦尼和他的家人住在一栋可以俯瞰大教堂广场的简朴的房子里，人们每天都能看到他从家中出来，步行三百码穿过城市的商业中心，经过熙熙攘攘的摊位和旧市场（今天的共和国广场），到美第奇银行位于红门路（Via Porta Rossa）的办公室上班。重要家族的首领在没有随从保护和探路的情况下，从不冒险出门；而乔瓦尼会在只有贴身侍从的陪同下就走在街上，穿过人群。人们尊重他，他知道他不会受到伤害：虽然人们也并没有忘记萨尔维斯特罗·德·美第奇在羊毛工人起义中不光彩的角色。美第奇家族可能因此而蒙羞，但他们仍慢慢重获人们内心的尊重。乌扎诺家族尤其清楚这一点，并努力去挫败任何投票选举美第奇家族成员担任公职的企图。

　　最终，旧有的质疑不再能阻止乔瓦尼这样有价值的公民被任命到权威职位。1401 年，乔瓦尼被选为执政团成员之一，负责挑选一位艺术家为洗礼堂制作新的青铜门。正是在这一次，布鲁内莱斯基傲慢地拒绝与共同胜出者吉贝尔蒂一起工作。后来，乔瓦尼又加入了选择布鲁内莱斯基建造佛罗伦萨孤儿院的委员会，他在整个项目的融资中发挥了很大的作用。在开展这项工作的过程中，精明的银行家和多刺的艺术家建立了令人惊讶的友谊。两人对待工作都一丝不苟，他们似乎对彼此不同的专长产生了一种相互钦佩的感觉。

最终建成的孤儿院也深受人们的喜爱。

乔瓦尼表现出适当的推让，反而在后面这些年里三次被选进执政团。1421 年他荣耀地当选首席执政官，担任佛罗伦萨名义上的"统治者"两个月。这一事实可以算是美第奇家族因羊毛工人起义而蒙羞多年后最终获得了大众的谅解。

乔瓦尼没有表现出试图长久把持权力的迹象，甚至建议他的儿子科西莫（Cosimo）要常去银行营业的办公室，而永远不要去政府所在的领主宫。也就是说，他应该不惜一切代价避免卷入地方政治：在宫殿前徘徊的那些人不外乎是传播是非者、政治阴谋家，以及希望影响执政会议的人。

然而，也正是在这个时期，乔瓦尼充分展现了自己的野心。他可能避免在佛罗伦萨获得任何政治权力，但在国际政治和商业领域就不同了——这需要采取与他的公众形象和职业性格大相径庭的行动。

乔瓦尼多年经营国际银行的经历，使他对意大利和欧洲政治的广阔世界有了深刻的了解。他很清楚，许多资深教士已经厌倦了两位教皇分庭抗礼造成的分裂，这两位教皇分别在阿维尼翁和罗马。1414 年基督教世界召开大公会议试图解决两位教皇之间的问题：格列高利十二世（Gregory XII，罗马）和本笃十三世（Benedict XIII，阿维尼翁）。该会议在匈牙利和德国国王西吉斯蒙德（后来成为神圣罗马帝国皇帝）的主持下，在德国湖畔城市康斯坦茨举行。

然而，此时却出现了第三个对教皇宝座的主张者。这是一个特立独行的那不勒斯人，名叫巴尔达萨雷·科萨（Baldassare Cossa）。

早年有过海盗经历，后来在博洛尼亚大学获得了法学博士学位。然后他为自己弄到了教皇使节的职位，这是一个红衣主教级别的高级外交职位。凭借这一职位的影响力，他成功说服了法国、英国和波西米亚的宗教当局，让他在比萨自立为教皇约翰二十三世（John XXIII）。这位新上任的教皇性格强硬，不乏诡计和魅力，拒绝让教会的高级职员干涉他惯常的放荡行为。

几年前，还是红衣主教的科萨成功说服了习惯性谨慎的乔瓦尼成为他的支持者。乔瓦尼很可能对红衣主教科萨的教皇野心有所了解并被说服，获得教皇账户带来的丰厚利润的诱惑战胜了可能涉及的风险。在这种情况下，乔瓦尼出人意料地入局了。但那不勒斯国王拉迪斯拉斯（Ladislas）对新教皇的悍然自立感到愤怒，并发动了军事行动。约翰二十三世很快被迫签署了一项昂贵的和平条约，承诺给拉迪斯拉斯国王不少于 95 000 弗罗林的款项。可他自己根本拿不出这笔钱，于是向银行家寻求贷款。乔瓦尼经过一番深思熟虑后将钱拿了出来。这是一笔巨款：相当于美第奇银行成功的罗马分行过去二十年所获利润的 20%。作为这笔贷款的担保，约翰二十三世交给乔瓦尼一个镶嵌着珠宝的教皇法冠和一定数量的金制餐具，他不知何故成功地从教皇国库中拿到了这些东西。

约翰二十三世与另外两名教皇宝座的竞争者格列高利十二世和本笃十三世被正式召集到康斯坦茨会议。这次大公会议持续了四年多（1414—1418 年），背后是各种政治交易。约翰二十三世最终失利并受到审判。根据爱德华·吉本的说法："一些更可耻的指控被压下来了；这位基督的神父只被指控犯有海盗行为、强奸、鸡奸、谋杀和乱伦罪。"于是约翰二十三世被西吉斯蒙德国王废黜并监禁，要求缴纳 35 000 弗罗林才能释放。令世人大惑不解的是，这位前教皇竟然有办法说服乔瓦尼支付了这笔款项。毫无疑问，他是一个有说服力的流氓，但他究竟是如何诱导这个精明的银行家再次将如此巨款倾囊相付的？看起来乔瓦尼进入国际政治领域的确是一个巨大的错误。

显然，乔瓦尼虽然建立了欧洲最大的银行之一，但还没有对金融和权力交织的世界如何运作有着足够深刻的洞察。通过拯救自己支持过的教皇候选人，乔瓦尼证明了这样一个事实：当你得到美第奇银行的支持时，无论情况如何，它都不会让你失望。这表明美第奇银行不仅是一家值得信赖的机构，而且还拥有大量可供支配的资源——银行在出人意料的短时间内筹集到天量巨款的能力很快成为欧洲热议的话题。

这位前教皇感恩戴德地从牢房出来，直接前往佛罗伦萨，他唯一的朋友乔瓦尼收留了他。约翰二十三世可能是一个不光彩的人物，但他毕竟曾经是一位教皇，美第奇家族的社会地位也随着这位杰出客人的到来而大大提高。

同时，康斯坦茨委员会对其他两人对教皇地位的主张同样驳回了。一位全新的候选人取代了先前所有三位教皇，此人就是红衣主教奥托·科隆纳（Otto Colonna），来自罗马最古老、最杰出的家族之一。科隆纳在选举中不负众望，最终成为教皇马丁五世（Martin V）。他立即动身前往罗马定居，但途中被迫在佛罗伦萨停留，因为他无法说服那不勒斯国王拉迪斯拉斯的继任者乔安娜二世（Queen Joanna Ⅱ）离开罗马，后者宣称自己现在没有理由离开这座圣城。

　　乔瓦尼决定利用这一天赐良机，很快促成了马丁五世和约翰二十三世之间达成和解，约翰二十三世那时已病入膏肓。马丁五世对乔瓦尼表示了深深的感谢，他的协调周旋确保了新教皇是自 1309年阿维尼翁教皇以后，第一位不再有任何未解决争议的圣彼得宝座主张者。

　　几年之后，马丁五世才以更具体的方式表达了他的感激之情。1424 年，几番周折之后，美第奇银行终于成为教皇会费指定的银行，乔瓦尼也终于实现了自己的目标。他不仅经营着基督教界最赚钱和最广泛的银行网络，而且还可以根据自己的意愿接受任意数量的罗马红衣主教和教会高级成员的账户。现在他是教皇银行家，不再需要像早年在罗马银行为他的堂兄维耶里工作时那样担惊受怕——因为任何背负债务并拖欠教皇银行的人都将自动被开除教籍。

　　乔瓦尼此时已经六十多岁了。在意大利的中上阶层平均寿命 40岁左右，下层阶级只有 25 岁的时代，他已经是一个名副其实的老人。他似乎在大约十年前就开始感觉到自己年事已高，银行的日常管理工作逐渐转移到了大儿子科西莫·德·美第奇（Cosimo de'Medici）身上。科西莫很快就证明了自己的能力，在他 25 岁的时候，乔瓦尼已经有足够的信心让他独自前往康斯坦茨会议，尽最大努力解决前教皇约翰二十三世的闹剧。虽然行前乔瓦尼给出了严格的指示，但现场的决定都是由年轻能干的科西莫做出的。

　　科西莫负责了银行的运营工作，这让乔瓦尼有机会专注于他的新领域。在执政团中为洗礼堂大门设计和孤儿院修建选拔候选人的过程，唤醒了他造福这座城市的愿望，这座城市也终于再次认可了美第奇家族的价值。乔瓦尼与布鲁内莱斯基的友谊蓬勃发展着，1421 年，也就是乔瓦尼担任首席执政官的那一年，布鲁内莱斯基被佛罗伦萨当局授予了现在被认为是该市首批专利之一的专利证书：就是那艘备受嘲笑的桨船，布鲁内莱斯基为了将大理石沿阿诺河逆流而上运送到佛罗伦萨而设计了它。这个装置被一位同时代的人评价为能够"花更少的钱将任何商品运到阿诺河沿岸，以及其他一些好处"。根据现代技术史学家弗兰克·布拉格（Frank D. Prage）的说法："从文化和政治的角度来讲，获得专利证书是布鲁内莱斯基作为一个具有创意和商业头脑的个体，在行会垄断之外运作的尝试之一。"

随着时间的推移，专利理念的引入证明文艺复兴又向前迈出了重要的一步。中世纪的行会可能在不同的技能和专业为人们提供服务时，在制定标准和维护商业惯例方面发挥了重要作用，但它们的运作方式也颇为封闭。如果不是某个公会的成员，就不能在城市内从事特定的贸易或发挥专业知识。布鲁内莱斯基为他的桨船获取专利，标志着对垄断状态的重大突破。公会开始失去森严的控制，这为新的企业精神铺平了道路。从那时开始，更多的创意和创业机会不断涌现。

文艺复兴的范围远远超出了艺术和科学领域新的自我实现；创新精神开始延伸到商业领域，包括海外商业。现在，比萨和利沃诺等沿海城市作为佛罗伦萨贸易的自由港运作，船队自由航行于地中海，穿过比斯开湾到达布鲁日，一种新模式被引入以资助这类远征——

其实就是直接借鉴了威尼斯为其东地中海贸易提供资金的模式。尽管如此，这种模式在佛罗伦萨、比萨和热那亚的引入彻底改变了意大利和佛兰德斯之间的欧洲海上贸易。

在贸易远征中，船队的融资不仅用于购买（或租用）船只本身，还需要购买供出口的商品，以及回程搭载的货物（例如羊毛）；然后还有长途旅行的费用、船员的报酬等等。商业探险的成本如此之高，以至于经常需要几个不同的"支持者"提供资金，每个人都会购买一定的"份额"。这些商业冒险者的先锋在随后的几个世纪中崭露头角。一个世纪后，英国人成立了莫斯科公司，然后是荷兰东印度公司、伦敦东印度公司等。所有这些都是特许的"股份制"公司，股东可以购买公司的部分股票。股票的价值可能会上涨或下跌，这取决于人们对公司所涉及的风险或利润的预期。

东印度公司被广泛认为是最早的股份制公司。然而在它成立前一个世纪，这种做法在意大利商人和佛兰德斯商人中已经司空见惯。股票最初是在布鲁日成立的交易所买卖，很快在威尼斯和热那亚也开设了类似的机构。随着热那亚和佛罗伦萨的船队能够定期抵达布鲁日，这些交易所的股票和股票市场开始成为主要的金融活动。

复杂的融资、股票和股份、交易所、跨大陆的资本转移——我们所知道的现代资本主义的所有基础都在这一过程中奠定。现在人们通常不会从商业活动的角度来评价文艺复兴，但不可否认的是，商业转变也是已经开始发生的社会整体转变的一部分——首先在佛罗伦萨，然后在整个意大利，最后蔓延到北欧和更远的地方，这些商业活动的利润为文艺复兴提供了资金。

　　尽管乔瓦尼没有直接参与新金融工具的创造，但毫无疑问，他完全熟悉这些运作。事实上，美第奇银行能根据自己的优势完善大部分专业知识。乔瓦尼对银行及其分布广泛的分支机构保持着严格的控制。他明白一个分行的资金流失（甚至破产）很容易拖垮整个银行的财务平衡，银行经理的不称职甚至不诚实会造成灾难性的后果——尽管乔瓦尼对经理们进行了精心的挑选和培训。而且，佛罗伦萨与另一个城邦或国家的政治关系发生变化也可能导致银行破产。因此，乔瓦尼调整了结构，让每家银行成为一家独立的公司。

　　尽管这一行动从整体上保护了银行，但分行经理获得了一定程度的自主权，这一权力由于经理在分行中拥有个人股份而得到加强。当然多数股权始终掌握在美第奇家族手中。因此，以前不成文的惯例现在被写成一套正式的规则确定下来：永远不要向红衣主教借出超过 300 弗罗林；不向可以在自己辖区内赦免债务的地方统治者提供贷款；对待男爵参考前一条规则，因为他们可以"为自己制定法律"；不要与德国人有任何业务往来等等。

　　矛盾的是，乔瓦尼自己在晚年倒成了一个越来越慷慨的赞助人。1419 年，他委托布鲁内莱斯基重建古老的圣洛伦佐（San Lorenzo）教堂，距离他俯瞰大教堂广场的房子仅几步之遥。这是一项大工程，改造后的教堂有明显的布鲁内莱斯基的独特风格，但这项工程直到布鲁内莱斯基去世后才由他的朋友兼传记作者马内蒂完成。支撑中殿两侧拱门的一排排精美的柱子，与布鲁内莱斯基在佛罗伦萨孤儿院中的文艺复兴古典风格的柱子相呼应。之前摇摇欲坠的那座 11 世纪教堂就曾是美第奇家族所在教区的教堂；而新崛起的圣洛伦佐大教堂更加被公认为"美第奇教堂"。1420 年代后期，乔瓦尼的身体变得越来越虚弱。他现在是佛罗伦萨最富有的人之一，1427 年缴纳税额 397 弗罗林，仅次于帕拉·迪·斯特罗奇（Palla di Strozzi）——后者是一个杰出的古老家族的首领，除家族银行的收入以外，还有来自羊毛贸易的收入以及农业资产——他支付了 507 弗罗林的税额。

1429 年 2 月 20 日，乔瓦尼知道自己不久于人世，于是将他的直系亲属们召集到床边。根据当地同时期历史学家乔瓦尼·卡瓦尔康蒂（Giovanni Cavalcanti）的说法，乔瓦尼随后说了许多话，特别针对他 40 岁的儿子科西莫和科西莫的弟弟洛伦佐（Lorenzo）。兄弟俩共同经营着美第奇银行，也是美第奇家族内的高级成员。这些话不可能像卡瓦尔康蒂后来整理的有两页左右那么长，但还是涵盖了乔瓦尼讲给儿子们的要点，以及自从他们成年并进入家族企业以来给他留下的印象：

> 我留给你们的财富是好运赐予我的，你们的好母亲和我自己的辛勤工作使我能够保住这些财富。我留给你们的生意比托斯卡纳土地上的任何其他商人的产业都大，我们家族享受着广大民众的尊重，他们曾将我们视为指路明灯……对那些贫穷苦难者要心怀仁慈，竭尽全力帮助他们渡过难关。永远不要违背人民的意愿，除非他们误入歧途……不要经常去领主官参与政治，除非是被召唤；行事要和顺，不要因为收获的选票多而

骄傲。

在最后一句中，他提醒了美第奇家族的人被投票选进执政团时应该如何表现。

乔瓦尼继续建议道，不要陷入诉讼争端，"或有任何影响正义判决的企图，因为阻碍正义的人终将败于正义"。最后一句忠告可能是最重要的，也是最符合他性格的："小心不要引起公众的注意。"

乔瓦尼传授给儿子们的经验，其重要性怎么强调都不为过。即使科西莫后来迫于无奈不得不违背这些家族信条，也仍然尽最大努力忠于父亲的指导精神。

乔瓦尼说完这些话后不久便去世，享年69岁。（但据卡瓦尔康蒂的记录："说完这话，他就离世了。"）尽管父亲希望保持低调，但科西莫很难不让父亲的葬礼不为公众所知。葬礼当天，市内所有政要齐聚美第奇府邸。乔瓦尼的灵柩之后跟随着身份显赫的送灵队伍——由驻佛罗伦萨的外国大使、当时的城邦最高长官本人、所有主要行会的负责人以及声称拥有美第奇姓氏的人组成。街道两旁都是送行的民众，他们毫不掩饰的敬意表明了民众对乔瓦尼普遍怀有的尊重。

乔瓦尼去世后，他的遗产估价为近18万弗罗林。德·罗佛对此事的看法颇为有趣："即便不是完全准确，这个数字也是有道理的。"乔瓦尼拒绝留下遗嘱，德·罗佛分析称："也许这个决定与教会通常对高利贷的态度有关。如果在遗嘱中提及大量的欠款，他不得不自认是放高利贷者，并可能给财产继承人带来相当大的麻烦。"

乔瓦尼似乎在高利贷问题上认为能够正视自己的良心，通过资助教会项目如重建圣洛伦佐教堂等，已经足以弥补灵魂的过错。正如我们将看到的，他能干的儿子科西莫在乔瓦尼的基础上继续发展壮大，美第奇家族的权力和财富一时无两。但更加精明的科西莫会发现自己无法像父亲那样容易地减轻对高利贷的内疚了，这对佛罗伦萨共和国的命运和文艺复兴的走向也产生了巨大的影响。

第九章　文艺复兴展开双翼

　　现在我们来看看三个截然不同的佛罗伦萨人，他们的生活扩展了文艺复兴新的可能性，再次超越了以前的界限。

　　莱昂·巴蒂斯塔·阿尔贝蒂于 1404 年出生在热那亚。他的父亲洛伦佐（Lorenzo）是佛罗伦萨著名的阿尔贝蒂家族的成员，该家族的银行曾试图利用 1340 年代中期巴尔迪、佩鲁齐和阿齐亚沃利银行倒闭的窗口期崛起。然而由于政治上的失败，这个家族很快就没落了。洛伦佐最终流亡到热那亚，那里尚有家族银行较为繁荣的分行之一。

　　阿尔贝蒂因其博学多才而广为人知，这使他被视为第一个"文艺复兴时期的人"。在很多方面，他都有最典型的文艺复兴时期人物——莱奥纳多·达·芬奇的影子，虽然后者在近半个世纪后才出生。事后看来，这两位时代的巨人具有很多共同点。两人都是私生子；两者似乎都有永不餍足的学习欲望。他们都相信科学，崇尚数学，被永远无法完全安定的内心驱动。就像莱奥纳多一样，对于阿尔贝蒂来说"绘画是一门科学"。但除此之外，他们的兴趣并不相同。概括地说，莱奥纳多被经验和实践吸引，阿尔贝蒂更喜欢理论的方法。

尽管被流放，阿尔贝蒂的父亲依然富有，他很可能拥有或能接触到藏书丰富的图书馆。同时，阿尔贝蒂是一个早熟的孩子。正如瓦萨里在他的短篇《阿尔贝蒂的一生》中所表达的那样："那些非常喜欢阅读的艺术家们，能够从他们的知识中获益良多。画家、雕塑家和建筑师的情况尤其如此。这些阅读会激发他们的想象力。"智识水平与他们的艺术实践相匹配，只有这样，艺术家才能挥洒自如。瓦萨里继续说：

> 当理论与实践紧密结合时，富有成效的艺术就产生了——因为学习能促进技艺日臻完善。经验丰富且知识渊博的艺术家们留下的建议，将帮助那些依赖于工作实践的人，无论他们的天赋才华如何。

阿尔贝蒂的情况就是如此。瓦萨里的话也揭示了文艺复兴时期的艺术与学习是如何紧密结合在一起的。

阿尔贝蒂幼年，父亲带着他和兄弟姐妹们离开了热那亚以躲避瘟疫。他们穿越意大利北部，到达热那亚的主要竞争对手威尼斯。

阿尔贝蒂的父亲在这里接管了家族银行最大最成功的分行。但是灾难仍然降临了，根据法国历史学家伯特兰·吉尔（Bertrand Gille）的说法，阿尔贝蒂的父亲"突然去世，将孩子们托付给叔叔照顾，但叔叔此后不久也失踪了"。吉尔推测："有可能是不择手段的亲戚为了自己发财就清算了威尼斯分行，不在乎让孩子们成为孤儿。"所有这一切都说明了阿尔贝蒂是在动荡不安、缺乏关爱的氛围中长大的。

不论如何，青少年时期的阿尔贝蒂仍然得以到附近的帕多瓦大学继续学业。1421 年，17 岁的他转学到博洛尼亚大学学习法律。那时他由于"过度劳累导致生病，不得不暂时中断学业；但最终他还是获得了教会法的博士学位"。阿尔贝蒂对知识永不满足的渴望又驱使着他去学习数学和科学，尤其是物理学。他也是第一个对维特鲁威（Vitruvius）的《建筑十书》（De Architectura）进行详细研究的人，维特鲁威是古罗马最优秀的建筑师和工程师，他的声名在公元前 1 世纪达到顶峰。维特鲁威的作品给年轻的阿尔贝蒂留下了不可磨灭的印象，激励着他梦想在这个领域取得伟大的成就。

所有这些都表明了阿尔贝蒂矛盾的动机。学习教会法通常是进入教会的前奏，或者至少是愿意接受较低的教职；而对科学和建筑的研究，表明阿尔贝蒂心里仍有其他打算。他身体的虚弱很可能是由内心冲突引起的，再加上不幸的家庭状况带来的麻烦。阿尔贝蒂显然拥有文艺复兴特点的思想，但他所研究的科学"更接近行将结束的中世纪"。换句话说，他的科学研究意味着接受亚里士多德的权威，接受可以追溯到一千五百年以前的教义。

　　尽管亚里士多德非常聪明，但他的许多发现——以及对这些发现的解释——越来越多地被证明并不符合事实。例如，亚里士多德相信"自发产生"（spontaneous generation）：海洋生物如扇贝，在沙子中"自发"形成；同样，蛆虫"自发地"出现在腐烂的肉中。亚里士多德的教义多年来被教会采纳，从而成为神学真理。与这种学习相反，在文艺复兴的语境下提及"权威"（例如亚里士多德或教会），人们的思想变得更倾向于质疑现实，试图自己发现世界是如何运作的。然而，亚里士多德的教义仍然被视为是神圣不可侵犯的，否认教义就代表着是异端邪说，有可能被逐出教会或者更糟。如果自己的研究之路继续下去，冲突在所难免，而这样的矛盾画面显然已经在阿尔贝蒂的脑海中设想过了。

　　尽管阿尔贝蒂因"过度劳累"而陷入困境，但他的个人形象仍然十分出众。他的早熟不仅限于头脑，还因体格出色而知名。作为一个孩子时如此，长大成人后也是如此。伟大的 19 世纪瑞士文艺复兴研究学者雅各布·布克哈特（Jacob Burckhardt）①描述道："我们在阅读史料时惊讶地发现，他是如何熟悉各种体操；如何能双脚并拢着从一个人的头顶跳过；在大教堂里，他如何向空中扔一枚硬币，听到它撞击高处屋顶的声音。"阿尔贝蒂还以能骑"最狂野的马"而闻名。布克哈特断言："他希望在三件事上看起来完美无缺，走路、骑马和说话。"布克哈特还指出，阿尔贝蒂声称自己

---

　　① 布克哈特是最早使用现代意义上的"文艺复兴"一词的历史学家之一，从而将这一时期概念化，确定为欧洲历史发展中的一个独特阶段。

是一位自学成才的音乐家，他的作品"受到专业评委的钦佩"——尽管人们对这一点抱有怀疑。

但从上述证据可以看出，阿尔贝蒂不仅在学习知识方面力求广博，而且性格中有很强的竞争性。然而，与大多数这样的领军人物不同，他并不缺乏幽默感或对生活中平凡事物的兴趣。他在爱犬去世时为其写了一篇悼词，他不羞于请教鞋匠"修鞋手艺的秘密"，他以"幽默的晚宴演讲"而闻名。他能写出"一个人只要愿意就可以做所有事情"和"没有什么东西是既新颖又完美的"这样的句子，也可以讲一些薄伽丘风格的笑话。例如，一个旅行的商人向他的同伴吹嘘："我可以随心所欲地胡闹，我的妻子从不反对。"他的同伴回答说："和我一样，因为我知道我的妻子也在做同样的事情。"

雕刻在一枚青铜勋章上的浮雕自画像，通常被认为是我们能找到的最好的阿尔贝蒂肖像。根据这枚勋章现在所在的华盛顿国家美术馆的说法，它"即便不是最早的那一枚，也是最早的一批文艺复兴肖像勋章之一，还是文艺复兴艺术家的第一幅独立自画像，以及首先展示艺术家身着古装风格的勋章"。有些人认为这幅肖像中阿尔贝蒂的头部形状，以及他留的很短的卷发，暗示他不知名的母亲可能是一名非洲奴隶。众所周知，热那亚那时在北非设有贸易前哨，并且还从事奴隶贸易，这至少使阿尔贝蒂的非洲血统不无可能。阿尔贝蒂的座右铭是"那又怎样？"（Quid tum），仿佛也支持了这一隐晦的猜测。该座右铭取自古罗马诗人维吉尔的"如果阿明塔斯是黑人，那又怎样？"（Quid tum，si fuscus Amyntas?）[1]

1420 年代后期，佛罗伦萨当局撤销了驱逐阿尔贝蒂家族的命令，阿尔贝蒂几年后终于亲身来到了这座城市。在这里，他最初并没感受到全然的欢迎。在意大利北部城市接受教育并长大，他习惯使用当地拉丁语进行交谈和写作，而不是但丁提倡的托斯卡纳方言，因此佛罗伦萨本地的文人墨客对他不以为然。尽管学识渊博，但阿尔贝蒂还是花费了一段时间才在托斯卡纳感到完全自在。同时，他与时值中年的布鲁内莱斯基结下了深厚的友谊，后者博学多才，兴趣广泛，不拘小节。那一时期布鲁内莱斯基正在研究斐波那契的数学成果，并发明了一些用于提升和定位石头的巧妙机器来帮助建造大教堂圆顶。

布鲁内莱斯基在很多方面都启发了阿尔贝蒂的灵感，并且很可能在这位年轻人获得他的第一个建筑项目委托时发挥了作用。阿尔贝蒂那时已经形成了他自己的想法，并且很擅长将这些想法付诸实践。1446 年，他获得了古老而显赫的卢切拉依（Ruccellai）家族的工作委托，该家族在羊毛贸易和银行业中都发了大财。阿尔贝蒂受托为这个家庭设计一座杰出的宫殿，结果成为他的第一项杰作，宫殿外观采用的复古风格在佛罗伦萨尚属首次。

后来，阿尔贝蒂再次受雇于卢切拉依家族，重新设计了令人印象深刻的新圣母玛利亚教堂（Santa Maria Novella）大理石立面，这面墙至今仍装饰着这座佛罗伦萨的主要教堂之一，也是多明我会

---

① "fuscus"一词有"黑色的"或者"黑皮肤"的意思。

的主要礼拜场所。阿尔贝蒂对这座教堂正面的装饰工作改变了文艺复兴时期的建筑。引用权威的《加德纳世界艺术史》（*Gardner's Art Through the Ages*）中的描述，阿尔贝蒂试图将人文主义建筑的理想、比例和受古典风格启发的细节共同融入设计，同时还与原先存在的中世纪立面部分达成了和谐。在教堂内部将中殿和较矮的侧廊在视觉上联系起来的解决方案，成为未来几个世纪的标准。

完成卢切拉依宫后不久，阿尔贝蒂前往罗马。根据瓦萨里的说法，在位的教皇尼古拉五世"一直在用他的所有建筑项目颠覆这座城市的原有面貌"。教皇显然听闻了阿尔贝蒂取得的成就，并且对魅力非凡的阿尔贝蒂本人留下了深刻的印象。尼古拉五世很快就和他成为了朋友，听取了更多建筑问题上的建议，甚至诱惑他在教会中担任了一项小小的教职。这意味着他可以自由地修复罗马的许多古代遗迹。这些项目中最突出的是旧输水管道的翻新，这条管道在废弃了一千多年后再一次将新鲜的饮用水输送到城市中，管道终止于三条道路交汇处的中央喷泉：特莱维喷泉（Trevi Fountain）。

在翻修这些古建筑的同时，阿尔贝蒂也效仿布鲁内莱斯基的榜样，花大量时间在废墟中漫步，观察和学习古罗马建筑的秘密。不出意料，阿尔贝蒂在这之后写下了《论建筑》（*De Re Aedificatoria*）。这是文艺复兴时期同类作品中的第一个，通常被认为是自古罗马的维特鲁威以后最好的有关建筑的作品，虽然书中的部分内容确实基于维特鲁威的研究。阿尔贝蒂在书中展示出对美学比例的精湛眼光，并将这一点与自己出色的实践天赋结合在一起。

早在 1435 年阿尔贝蒂就撰写了《论绘画》，这是一本关于绘画艺术的专著，包括对古典光学、透视和几何比例元素的分析。然而在这样的背景下，阿尔贝蒂却没有留下与他成熟独到的理论知识相匹配的作品。根据瓦萨里的说法："阿尔贝蒂在绘画中没有留下什么重要或美丽的作品。他现存的极少数画作也远非完美，但这并不奇怪，因为他更多地致力于研究而不是绘画本身。"

这个判断似乎是公正的。事实上，阿尔贝蒂的绘画作品的缺失——以及他自己事实上并没有亲自参与建造许多他设计的建筑——已经对阿尔贝蒂的声誉造成了影响。因此，他是被许多人忽视的文艺复兴时期的遗珠，在杰出后辈莱奥纳多面前更是黯然失色。但是，当人们看到阿尔贝蒂涉及的各种技术成就时，就会感到十分惊讶。根据伯特兰·吉尔的说法："他谈到过天平、钟表、日晷、滑轮、水车和风车，以及运河闸。他发明了地形学仪器，并设想过里程仪和用于记录船舶航行距离的仪器。他还研究了深水探测的方法。"除此之外，阿尔贝蒂在地图和天文学方面的开创性工作，为这些领域的未来指明了方向；他在密码学方面的工作，标志着自恺撒大帝时代以来该领域的第一次真正进步。

还有一些推断认为是阿尔贝蒂写出了非常著名但神秘的作品《寻爱绮梦》（*Hypnerotomachia Poliphili*），这部匿名的作品受到整个文艺复兴时期欧洲学者的关注。作品的标题来源于希腊语"hypnos"（睡眠）、"eros"（爱）和"mache"（冲突），可以翻译为"波利非洛（Poliphilo）梦中爱的冲突"。《寻爱绮梦》于1499年首次在威尼斯出版，是最著名的"古书"之一，即1501年之前出现的印刷作品。这部梦幻般的小说以极具想象力的白话拉丁文写成，文中出现了许多巧妙的新词，以及原本存在于威尼斯和托斯卡纳方言中的短语的转换。更奇怪的是，行文中还有随处可见的希伯来语和阿拉伯语单词，以及一些来自中世纪的假埃及象形文字。书中还有大量风格独特且不乏创造性的木刻插图，以描绘文本中的事件。

至于文字本身，则讲述了一个发生于1467年的浪漫传统的宫廷故事。主人公波利非洛（意为"许多事物的情人"）在梦幻世界中徘徊寻找他的爱"波利娅"（Polia，字面意思是"许多事物"）。开头段落明显有但丁《神曲》开篇的影子：

> 最后，在无知的梦境中，我来到了一片茂密的树林里，踏上了一条小路，我不知道如何离开这里。在那里，一种恶毒的恐惧侵染了我的鹿，并将其散播到各处，因此我的斗篷开始变得苍白，而正因如此，我独自一人，被武装起来，找不到任何踪迹或路径指引我前进，或带领我再次回来。但是一片由浓密的灌木、锋利的荆棘、厚厚的灰烬组成的树林……

在波利非洛继续穿越充满奇怪象征意义和寓言意味的夸张景观时，他看到了各种奇特的建筑，并遇到了龙、狼和少女。叙事最终以波利非洛与波利娅在"维纳斯喷泉"旁重聚而结束。

几个世纪以来，人们对《寻爱绮梦》进行了各种各样的解释，从精神分析到象征意义，描绘了主人公在最初抗拒对波利娅的爱之后在道德上和心理上的进步。在20世纪瑞士心理学家荣格（Carl Jung）看来，书中梦幻般的景象就是荣格提出"集体无意识"的"原型"概念。这本书的开篇段落之一声称该书"不仅包含知识，

而且正如您将看到的，揭示的自然秘密比古代所有书籍中能找到的
还要多"。

最后这一点，以及该作品的许多其他方面，表明它是由文艺复
兴早期一位处于领军地位的博学者所写，阿尔贝蒂当然符合这一定
位。然而其他仔细阅读原文的人发现，该书每个章节的第一个字母
拼在一起，会形成一句拉丁文的离合诗文（翻译成英文）："弗朗切
斯科·科隆纳兄弟深爱波利娅"。就像该书本身一样，这句话带来
了更多的谜团。这是否意味着文本是由弗朗切斯科·科隆纳
（Francesco Colonna）所写，还是一个秘密玩笑，暗示该作品是对
弗朗切斯科对波利娅的爱的描述？波利娅到底是谁？

阿尔贝蒂与教皇尼古拉五世关系密切，后者则是贵族科隆纳家
族的成员。当时有好几位弗朗切斯科·科隆纳，最著名的是一位住
在威尼斯甚至在圣马可大教堂传教的多明我会修士。此人因为写了
一部未发表的作品而知名，这部作品恰恰名为"德尔非洛之梦"，
其标题与"波利非洛之梦"非常相似。

无论阿尔贝蒂是否真的写了《寻爱绮梦》，这部作品无疑说明
了文艺复兴时期的想象力是如何开始自我扩展的。这可能是人类历
史上第一次出现了一部梦幻般的史诗，它表达了一系列独特的意
象、事件、隐喻等，仿佛直接从无意识的心灵中喷薄而出。阿尔贝
蒂，或科隆纳，带领文艺复兴时期的欧洲知识分子们进入一个博学
的领域，更为深刻地了解周遭的日常世界。

但是阿尔贝蒂的声名为何没能被持久地称颂？为什么他仍然经
常被忽视？伯特兰·吉尔似乎指出了这位文艺复兴早期人物被忽视

的更深层次的原因："他没有创立什么新的准则，只是拥有非常渊博的知识。简而言之，他似乎将科学视为一种手段，而不是一个有组织的知识体系。"

但矛盾的是，阿尔贝蒂最优秀和最有影响力的作品正是他的理论思想：论文、对一些学科可能性的概述以及如何实现这些想法。文艺复兴可能已经拍动双翅，但尚未一飞冲天。1472 年阿尔贝蒂在罗马去世，享年 68 岁，而将要从他手中接过文艺复兴大旗的旗手莱奥纳多·达·芬奇，才刚刚 20 岁。

*　　*　　*

现在我们先来看看另一个人物保罗·托斯卡内利（Paolo Toscanelli），在他的生平中，可以看到文艺复兴思想是如何开始自我扩展的。他于 1397 年出生于佛罗伦萨，比阿尔贝蒂早七年，但比后者晚十年才去世，他对后世的影响延续到去世后很长时间。

托斯卡内利被认为曾在威尼斯共和国的帕多瓦大学学习医学、数学和天文学。此时这所大学已有近二百年的历史，成为继 1088 年成立的博洛尼亚大学之后意大利第二古老的大学。继博洛尼亚和帕多瓦之后，那不勒斯（1224 年）、锡耶纳（1240 年）、罗马（1303 年）、佩鲁贾（1308 年）和佛罗伦萨（1321 年）也相继建立了大学。尽管当时这些机构传授的知识有限，但此类大学的存在无疑在文艺复兴时期发挥了自己的作用。即使到了托斯卡内利生活的时代，整个欧洲大学的课程也仅限于亚里士多德的思想和经院哲学（主要是中世纪神学和对亚里士多德思想的"神学正确性"的解释）。

托斯卡内利住在帕多瓦时，已经被誉为那时最优秀的数学家。与此同时，天文学研究还促使他参与到当时对占星术这门"科学"的热潮中去。他大概在 1430 年之前回到佛罗伦萨，而他的名声已经先于本人抵达了。因此，执政团为他提供了"司法天文官"的顾问职位——根据天上星星的运动预测即将发生的事件及其可能的结果。这似乎是一份兼职工作，只能赚取少量津贴，因为托斯卡内利很快就在美第奇银行的佛罗伦萨分行又找了一份薪水更高的工作。

在此期间，他与阿尔贝蒂和布鲁内莱斯基成为了朋友。与后者的友谊促使托斯卡内利设计出一个称为"教堂日晷"（Gnomon）的科学装置，直到今天仍然可以在佛罗伦萨看到。

在布鲁内莱斯基建造教堂的过程中，托斯卡内利说服他在圆顶顶部采光亭的下方安装一块带有一英寸直径孔的青铜板。阳光穿过这个孔后，会落在约 300 英尺下的教堂地面的大理石板上。石板上刻有一个子午钟，由落下的太阳光线形成的光斑正好落在钟面上。6 月 21 日，夏至——一年中最长的一天，当太阳处于最高点时——落下的光斑与刻在大理石板上的子午钟盘完美对齐，时间测量的精度小于一秒。这个有趣的日晷至今仍然是同类装置中最大、最准确的。

事实上，在接下来的一个世纪里，这个简单但高度准确的装置成为了改变世界的重要元素之一。托斯卡内利的日晷进行的测量有

但丁肖像（中间）；《天堂》细部，乔托。

一枚早期的佛罗伦萨弗罗林金币，一面雕刻着百合花饰，另一面是施洗者约翰的形象。[这样有可能被切割使用吗？]

薄伽丘肖像

保罗·乌切洛所作的约翰·霍克伍德爵士肖像壁画,位于佛罗伦萨大教堂内。

吉贝尔蒂设计的洗礼堂大门细节,展示了圣经故事中雅各准备牺牲儿子以扫的一幕。

罗马万神殿穹顶内部

圣母百花大教堂（佛罗伦萨大教堂），右侧是布鲁内莱斯基设计的穹顶，左侧是乔托设计的钟楼。

保罗·乌切洛《狩猎》

乌切洛《圣罗马诺战役》

皮耶罗·德拉·弗朗切斯卡《鞭笞基督》

皮耶罗·德拉·弗朗切斯卡《费德里科·达·蒙特费尔特罗肖像》

莱昂·巴蒂斯塔·阿尔贝蒂《自画像》

阿尔贝蒂设计的新圣母玛利亚教堂立面

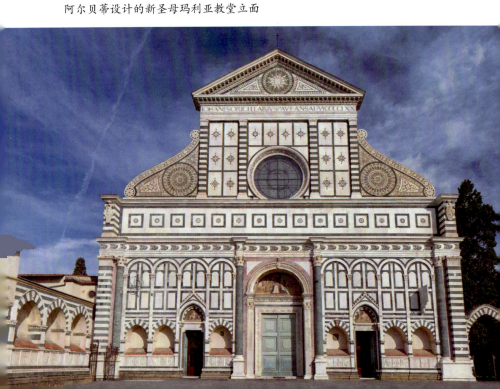

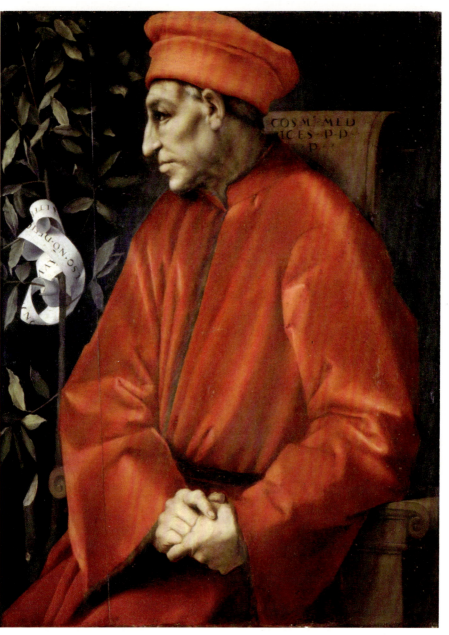

雅各布·达·蓬托尔莫《科西莫·德·美第奇肖像》

多纳泰罗《大卫》

波提切利《圣奥古斯丁》

波提切利《维纳斯的诞生》

波提切利《春》

韦罗基奥《基督受洗》。跪在右侧的天使一般认为是达·芬奇的手笔。

吉罗拉莫·萨沃纳罗拉

达·芬奇《贤士的崇拜》

CAES·BORGIA·VALENTINV

冷酷的切萨雷·波吉亚，是马基雅维利《君主论》中典范式的人物。

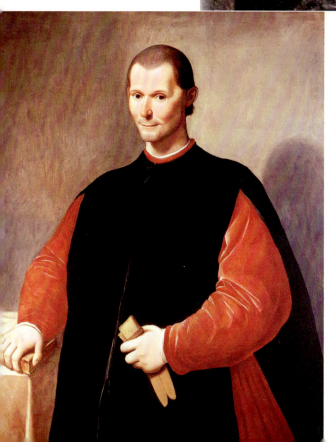

马基雅维利在其政治生涯的巅峰时期，穿着佛罗伦萨政府的官袍。

吉罗拉莫·萨沃纳罗拉在领主广场被施以火刑

佛罗伦萨市景木刻画(《纽伦堡编年史》,1493)

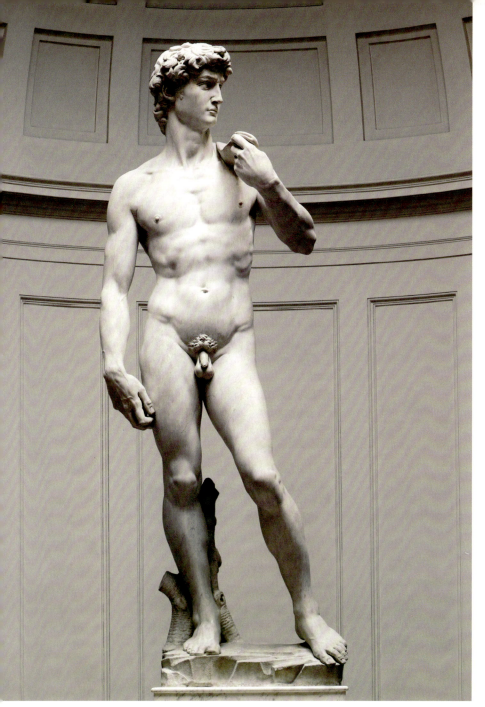

米开朗琪罗《大卫》

米开朗琪罗《大卫》

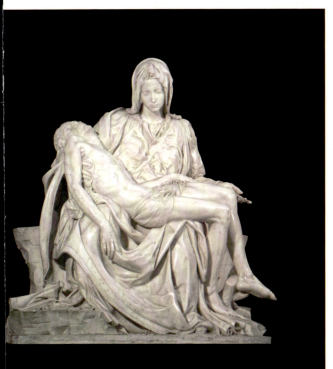

米开朗琪罗《圣母怜子像》

现代作品《伽利略肖像》

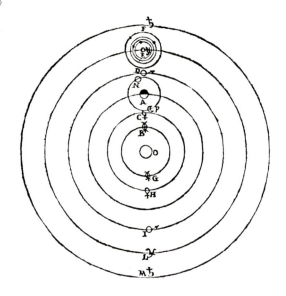

伽利略所作的哥白
尼宇宙体系示意
图，其中也展示了
他自己的发现，即
木星的四颗卫星。

助于取代早在公元前 46 年就开始实施的儒略历（Julian calendar）。
这个历法的误差之处在于每四年会多出四分之三个小时来。由于
误差的累计，1500 年代儒略历上标注的春分（白天和黑夜的时间
相等）比实际的时间早了十天。1582 年，教皇格列高利十三世
（Gregory XIII）引入了"公历"（Gregorian calendar），并使用至
今，将日历年与地球绕太阳公转的实际时间准确地同步。然而，即
使是公历也不是绝对准确的：它每年加速 26 秒，这意味着到 4909
年时将比太阳年提前一整天。

　　虽然这次历法改革发生在文艺复兴几近结束的时候，但毫无疑
问，这是欧洲文化重生的重要遗产。托斯卡内利的日晷在佛罗伦萨
大教堂进行的测量，在实现这一改革所需的思想转变中发挥了
作用。

　　在托斯卡内利的其他科学成就中，还包括测量了彗星穿过佛罗
伦萨夜空的轨迹。他对 1433 年、1439 年、1456 年、1457 年和
1472 年出现的彗星进行了精确观测；其中，对 1456 年彗星的观测
使后来的英国天文学家埃德蒙·哈雷（Edmond Halley）得以预测
出这颗彗星在 1759 年的再次回归，并因此将它命名为哈雷彗星。
但是，迄今为止我们提到托斯卡内利的成就在他的主要贡献面前仍
相形见绌，具有讽刺意味的是，他的重大贡献恰恰是他犯下的巨大
错误的结果。

　　除了研究头上的天空，托斯卡内利对丈量脚下的地球也产生了
浓厚的兴趣。他逐步进入了制图领域，对各种知识的渴望激发了他
新的兴趣。到访佛罗伦萨的外国游客会找到托斯卡内利，告诉他他

们经过的地区的地理情况。就这样，他建立了广泛的通信网络；尽管据说他本人旅行的范围最远就到帕多瓦和罗马，但他还是成为了公认的地理学家。

根据历史资料推测，1432 年曾有中国使团抵达罗马，托斯卡内利出席了那次会议。在这次访问团成员讲述的信息基础上，托斯卡内利绘制了许多新地图并很快开始流传。这些地图中除了勾勒出古代中国和古代日本的位置，还有传说中的香料群岛，被认为位于中国以东。

1439 年佛罗伦萨大公会议召开，旨在统一西方天主教会与受到奥斯曼帝国威胁的拜占庭东方教会。拜占庭代表团中有希腊东正教哲学家格弥斯托士·卜列东（Gemistos Plethon），他将许多被遗忘的古希腊作品介绍给了西方。正是他向托斯卡内利介绍了斯特拉博（Strabo）的作品，斯特拉博是公元 1 世纪居住在小亚细亚（现土耳其）的古希腊地理学家，当时这片领土是罗马帝国的一部分。斯特拉博的足迹遍布各地——西至托斯卡纳海岸，南至埃及，甚至到达过埃塞俄比亚。在公元前 1 世纪的最后几年，斯特拉博撰写了《地理学》（*Geographic*），该书以百科全书的形式汇集了他在旅行中获得的所有知识，以及许多他通过各种渠道收集来的有关地方的"二手信息"。书中描述了欧洲的大部分地区，从英国到高卢和日耳曼尼亚，再到黑海北部海岸和北非。

通过阅读斯特拉博和古希腊的其他作品，托斯卡内利被说服了，他开始相信世界是圆的。这一点，加上他从来访的中国使团那里收集到的信息，使他意识到向西航行穿越大西洋到达中国和香料

群岛的可能性。在此基础上他绘制了一张地图，并发送给他在葡萄
牙的一位互通信息的朋友。这张地图后来丢失了，但最终落入了热
那亚水手克里斯托弗·哥伦布的手中。1470 年代的某个时候，托
斯卡内利写信给哥伦布，他在这封信中描述了之前与一名中国使团
成员在罗马交谈的内容：

> 我和他就许多话题进行了长时间的交谈，关于他们河流的
> 长度和宽度，以及河岸上的众多城市。他说，一条大河沿岸有
> 近 200 座城市，市内有很长很宽的大理石桥，房屋装饰着高大
> 的柱子。这个国家值得拉丁人（即欧洲人）去追寻，不仅因为
> 可以从中获得巨大的财富——各种金银、宝石和香料，这些东
> 西不会自动跑到我们身边来；也因为这个国家中博学多才的学
> 者、哲人和占星专家……

托斯卡内利继续建议道，可以通过向西航行横渡大西洋到达这
片土地：

> 我们所讨论的航行不仅是可能的，而且是真实存在的和确
> 定的……但是，除非通过经验和实践，否则您无法完全确信这
> 一点，就像我从真正来自这个地方的饱学之士身上了解到的最
> 丰富、最真实的信息一样，从其他在这些地区长期经商或者有
> 权势的人那里了解到的一样。

根据收集到的所有信息，托斯卡内利绘制了一张地图。遗憾的
是，旅行者的讲述以及马可·波罗旅行故事中的夸大其词，导致托
斯卡内利错误地估计了中国的范围——比实际情况向东多延伸了五

千英里。

当哥伦布看到托斯卡内利的地图时备受鼓舞，他错误地认为地球的周长比真实数字小 25％，这进一步鼓舞了人们蠢蠢欲动的心。这些错误的"事实"促使哥伦布自信地向他的资助者开口——卡斯蒂利亚女王伊莎贝拉（Queen Isabella）和阿拉贡国王费迪南德二世（Ferdinand Ⅱ）。这对皇室夫妇最终同意资助哥伦布前往"中国和香料群岛"的航行，并于 1492 年 8 月 3 日启航，向西横渡大西洋。

大约十周后，哥伦布登陆了巴哈马的一个岛屿。凭借随身携带的托斯卡内利地图复制品以及对地球周长的低估，他确信自己已经到达了亚洲。20 世纪的作家艾萨克·阿西莫夫（Isaac Asimov）将此称为"历史上较为幸运的巧合之一"。遗憾的是，托斯卡内利却没有看到他自己促成的这重要的一幕——十年前，他就已经在佛罗伦萨去世了。

*　　*　　*

由于哥伦布的发现而衍生出的两个最重要的事件，也直接归功于一个佛罗伦萨人：这就是亚美利哥·韦斯普奇（Amerigo Vespucci）。他于 1454 年 3 月出生在佛罗伦萨，是家庭中的第三个儿子，其父是一个出身贵族家庭的公证人。关于亚美利哥早年生活的信息不多，据说他出生的地点是市中心以东阿诺河附近的一所房子。

出于显而易见的原因，他被认为是在当地的诸圣教堂（Ognissanti）受洗，这座教堂通常称为圣萨尔瓦多教堂（San Salvatore）。

亚美利哥的两个哥哥被送到附近的比萨大学学习。大概是因为资金不足，亚美利哥就在佛罗伦萨完成了他的学业，由叔叔乔治·韦斯普奇（Giorgio Vespucci）辅导，后者是一位多明我会修士，同时也是一位受人尊敬的人文主义者。这位修士的另一个学生正好是洛伦佐·迪·皮耶尔弗朗切斯科·德·美第奇（Lorenzo di Pierfrancesco de'Medici），他是美第奇家族中地位较低的一个分支的后代，是科西莫·德·美第奇的远房表亲。亚美利哥后来加入美第奇银行担任职员，很快就展示出他的能力和忠诚。1492 年，他的朋友洛伦佐·迪·皮耶尔弗朗切斯科继任了美第奇银行行长，并立即派遣 38 岁的亚美利哥前往西班牙加的斯调查当地分行，因为该分行经理似乎使用银行资金从事了未经授权的业务。

在西班牙期间，韦斯普奇从加的斯前往附近的塞维利亚，在那里他与当地的美第奇经纪人詹诺托·贝拉尔迪（Giannotto Berardi）取得了联系。除了处理银行事务外，贝拉尔迪还担任航运代理，为从西班牙南部港口航行的船只提供装备和供给，因此他为哥伦布 1492 年第一次远航船队中的三艘船配备了装备。几乎可以肯定，韦斯普奇见证了哥伦布 1493 年的归来。

接下来，韦斯普奇与贝拉尔迪合作协助了哥伦布第二次和第三次远航的装备，哥伦布在这两次航行中进一步探索了加勒比群岛——当时误称作"西印度群岛"，因为哥伦布错误地认为他已经到达了印度半岛海岸外的岛屿。在随后的航行中，虽然哥伦布坚信他已经找到了通往亚洲的航路，但西班牙王室对他越来越失望，因为他未能带回之前发誓能从东方带来的珍宝。在此期间，韦斯普奇肯定与哥伦布见面并交谈过。

1495年贝拉尔迪去世时，洛伦佐·迪·皮耶尔弗朗切斯科任命韦斯普奇接管美第奇银行在塞维利亚的代理机构。与航海生活的接触和与哥伦布的交流，似乎在韦斯普奇心中激起了深刻的回响。他感到自己壮志未酬，无论作为一名银行家和商业代理人多么成功，他认为生活中还有其他的东西值得追寻。尽管人到中年，韦斯普奇还是对大海产生了迷恋，抑制不住去探索未知大陆的冲动。从那时起，他开始尽可能多地了解航海生活。不仅限于船舶修理工和装备供应商才需要知道的细节，他还研究航海技术并搜寻远洋发现的消息，以及航行归来的水手讲述的各种故事。

那时，韦斯普奇商业上的工作意味着他已经与西班牙王室建立了密切的联系。他对航海生活的热情和对最新发现的熟稔一定也给当局留下了深刻印象。不久，他便得到资助，前往哥伦布发现的那片土地再次多次探寻，背负着王室成功地找到宝藏的希望。

但是关于这部分的资料记载却有些模糊。我们通过韦斯普奇写给洛伦佐·迪·皮耶尔弗朗切斯科的信件了解到远航的情况，后者可能也部分地资助了这些探险。韦斯普奇还写信给当时佛罗伦萨的执政长官皮耶罗·索代里尼（Piero Soderini），二人从年轻时就是长期的朋友，共同跟随叔叔乔治学习。然而，许多著名的历史学家声称这些信件中有一些是彻头彻尾的赝品；也有一些人觉得可以接受，或暗示可能是在丢失原件的情况下由同时代的人把剩余部分

"拼凑起来的"。

无论如何，重点是韦斯普奇很可能在 1497 年至 1504 年间四次向西横渡了大西洋，其中关于第一次和最后一次的证据仍有争议。但是，第二次和第三次航行是确定无疑的。第二次航行发生在 1499年 5 月至 1500 年 6 月之间，由经验丰富的西班牙水手阿隆索·德·奥赫达（Alonso de Ojeda）带队。韦斯普奇被任命为探险队的"领航员"，这是一个责任重大的职位，意味着他不仅是皇家代表，还要负责地图绘制和与任何新发现的领土进行贸易事宜。有些人认为获得这个职位意味着他已经从以前的航行中积累了丰富经验。但我们将着重叙述较为确定的史实，仅这一项功绩就足以在当时引起轰动了。

几周后，探险队到达了现在的圭亚那海岸，在那里韦斯普奇成为第一个踏上现在被称为南美洲大陆的欧洲人。〔此前哥伦布仅在加勒比群岛登陆；另外，探险家约翰·卡博特（John Cabot）在1497 年从英国启航并登陆现在的加拿大纽芬兰岛。〕在沿着海岸航行时，韦斯普奇的探险队绕过了一处凸出的海角并进入了一个广阔的海湾。在海湾的浅滩处，他们遇到了大型土著部落，"他们住在像威尼斯一样地基在水中的房子里"，因此这里被正式命名为委内瑞拉（Venezuela，小威尼斯）。

大约在这个时候，探险队似乎开始分道扬镳，韦斯普奇离开奥赫达，沿着海岸向东南方向前进，希望能找到一条绕过海角进入印度洋的路线。在航行过程中，韦斯普奇在赤道附近发现了亚马孙河口，并航行远至圣奥古斯丁角（南纬 8 度），然后返回了西班牙。

从那时起，韦斯普奇确信如果继续向南航行，他将能够绕过一个海角进入"中国南海"（Magnus Sinus）并穿过它到达卡蒂加拉港（Cattigara），该港曾被亚历山大的地理学家托勒密（Ptolemy）标注在公元 2 世纪的一张地图上，据信在中国沿岸或附近。从那里他可以航行到"塔普拉班"（Taprobane）岛，这是古希腊人给现在的斯里兰卡取的名字——早在公元前 4 世纪，亚历山大大帝到达印度附近时就听说过斯里兰卡了。

但西班牙当局对韦斯普奇的发现和结论大失所望，并且不相信他返航的理由。因此，韦斯普奇转而向葡萄牙人寻求资助，后者拿出了更为合作的态度。1501 年 5 月，韦斯普奇再次向西进发。这一次，他沿着圣奥古斯丁角以南的南美洲海岸航行，经过了瓜纳巴拉湾（现在里约热内卢的位置）及更远的地方。有人声称他一直向南航行到巴塔哥尼亚（Patagonia），但由于韦斯普奇没有提到过现在被称为拉普拉塔河（现在布宜诺斯艾利斯的位置）的广阔河口，因此这一说法遭到了质疑。

无论通过哪条航路沿着这个大陆的海岸航行，韦斯普奇都坚信他不是沿着亚洲海岸航行到印度洋的入口，而是在绘制一个完全不同的陆地的海岸图。在韦斯普奇 1502 年返回后写给洛伦佐·迪·皮耶尔弗朗切斯科的一封信中，他认为自己踏足的土地与托勒密和马可·波罗所描述的世界完全不同，因此"我们根据观察认为［它］是另一块大陆"。韦斯普奇将这片"大陆"称为新世界（Mundus Novus），他也是第一个使用该词的人。这是韦斯普奇最被世人铭记的原因，然而，他的另一个发现则把航海事业推向一个新时代。

在航行期间，韦斯普奇研究出了一种新的天文导航方法。这需要用到他在西班牙时观察和测量过的月球与行星的相合（conjunction）时间，然后与他正在探索的新世界西部观察到的相合时间进行比较。这使他最终能够估计地球的周长，得出一个精确到 50 英里以内的数字。

随着更精确的天文台表和天体测量仪器的出现，韦斯普奇的方法得到了改进。根据其传记作者费德里克·波尔（Frederick J. Pohl）的说法："亚美利哥的方法经扩展改进后，成为探险家们公认的方法，并持续了三百多年。"这一赞誉不亚于 18 世纪英国探险家詹姆斯·库克船长（Captain James Cook）所说的："测量月球与太阳或星星的距离的方法，是航海家有史以来最无价的发现，必须让第一个发现这一点的人在人们心中不朽。"

韦斯普奇在 1502 年带着轰动一时的新发现的证据返回了葡萄牙。五年后，也就是 1507 年，洛林的地理学家马丁·瓦尔德西米勒（Martin Waldseemüller）绘制了一张世界地图，图上展示出了新发现的大陆（南美洲），并建议"以它的发现者的名字命名，Americus①……或者将它命名为 America，因为欧洲（Europa）和亚洲（Asia）的名字都是阴性结尾"。对"America"名称由来的解释一直存在争议，但这一种似乎是最合理的。

奇怪的是，尽管一个佛罗伦萨人和一个热那亚人在南美洲的发现过程中发挥了如此关键的作用，但委内瑞拉却永远与威尼斯的名

---

　① Amerigo 一词的拉丁文形式。

字关联在了一起。还有一片土地名为哥伦比亚，以克里斯托弗·哥伦布命名。然而，却并没有名为"小佛罗伦萨"或"新佛罗伦萨"的国家。不过，韦斯普奇还是确保佛罗伦萨在新大陆上留下了印记。他将在巴西北部发现的大海湾命名为诸圣湾（Bay of All Saints），部分原因是因为它是在万圣节被发现的，但同时也有些个人的纪念——他是在佛罗伦萨诸圣教堂受洗的。这座教堂现在也被称为圣萨尔瓦多教堂（San Salvatore），这也是为什么诸圣湾边缘的第一个早期定居点被命名为萨尔瓦多（Salvador）——也就是现在矗立在此处的城市的名称。

通过托斯卡内利和韦斯普奇，我们可以看到佛罗伦萨的影响是如何扩展到已知世界的尽头。如果不是托斯卡内利的（错误的）地图，哥伦布可能不会在1492年开始他的重要旅程。而且，正如费德里克指出的那样："韦斯普奇赋予1492年的意义，就是1492年获得的最重要的意义。"

正是佛罗伦萨人亚美利哥·韦斯普奇意识到了新世界实际上是一块独立的大陆，而他的名字也永远烙印在这块土地上。

第十章　美第奇崛起

在前一章节所涵盖的时期内，佛罗伦萨政治经历了漫长历史中最动荡的阶段。然而在此期间，美第奇银行继续蓬勃发展着。

1429 年，科西莫·德·美第奇从父亲乔瓦尼那里继承了银行产业。科西莫时年 40 岁，经营着欧洲最富有的银行，分支机构延伸到波罗的海的吕贝克和意大利东部的安科纳，甚至从葡萄牙到黎凡特也有他们的代理商在开展地方业务。美第奇银行的财务实力以及相应的收入规模从以下数据中可见一斑：1397 年至 1420 年间，该银行获利 151 820 弗罗林，其中 113 865 弗罗林都流向了美第奇家族。那时，整个西方基督教世界的教会每年向教皇缴纳的会费约

为 30 万弗罗林[①]。事实上，美第奇银行的大部分利润，正是来自将
这些会费从远至格陵兰岛和西西里等地转移到罗马的过程。这种资
金转移通常涉及复杂的易货交易和货币兑换。例如，贫困的（字面
意思）格陵兰教区被允许以鲸骨或海豹皮的形式支付会费，这些鲸
骨或海豹皮被运往布鲁日。在这里，美第奇的银行经理会在公开市
场上出售此类商品，然后向罗马发出信用证。这些交易使银行能够
避免在其分类账目中提及"利息"，从而避开了放高利贷的罪名。

　　尽管父亲临终时曾再三警告，但科西莫仍然很快就深陷佛罗伦
萨的政治旋涡中。因为他意识到如果不能控制首席执政官和执政团
的投票，领导阶级中的敌对家族很可能会窃取他的财富。谨慎的乔
瓦尼确保儿子科西莫娶了康泰西娜·迪·巴尔迪（Contessina
di'Bardi），从而巩固了与巴尔迪家族的重要联盟。这一联盟以及其
他相互关联的家族，使科西莫能够利用他的金钱来影响选举和保护
家族财富。

　　与此同时，以强大而专断的地主里纳尔多·德利·阿尔比齐
（Rinaldo degli Albizzi）为首的敌对派系渐渐比科西莫占了上风。
由于在与邻国卢卡的一场战争中落败，佛罗伦萨的国库濒临破产，急
需现金支撑。以前此项资金主要通过"财产估算登记制"筹集，纳
税人的财富以估计收入来衡量，在紧急情况下通过一次性销售公民
"自愿"购买的政府债券来募集资金。但在阿尔比齐的影响下，佛
罗伦萨制定了一种新的税收形式，称为"地籍册税制"，该政策将

---

① 那时一个小商人一年只能赚取 50 弗罗林左右。

公民的全部财富和财产都计算在内，而不仅是收入。每个公民都被要求在登记簿中列出他所有的财产物资，可由政府检查员强制验证其真实性，他们有权进入公民的家中；同时，举报他人的告密者也被鼓励协助这些检查员进行检查。具有讽刺意味的是，新税制对阿尔比齐家族的影响比对美第奇家族更大，后者的真正收入仍然隐藏在他们的秘密账本中。但科西莫很快就明白，阿尔比齐是打算用新税制整垮他。

为了避免对方得逞，科西莫指示美第奇银行佛罗伦萨分行的经理，向佛罗伦萨当局提供足够的资金来偿还公共债务，维持城市的有序运行。科西莫很清楚这笔"贷款"是永远不会还清了，但立即使舆论转向了对他有利的方向。然而，正如科西莫所熟知的那样，佛罗伦萨的公众舆论是善变的。因此，他开始秘密地将银行的大部分资金转移到威尼斯和罗马的分行。其他资产如黄金，则悄悄地藏在城市中支持他们家族的修道院内。来自威尼斯的新教皇尤金尼厄斯四世（Eugenius Ⅳ），通过继续聘用美第奇银行作为官方的教皇银行来展示他对这个家族的友好，科西莫知道阿尔比齐绝不会冒险让市政当局去突袭教会的任何修道院，而招来教皇的愤怒。

至此，阿尔比齐家族已经开始与美第奇家族展开一场暗战。1433 年 5 月的一天早晨，科西莫醒来时发现他住所的门上沾满了鲜血。虽然他在人们心目中以大胆而老练而闻名，但他仍感到了恐惧。他立即召集和带领家人离开城市，前往位于佛罗伦萨以北约 20 英里的近郊穆杰罗地区（Mugello）的美第奇祖宅。他在这里度过了漫长炎热的夏天，等待回归的时机。

在 9 月的选举之后，新任首席执政官和执政团入主领主宫。随即，一名官方信使被派往穆杰罗，命令科西莫返回佛罗伦萨与执政团见面，以便"做出一些重要决定"。

接下来发生的事情主要源自两份史料：内容并不完全可靠的科西莫日记，以及尼科洛·马基雅维利（Niccolò Machiavelli）在后一个世纪初撰写的同样不完全可靠的佛罗伦萨历史，后者也记录了类似的信息。但这些资料在几点关键的内容上确实是一致的。尽管科西莫的朋友试图劝阻他，但他仍于 9 月 4 日骑马返回了佛罗伦萨。与执政团见面后，他立即提到了在穆杰罗听到的传言，即执政团正在策划一场革命，并会罚没美第奇家族的所有财产。根据科西莫本人的记录："当我向他们提到我听到的事情时，他们否认了这一点，并告诉我要保持乐观，因为他们希望在任期结束时这座城市一直是繁荣的。"虽然心怀疑虑，科西莫仍被告知要在三天后出席执政团的会议。

科西莫一离开就直奔红门路的美第奇银行，他指示经理——妻子的堂兄里巴乔·德·巴尔迪（Lippaccio de'Bardi）——负责接管银行及所有分行，并对处理各种突发情况给予了指导。1433 年 9 月 7 日，科西莫按照指示出现在领主宫。听说会议已经开始了，他感到很惊讶。警卫队长和武装人员护送科西莫走上主楼梯，但没有把他带进议会厅，而是推上了幽暗狭长的石头楼梯，楼梯通向 300 英尺高的塔顶。科西莫被毫不客气地捆绑在窄小的牢房里，这牢房在当地被称为"小旅馆"。

随着消息传开，城市陷入了混乱。美第奇家族的追随者和阿尔比齐的帮派走上街头，发生了许多小规模冲突——市场消失了，商店关门了，人们恐惧地把自己锁在家中，门窗都进行了加固。科西莫本可以把他的财富转移走，但阿尔比齐家族显然做了更充分的准备。里纳尔多召来儿子，命令他控制领主广场，防止美第奇支持者的任何抗议行动。科西莫从塔顶的小窗户往下看，观察着地面上的各种动静。他明白自己除非迅速采取行动，否则很可能难逃一死。

　　阿尔比齐的手下最终恢复了城市秩序，执政团被说服起诉科西莫"企图将自己的地位凌驾于普通公民之上"。这在共和体制的佛罗伦萨是一项极其严重的指控，而证据似乎显而易见：科西莫通过美第奇银行积累了巨额财富，他打算用这笔钱在越来越激烈的竞争中操控选举。阿尔比齐派提出的观点极力将科西莫描绘为一个暴君。里纳尔多竭尽全力说服首席执政官和执政团签发科西莫的死刑令；然而，尽管面对这样的压力，执政团还是犹豫不决，他们明白这无疑会引起轩然大波。

　　局面僵持住了，而科西莫的命运悬而未决。事实上，在此期间科西莫已经买通了看守，开始积极自救。执政团的几名成员被私下告知，如果科西莫毫发无损，他们一定会得到很好的报偿，首席执政官也得知了科西莫愿意帮他偿还巨额家庭债务。因此尽管有敌对势力一直施压，执政团还是坚决不同意对塔中的俘虏判处死刑，最终以科西莫·德·美第奇被判流放告终。科西莫和家人机智地避开了秘密暗杀，通过城墙上的一个侧门逃出佛罗伦萨。他们努力避开了追击的杀手，沿着公路进入山区，穿过亚平宁山口，来到威尼斯暂时落脚。

此时阿尔比齐家族可能已经获得了佛罗伦萨名义上的控制权，但他们在这座城市中仍然有许多敌人。下层民众仍然忠于美第奇家族；许多有权势的人物虽然为阿尔比齐家族服务，但仍对美第奇家族抱有同情。在受过教育的人文主义者阶层和城市内蓬勃发展的艺术家中尤其如此，他们中的许多人都曾接受过美第奇的资助。可以说就是在这个时候，人文主义者和艺术家开始意识到他们共同的事业，意识到一种深刻的文化变革正在发生。一些学者，例如美第奇历史学家克里斯托弗·希伯特（Christopher Hibbert），甚至认为这是"文艺复兴"（意大利语 Rinascimento）这个词的首次使用时间——尽管要几个世纪后这一历史过程才被完全理解和概念化。即便如此，这些思潮仍然被逆历史潮流而动的里纳尔多·德利·阿尔比齐及其追随者所憎恶，他们认为人文主义是一种近乎异端的反基督教思想。

阿尔比齐家族低估了科西莫·德·美第奇的实力——他依然拥有强大的朋友和支持，尤其是威尼斯教皇尤金尼厄斯四世。抵达威尼斯后，科西莫在位于大运河入口处岛上的圣乔治马焦雷修道院居住。尤金尼厄斯四世曾在这里当过修士。科西莫用他的部分财产为修道院建造了一座新图书馆，很快就赢得了市民的拥戴和教皇的喜爱。

几个月过去了，阿尔比齐家族对分裂的佛罗伦萨的统治越发力不从心。绝望之下，里纳尔多意欲干脆推翻执政团制度，并结束佛罗伦萨的民主传统。城邦的民主制度可能有点摇摇欲坠，操纵选票的腐败也一直未被严格追责，但市民们一直为该城是意大利唯一的民主典范而无比自豪。因此民众和统治阶层之间的紧张局势进一步加剧，内战一触即发。阿尔比齐家族最终逃跑了，坊间流传着消息说科西莫将被邀请返回佛罗伦萨。距他被囚禁在领主宫的塔楼命在旦夕算起，才过了仅仅 11 个月。

当科西莫和他的随行人员返回时从佛罗伦萨穿城而过，市民们自发地站在街道两侧夹道欢迎，他已自然而然地被视为这座城市的救世主。在抵达后的几天内，科西莫就确立了自己作为这座城市事实上的统治者的地位，但他谨记父亲的教诲，努力保持低调，言语之间对城邦的悠久传统极为尊重。民主程序得以继续运行，执政团和首席执政官的选举依然定期举行。然而，这些人比以往任何时候都更秘密地处于美第奇派及其盟友的控制之下。科西莫掌握着民意，他知道只要政府能保证和平与稳定，大多数市民都会容忍政府的瑕疵。因此，他果断地进行决策以实现这一目标。

阿尔比齐家族和他们的许多支持者被流放，其他一些有权势的家族也元气大伤——虽然不至于毁灭，但也得到了足够的警告。与此同时，科西莫本人竭尽全力表明他并没有凌驾于法律之上，和其他人一样只是一个公民——他以模范的方式确保自己的纳税申报数额始终是全市最高的。尽管如此，正如雷蒙德·德·罗佛在其经典著作《美第奇银行的兴衰》（*The Rise and Decline of the Medici Bank*）中所写的那样，美第奇银行公开的利润始终远低于该银行秘密账本中的实际利润。科西莫愿意在多大程度上作为"普通公民"，仍然是有界限的。同时，佛罗伦萨的政治也在发生着深刻而微妙的变化。

此后几年，外国来访的代表团都明白首站要到美第奇府邸拜谒。同样，希望在某些事上得到官方保证的民众，会寻求科西莫在场的见证，后来科西莫在一天中甚至要安排一个特殊的时间专门用于此类的访问和祈愿。科西莫还陆续开始收到——并接受——来自一些大家族的请求，成为他们的长子或继承人的教父。这些请求其实非常契合科西莫的心意，形式虽不张扬，却能保证家族之间的忠诚。即使不像婚姻那样具有约束力，但也能达到类似的目的，并且可以扩展到更广泛的范围。以公认的意大利方式，科西莫·德·美第奇逐渐成为了这座城市的"教父"。正如我们将看到的，这一角色很快拥有了更宏大的内涵，使美第奇家族本身成为文艺复兴的教父，影响远远超出了佛罗伦萨城邦。

科西莫的能力从不仅仅限于一个精明的银行家。在他父亲乔瓦尼的指引下，他曾在国际舞台上代表美第奇银行以及父亲的利益做出决断。年轻的科西莫被委托在康斯坦茨会议上帮助陷于困境的前教皇约翰二十三世，正是他在这个任务上的成功使得后来的教皇马丁五世指定美第奇为教皇银行，带来了家族命运的转折。

大约十五年后的现在，也就是1439年，科西莫完成了另一场伟大的外交转折，这次不仅仅是为美第奇银行，而是为佛罗伦萨。之前一年，一个东正教代表团从君士坦丁堡出发，前往费拉拉参加大公会议。此时，君士坦丁堡正面临越来越严重的奥斯曼土耳其人的威胁，后者已开始将领土扩展到安纳托利亚和巴尔干半岛。拜占庭皇帝约翰八世·帕莱奥洛古斯曾"以基督的名义"向教皇尤金尼厄斯四世寻求帮助。教皇的回应是建议东正教和西方天主教会和解，费拉拉的大公会议正是旨在消除这种联合可能出现的教义解释的障碍。

1438 年 4 月上旬，东正教代表团的到来在当地引起了一些混乱。拜占庭皇帝带来了 700 多名随行代表。小城费拉拉面对一下子涌入的这么多外国客人显然难以招架，尤金尼厄斯四世本已捉襟见肘的资金状况更是雪上加霜，为大公会议付出的成本使他负债累累。尽管如此，教会团体一直进行着艰难的辩论，议题从谁应该成为新统一的教会的最高领袖，到三位一体的组成，以及有关炼狱存在的有争议的教义等。除此之外，还有一个问题是如何处理（埃及的）科普特教会和阿比西尼亚教会，这两个教会都不承认罗马或君士坦丁堡的权威。谈判一直持续到炎热的夏季，费拉拉市出现了瘟疫暴发的苗头。

此时，科西莫看到了自己的机会，他提议将大公会议转移到佛罗伦萨继续举办。他甚至向教皇保证可以支付会议的费用，这些费用已经达到每月 1 500 弗罗林。考虑到此举会给城市带来的巨大威望，1439 年初，市民们投票选举科西莫担任首席执政官一职，以便正式欢迎代表团来到这座城市。

罗马教皇代表团被安置在新圣母玛利亚修道院，而拜占庭皇帝约翰八世和随从则搬进了由佩鲁齐家族腾空的宫殿和房屋，后者因支持阿尔比齐家族被流放了。街道两旁挤满了看热闹的佛罗伦萨市民（其中包括年轻的画家乌切洛），他们被拜占庭代表团的壮观奇景迷住了——大胡子神父戴着古怪的头饰，深色皮肤的仆从中许多是蒙古人、摩尔人或非洲黑人。然而，这一切与代表团带来的奇禽异兽相比都算不了什么——据说包括猴子、异国情调的鸟类，甚至还有一对铁链锁着的猎豹（其中一些出现在佛罗伦萨艺术家的画作中）。

大公会议在全市不同地点多次举行，但两个代表团之间的分歧仍然不可调和。主要的症结仍然是关于"三位一体第三位格的起源和本质"，即对圣灵的不同看法。在旷日持久的讨论中，一位东正教神父试图在一份古代手稿中划掉一段，似乎破坏了拜占庭代表团提出的论点。此举被发现后引起了轩然大波。事实上，这名神父只是在紧张和匆忙中划错了一段。为了缓和冲突并解决神圣文本被亵渎或部分模糊的问题，拜占庭皇帝提议从君士坦丁堡取回一份替代手稿。一位罗马红衣主教回答说："陛下，您外出打仗时应该随身携带武器，而不是在战斗中派人回去取！"

尽管存在如此激烈的争端，但通过尼西亚东正教大主教约翰内斯·贝萨里翁（Johannes Bessarion）① 的巧妙外交斡旋，各方最终达成了协议。贝萨里翁是少数能说流利希腊语和拉丁语的高级代表之一。1439 年 7 月 6 日，在佛罗伦萨辉煌的大教堂中举行了庄严的仪式，贝萨里翁大主教和一位高级罗马红衣主教，在布鲁内莱斯基宏伟的圆顶下象征性地拥抱在了一起。教堂的钟声在城市上空回荡，基督教世界终于统一了。拜占庭代表团启程返回君士坦丁堡，确信自己面对进逼的奥斯曼军队将会获得精神和军事上的强大支持。

---

① 此人更常见的名字拼写为 Basilios Bessarion。

　　然而，这一艰难达成的协议在事后看来是相当短命的。当东正教代表团回到君士坦丁堡，协议中的妥协内容被人知晓后，民众愤怒地走上街头暴动，直至东正教当局公开否认了协议。君士坦丁堡的命运已经注定，面对强大的奥斯曼帝国，西方基督教世界无力伸出援手。仅仅在十多年后的 1453 年，这座城市被征服者苏丹穆罕默德二世攻陷，奥斯曼帝国军队洗劫了罗马帝国的最后一座都城。

＊　　　＊　　　＊

　　尽管大公会议明显失败了，但它在佛罗伦萨召开产生了决定性和持久性的影响。文艺复兴因而进入一个新的哲学阶段，对柏拉图作品的重新发掘也改变了之前的人文主义。我们可以较为清晰地看到这一过程是如何发生的。

　　虽然在大公会议上有种种公开的分歧，但并不妨碍人们在非正式和更加友好的气氛中私下会面。比如在美第奇府邸用完晚餐后，已经八十多岁的古希腊东正教哲学家卜列东，会阐述他所研究的柏拉图的思想理论——人类不过是戴着枷锁在黑暗洞穴中面壁枯坐的囚犯；我们感知的世界也只不过是太阳在洞壁上投下的光影。为了了解真理，我们必须远离阴影的世界，直面洞外的明媚阳光，那里存在着真理和现实。

　　科西莫·德·美第奇和佛罗伦萨的人文主义者满怀敬重地聆听着卜列东。与经过古罗马注解和中世纪哲学家评论继承而来的新柏拉图主义的阴暗世界相比，卜列东直接吸收自柏拉图著作的阐述是一种新鲜的启示。对这种启示的接纳带来了科西莫思想的转折。以前他只是全神贯注于银行和政治事务，现在开始他更加关注精神世界，其中证明之一是建议他的追随者、年轻的人文主义学者马尔西里奥·菲奇诺（Marsilio Ficino）学习希腊语，并着手将柏拉图的全部作品从古希腊原文直接翻译成拉丁文，后者仍是那时欧洲学术界的通用语言。这项工作后来占据了菲奇诺生命的大部分时间，但科西莫和他的人文主义朋友们实际上并没有等待那么久。仿效柏拉图最初在雅典设立的教授哲学的学园，科西莫发起了一系列定期会议，在会议上菲奇诺向众人阐述和讨论他在翻译柏拉图过程中的发现和想法——这便是后来知名的佛罗伦萨学园（Florentine Academy），它对这座城市文艺复兴时期的文学和艺术产生了决定性的影响。柏拉图的思想通过一次次的会议开始渗透到佛罗伦萨和其他地方的数学、科学和政治思想中，成为新人文主义急需的知识基础。

科西莫的图书馆为新思想的传播进一步提供了帮助。早在年轻时期，科西莫就对收集古代手稿产生了兴趣。美第奇银行外国分行的经理以及其他城市的美第奇代理商，均被指示要密切关注稀有的古代手稿。科西莫现在将这些珍贵的手稿集中在一个图书馆里，并对当地学者开放。他甚至聘请了熟练的抄写员，以便可以将作品的副本借出以进行认真研究或翻译。也许科西莫图书馆最重要的特点是提供了教会来源以外的知识，这些免费提供的古典手稿就是新的世俗学习潮流的公开显现。

多年来，科西莫还资助了城市的许多建筑项目。这些主要由建筑师米凯洛佐设计，他是科西莫亲密的私交。

米凯洛佐·米凯罗奇（Michelozzo Michelozzi）于1396年出生于佛罗伦萨，是一位法国裁缝的儿子。年轻时，他跟随雕刻家洛伦佐·吉贝尔蒂做学徒，吉贝尔蒂在洗礼堂大门的设计竞赛中与布鲁内莱斯基成为"共同获胜者"，曾让后者非常失望。米凯洛佐后来又跟随布鲁内莱斯基的朋友多纳泰罗学习。在这些学徒过程中，米凯洛佐发展出一种融合了晚期哥特式（中世纪）影响和古典形式（文艺复兴）的建筑风格。米凯洛佐从年少时就被科西莫和他的知识分子圈子吸引。用18世纪意大利历史学家安吉洛·法布罗尼（Angelo Fabroni）的话来说："与性格狂放的布鲁内莱斯基相比，米凯洛佐更容易接受科西莫的建议和愿望，并且愿意追随他的赞助人的个人品味。"在这种亲密关系的影响下，1433年他选择跟随科西莫流亡，一年后又一起胜利返回。

大约在这个时候，教皇尤金尼厄斯四世驱逐了位于佛罗伦萨北部圣马可修道院中的西尔维斯特修士。教皇很可能是代表科西莫行事，因为整个佛罗伦萨都知道西尔维斯特修士们犯有"懒惰和懈怠"的罪名。这让科西莫感到震惊，因为他们严重影响了城市的声誉。随着年岁渐长，科西莫发现自己越来越被宗教仪式吸引，某种程度上是面对作为银行帝国根基的高利贷罪名，他感到日益内疚。尽管已经付出了很多来缓解罪过，但他依然备感困扰，认为需要为教会做出更多贡献来抚慰自己的良心。然而，尽管内心充满矛盾，科西莫仍然是一位一丝不苟且非常成功的银行家。也许所有这些慷慨的赠予都是必须付出的代价；甚至基督教教义也宣称，上帝给了我们某种才干，通过使用这种才干，我们回馈了上帝。

当西尔维斯特修士被驱逐出圣马可后，修道院被更虔诚的多明我会修士接管。此刻，圣马可的建筑已经破旧不堪，修士们只能住在狭窄的房间里，雨水会从墙上流下来，而其他人则被迫住在院子的破旧木屋里。科西莫看到了其中的机会，提出支付圣马可修道院的全面翻新费用。这个提议被欣然接受，于是科西莫委托米凯洛佐承担了任务。

翻修后的建筑焕然一新。原本阴暗无窗的修道院被改造成明亮通风的布局，优雅细长的柱子，带顶的走廊环绕着内部庭院。为表彰科西莫的慈善贡献，多明我会修士允许他在建筑内设置自己的私人小教堂，他可以在那里进行隐秘的清修和冥想。这座小教堂和为长居的修士们新设计的独立房间，还由科西莫赞助的艺术家们用宗教壁画进行了装饰。总体算来，科西莫在这一修道院上的花费超过了 4 万弗罗林。这件事可能在某种程度上安抚了科西莫，同时也是他为自己留下的纪念。他对美第奇家族事实上统治佛罗伦萨这件事其实并无多少野心，科西莫的朋友、图书管理员维斯帕西亚诺·达·比斯蒂奇（Vespasiano da Bisticci）记录了科西莫曾说过的话："我知道佛罗伦萨的政治是怎样的，五十年内也许美第奇家族会再次被流放，但我的建筑将保留在这里。"

这种坚忍的态度完全符合科西莫的气质。他一生都饱受"美第奇诅咒"——痛风的折磨。这种非常痛苦的疾病是血液中尿酸过多的结果，它会导致关节周围形成微小的尖锐晶体，造成极度疼痛，尤其是小腿和脚趾。痛风在佛罗伦萨的上层阶级中很普遍，主要是因为他们冬季饮食中缺乏维生素，且不吃萝卜和欧洲防风草等季节性食物。这种粗根蔬菜被认为只适合农民和动物食用，因此被上层阶级嫌弃，他们习惯于吃各种肉类，总是裹着浓郁的酱汁。这些调味品旨在掩盖肉类因保存或腌制过咸而产生的不好的味道。

痛风的症状之一是关节发炎，这常常导致人的整个身体呈现扭曲的状态，为数不多的科西莫的肖像之一透露了这一点。画中的人物皮肤蜡黄、脸颊凹陷，身体笨拙地坐在椅子上，四肢的问题被一件长长的深红色袍子所掩盖。这幅画是由年轻的佛罗伦萨艺术家雅各布·达·蓬托尔莫（Jacopo da Pontormo）绘制，他的矫饰风格（mannerist style）恰如其分地反映了科西莫躯体的扭曲。尽管这幅画是科西莫死后半个多世纪的作品，但几乎可以肯定是在他生前绘制的草图上完成的。美第奇家族对蓬托尔莫作品的真实性印象深刻，会定期向他委托画作。

修复圣马可修道院之后，科西莫的下一个项目是建造一座家族宫殿。他在市中心拉尔加路（Via Larga）购买了一块土地，就在大教堂的拐角处。当时，布鲁内莱斯基被普遍认为是佛罗伦萨最优秀的建筑师，尽管科西莫对他的暴脾气很反感，但还是决定委托他来完成这个意义重大的项目。经过一段时间的等待，布鲁内莱斯基设计了一座宏伟的宫殿，远远超过城市中的所有建筑。但科西莫似乎回想起了父亲乔瓦尼临终前的警告，不要通过炫耀的方式引致人们的注意。因此，科西莫拒绝了布鲁内莱斯基煞费苦心做出来的精细模型，转而求助于米凯洛佐。根据瓦萨里的说法，这种拒绝让布鲁内莱斯基暴跳如雷，"把自己的模型摔成了碎片"。

米凯洛佐最终设计出的建筑令人肃然起敬，但又不会感受到压迫。朴素的石头立面在人的尺度上表达了理性、秩序和古典主义的文艺复兴精神。虽然体积比其他宫殿大，但低调的外观确保了该建筑不会有任何炫耀的嫌疑①。这座建筑看起来始终平易近人，靠墙设置了石凳，希望伸张正义、渴求施舍或恩惠的请愿者可以坐在那里等待被召唤进去。尽管类似的慈善活动在佛罗伦萨主要家族中司空见惯——确保人们忠于自己的家族——但美第奇家族涉及的规模，导致后来不可避免地被拿来与现代黑手党教父的行为进行比较。

美第奇宫殿内部是另一回事。首先这必须是一座适合居住的住宅，同时还展示和保护着美第奇家族越来越多的艺术藏品。高大的拱形入口后是两座幽静的庭院，其中一处是安详的花园，另一处由细长柱子支撑的带顶回廊环绕着——这是对布鲁内莱斯基开创性的文艺复兴时期建筑佛罗伦萨孤儿院的致敬。这个庭院就是后来放置多纳泰罗的雕塑《大卫》的地方，大卫是圣经中的人物，后被视为佛罗伦萨市的象征。多纳泰罗的这座真人大小的雕像象征着文艺复兴时期雕塑的巨大进步，是自古典时代以来第一个独立的青铜男性裸体雕像。多纳泰罗选择在塑造这个英雄人物时暗示了自己的同性恋倾向。多纳泰罗的《大卫》是一具坦率的充满肉体美的裸体，青铜色抛光的皮肤使这一点更加突出；雕像只戴着一顶桂冠帽子和一

---

① 纽约联邦储备银行大楼的低楼层，直接模仿了科西莫宫殿的外观风格，证明了美第奇宫持久的艺术影响力。

双及膝的靴子，手执一柄长剑，以挑衅的神气踩在巨人歌利亚
（Goliath）被砍下的头上。

这段时期，佛罗伦萨对同性恋的宽容态度是人所共知的。这一
事实闻名到当时德语俚语以"Florenzer"（佛罗伦萨人）一词指代
"鸡奸"。正如当地一句俗语这样明白无误地表达："如果你渴望快
乐，那么去找些男孩。"佛罗伦萨年轻人那时对同性恋的偏好其实
并不奇怪。城市中的年轻女性一般会受到家人的严密保护，很少被
允许外出，即便外出也总有人陪伴在侧。童贞对于年轻女性来说是
非常重要的，她们大多在十几岁时会嫁给一家之主为她们选择的年
长伴侣。与此同时，同龄的男孩们通常要等再过十年左右，父亲才
会为他们安排一场体面的婚姻。难怪佛罗伦萨那些精力无处发泄又
缺乏教导的年轻男性会转向彼此寻求慰藉。（虽然这也可以看作是
古希腊普遍存在的一种做法的复兴。）

当局经常颁布法令禁止同性恋，例如 1415 年、1418 年和 1432
年都颁布了法令，但收效甚微。佛罗伦萨在 1432 年与卢卡的战争
中失败，高级军官就曾归咎于新兵中的同性恋者，声称他们遇到危
险时掉头就逃跑了。事实上，失败很大程度上是由于指挥无能，但
当局选择承认新兵中有"问题"。因此，后来在旧市场附近的后街
开设了许多注册的妓院。在妓院工作的有执照的妓女被要求在头发
上戴上小铃铛，并戴上独特的手套——这是她们职业的标志。这些
女性被称为"meretrici"，意思是"值得付钱的"，也是现在单词

"meretricious"* 的由来。

＊　　　＊　　　＊

在科西莫·德·美第奇流亡归来后的几十年里，他巩固了自己在佛罗伦萨的地位，以至于教皇庇护二世写道："政治问题在他的府邸中解决。他决定执政的人选……他决定战争还是和平，他掌控法律……他的头脑敏锐而警觉，（虽然）经常整夜不眠。在意大利，没有什么事情是他不知道的……他就是无冕之王。"科西莫的彻夜难眠可能是由于痛风越来越严重，但银行经营问题或对城市治理的忧心也同样令他困扰。

作为美第奇银行的决策人，科西莫能够从其所有的分支机构获得情报，正是这一点使他得以有技巧地指导着佛罗伦萨的外交政策。意大利半岛的动荡一如既往——主要取决于米兰、威尼斯、罗马、那不勒斯和佛罗伦萨这五个大国之间并不稳固的平衡。作为势力最弱的一个，佛罗伦萨长期以来一直依靠与强大的威尼斯联盟来保护自己。然而，米兰的势力不断威胁着佛罗伦萨，科西莫的敌人也开始利用这一点。在被流放的四年里，里纳尔多·德利·阿尔比齐说动了米兰统治者菲利波·马里亚公爵（Duke Filippo Maria），后者一直幻想有一天统治整个意大利。1437 年和次年，阿尔比齐

    ＊　译注：俗艳的，华而不实的。

率领米兰军队进犯佛罗伦萨领土。

　　幸运的是，科西莫预见到了这种威胁。流放归来后，他开始与当时半岛最有权势的雇佣兵弗朗切斯科·斯福尔扎（Francesco Sforza）建立友谊。斯福尔扎于 1401 年出生在圣米尼亚托城郊，父亲是罗马涅地区的农民，该地区是位于佛罗伦萨以东的偏远丘陵地带。这些城邦名义上效忠于教皇，但实际上大多由小独裁者统治。由于贫穷和生性粗野，罗马涅是众所周知的冷血雇佣兵的招募地。

　　大约在斯福尔扎出生前后，他的父亲从托斯卡纳回到罗马涅，招募了一群农民并将他们训练成一支强大的战斗力量，向外提供雇佣兵服务。为了巩固自己的声誉，他甚至将名字改成"Sforza"*，意思是"力量"。斯福尔扎二十出头的时候父亲去世，于是他接管了父亲的军队。由于出色的身体素质（可以徒手掰弯铁棒）和战术能力（最有名的一次是他将敌人逼到一处不得不投降的绝境，未经战斗就缴获了大批物资），他立即在队伍中建立了威信。

　　斯福尔扎的军事能力如此之强，以至于米兰公爵菲利波·马里亚很快给予他一个准永久的职位，并将斯福尔扎视为值得信赖的得力助手。这位公爵没有合法的继承人，尽管斯福尔扎外表粗俗出身卑微，但他很快就开始大胆盘算着与公爵的私生女比安卡·马里亚（Bianca Maria）结婚并继承公爵头衔。

　　1436 年，就在科西莫流亡归来两年后，他邀请 35 岁的斯福尔扎到佛罗伦萨。这是一个经过权衡后的冒险举动——斯福尔扎已经

---

　　* 译注：音译为斯福尔扎。

在罗马涅的教皇领地为自己开辟了一小块领土，科西莫邀请他访问佛罗伦萨，就会冒着招致教皇不满的风险，也容易引来米兰公爵的怀疑。但精明的科西莫将这一切视为一个机会，就像他的父亲乔瓦尼赌上与不可靠的巴尔达萨雷·科萨交朋友的机会一样，科萨后来成为了教皇约翰二十三世。科西莫和父亲一样，打算放长线钓大鱼。

斯福尔扎抵达了佛罗伦萨，他虽然粗鲁，但也有某种粗犷的魅力。尽管外表可怕，不修边幅，但他内心对自己缺乏优雅礼仪的问题是敏感谨慎的。老练的科西莫很快就看出了斯福尔扎的性格，然后用父亲般的慈爱来让他放下戒备。斯福尔扎受到了科西莫的礼遇，与那些知识分子、人文主义门徒和增光添彩的杰出艺术家受到的礼遇一样。斯福尔扎从来没有在这样的陪伴下被平等对待，很快就对主人产生了好感。斯福尔扎回到罗马涅的家中后，开始定期给科西莫写信，用他混杂的意大利方言称呼他为"Magnifico tanquam Pater carissime"（伟大而亲爱的尊父）。

1437 年，当里纳尔多·德利·阿尔比齐率领米兰军队攻入佛罗伦萨领土时，科西莫立即联系了斯福尔扎并同时寄了一大笔钱。斯福尔扎立即带着他的雇佣军前来支援，科西莫命令斯福尔扎将阿尔比齐和米兰军队赶出佛罗伦萨，然后乘胜攻占卢卡——他知道此举会赢得佛罗伦萨的民心。斯福尔扎赶走了阿尔比齐，但不愿意拿下卢卡，因为他意识到这会惹恼米兰公爵，他还对娶到公爵的女儿抱有希望。与此同时，佛罗伦萨的主要盟友威尼斯也拒绝支持这座城市对卢卡的任何攻击，不希望看到佛罗伦萨扩大其领土。

当阿尔比齐在 1438 年再次进军佛罗伦萨时，科西莫前往威尼斯希望说服盟友来帮忙。但威尼斯拒绝了科西莫的请求，强调自己希望保持中立。科西莫一段时间以来的忧心成为了现实：在意大利半岛变幻莫测的政局中，佛罗伦萨不能再依赖威尼斯作为盟友。与此同时，斯福尔扎因不攻击卢卡而表露出的对米兰的忠诚得到了回报，公爵准许了他与女儿比安卡订婚，甚至暗示可能会让斯福尔扎成为继承人。因此，阿尔比齐发现自己推翻科西莫的企图也不能再依靠米兰，他的入侵也落空了。

　　1447 年米兰公爵菲利波去世，因为没有合法继承人，斯福尔扎立即向公国提出了自己的主张，但遭到了另外两名有同样企图的人的反对——那不勒斯国王阿方索（Alfonso）和法国奥尔良公爵，他们都认为斯福尔扎只是一个暴发户。最后，米兰市民们决定将选择权掌握在自己手中，并宣布该城及其势力范围成为与佛罗伦萨相同的共和国体制。但在共和政府步履维艰地前进了三年之后，斯福尔扎抓住机会成为米兰的统治者，并在此过程中自封为公爵。此时，佛罗伦萨发现自己曾经的宿敌现在成了最亲密的盟友。

　　威尼斯试图通过没收美第奇银行在那不勒斯分行和加埃塔港的资产进行报复，但科西莫早有防备，并悄悄撤回了所有的钱财物资。然而佛罗伦萨与威尼斯之间的贸易不可避免地遭受了严重打击，所有佛罗伦萨商人、银行家和代理人都被驱逐出城。这对佛罗伦萨来说意味着重大的损失，因为在与东地中海不断增长的贸易中，大部分商人需要租用威尼斯船队。这也意味着美第奇银行除罗马和佛罗伦萨分行之外最赚钱的分行关闭了。我们可以从以下事实中看出这一点：在过去十年中，威尼斯分行某一年的年利润超过了

8 000 达克特，基本上相当于分行的全部资本——用雷蒙德·德·罗佛的话来说，"一个真正壮观的数字"。

然而，事情却朝着柳暗花明的方向发展着。斯福尔扎邀请科西莫在米兰开设美第奇分行，并准许他使用市中心的一组有些破旧的建筑。科西莫立即带来了米凯洛佐，让他对这组建筑进行了大规模翻新，变成了一座华丽的新宫。科西莫还选择了 31 岁的皮杰洛·波蒂纳里（Pigello Portinari）作为新分行的经理，皮杰洛是他亲密的朋友，也是他最信任和最得力的员工之一①。皮杰洛的父亲在他10 岁时去世，于是科西莫将这个幼小的孤儿带回家中，让他接受基础教育——同时在科西莫的人文主义者和艺术家的知识圈子中生活熏陶，肯定有某一位大师担任过他的导师。13 岁那年，皮杰洛被派往威尼斯，科西莫将那里作为有前途的经理人的训练场。据德·罗佛说，当皮杰洛掌管美第奇的米兰分行时，"他是一位非常成功的经理，他在获得斯福尔扎宫廷青睐的同时，并没有因滥放贷款而损害银行的偿付能力"。

除去表面上暴露出来的与威尼斯结盟的不可靠之外，科西莫的选择从威尼斯转向米兰有更深层次的原因，是他以一个外交官的老道眼光观察和思考意大利半岛局势后的结果。菲利波·马里亚去世后，米兰的软弱以及随之建立的同样软弱的共和国，只能使其任由竞争对手威尼斯摆布。如果威尼斯占领了米兰，它就会统治意大利北部的大部分地区，而佛罗伦萨则面临着威尼斯进一步扩张的风

---

① 皮杰洛家族中的先人之一是但丁的缪斯女神比阿特丽斯·波蒂纳里。

险。科西莫高明的外交策略调整不仅消除了佛罗伦萨可能面临的威胁，还重新平衡了意大利的势力消长。多年来，半岛第一次看到了和平的光明前景。

1455 年，教皇尼古拉五世宣布建立神圣同盟（Holy League），将这种和平正式置于坚实的基础之上，这开启了米兰、威尼斯、罗马、那不勒斯和佛罗伦萨之间为期 25 年的共同防御协定。意大利国家与任何外国势力之间的单独联盟被明确禁止，签署国的边界将得到所有人的承认。正是在相对和平的这些年中，文艺复兴才终于走向了巅峰。难怪几乎同时代的佛罗伦萨历史学家弗朗切斯科·圭恰尔迪尼（Francesco Guicciardini）说科西莫"自从罗马陷落直到我们这个时代，没有哪个公民享有超过他的盛誉"。

在科西莫生命的最后几年，他因痛风而卧床不起。他的两个儿子皮耶罗（Piero）和乔瓦尼（Giovanni）也患有同样的家族疾病。有一次米兰大使到美第奇宫拜访时，惊讶地发现自己被领进了卧室。在这里他目睹了又悲剧又滑稽的场景：年老的科西莫躺在主床上，两个中年儿子躺在他的两侧，三个人都遭受着痛风的折磨。

科西莫·德·美第奇最终于 1464 年去世，当时他躺在床上，听菲奇诺朗读他的柏拉图译本。去世时享年 74 岁，在那个年代是罕见的高龄①。他的葬礼与他父亲的葬礼一样，受到了民众的礼遇，

---

① 很难获得准确可靠的那一时期的意大利预期寿命数据。然而，如果不考虑婴儿的高死亡率（估计约为 30%），劳动阶级一般可以预期活到 30 岁。上层阶级的社会成员通常活到 40 多岁。但科西莫的父亲乔瓦尼享年 69 岁，因此科西莫的长寿可能与遗传有关。而美第奇家族这一分支的后续四代人，几乎都死在了 40 多岁。

棺材下葬时，许多人都默默地挤在圣洛伦佐美第奇教堂周围的街道上。后来，执政团下令在他的墓碑上刻上"国父"（Pater Patriae）字样。

家族"继承权"传给了他生病的大儿子皮耶罗·迪·科西莫·德·美第奇（Piero di Cosimo de'Medici），他后来被称为"痛风的皮耶罗"（Piero the Gouty）。在此之前，佛罗伦萨至少名义上还是一个共和国，美第奇家族的支配地位还没有被官方确认。从现在开始，这种"共和的幻觉"再也无法维持了。皮耶罗获得领导地位纯属美第奇家族的议题，不涉及任何民主程序，佛罗伦萨由内而外都成了一座"美第奇的城市"。

第十一章　美第奇艺术家

阿莱桑德罗·迪·马里亚诺·迪·瓦尼·菲力佩比（Alessandro di Mariano di Vanni Filipepi），也就是我们现在所称的桑德罗·波提切利（Sandro Botticelli），于 1444 年到 1446 年之间出生于佛罗伦萨，这是从其父马里亚诺·菲力佩比（Mariano Filipepi）的税务记录的信息中得知的。他出生的房子，是现在佛罗伦萨诸圣街（Borgo Ognissanti）28 号，仍然矗立在诸圣教堂的旁边，但经过了一些改造。波提切利比亚美利哥·韦斯普奇早九年在这座教堂受洗；但与充满冒险精神的后者不同，波提切利一生都在这条街和附近度过，除了短暂访问比萨和在罗马度过的大约十个月。波提切利的旅行也许是发生在他躁动不安的脑海中，他在想象之中创造的异常生动的色彩和清晰的场景，似乎来自更早的永恒时代的黎明。

其中最典型的是他的作品《春》（*Primavera*）和《维纳斯的诞生》（*Birth of Venus*），现在已成为公认的早期文艺复兴的代表画作。尽管如此，他的名声一度在去世后就湮灭无闻了，有些人将此归因于瓦萨里不愿在文艺复兴时期艺术的进化路线中赋予他一席之地——这无疑是一个惊人的遗漏。其他人则归因于生活的变迁：他从美第奇苍穹中最闪亮的星星，坠落至瓦萨里描述的悲剧人物，"老而无用，甚至无法站直，行走要依靠拐杖……贫病交加"。将近四个世纪之后，波提切利才在文艺复兴时期的艺术殿堂中重获应得的地位。

在波提切利出生时，靠近阿诺河右岸的诸圣街区是工人阶级的聚居区，主要是纺织工人，附近运河的流水驱动着他们的工厂。诸圣教堂前面是一片开阔的荒乱的草地，旁边是一片更大的草地，向西延伸到城墙和普拉托门。当地小伙子们在这片草地上玩一种粗暴的中世纪球赛来取乐。作为现代足球的早期先驱，这种比赛由两支当地年轻工匠组成的队伍进行。每个队伍有 24 人左右，是该市的六个区选出来的代表。比赛规则不多，两支队伍会通过诸如拳打脚踢等各种方式奋力抢球。"球"通常是一个充气的猪膀胱，里面装着缝在一起的皮革片。队员们的目标是踢进或带球穿过对手的球门。当一堆球员因为抢球扭打成一团时，有时会向场内赶一头公牛将他们驱散开。这个游戏可能起源于一个类似的古罗马游戏，叫作"哈帕斯托姆"（harpastum）。根据记载，早在 1490 年人们就在阿诺河结冰的河面上进行踢球比赛了。

有资料称波提切利是一个病弱的孩子，尽管他年轻时的自画像暗示自己是一个身材魁梧的人物，完全有能力参加球赛。他的父亲是一个贫穷的制革商，对年幼的桑德罗期望甚高，根据瓦萨里的说法，当波提切利"拒绝安静下来，或对阅读、写作和算术不感兴趣"时，父亲会很恼火。波提切利的哥哥经营着一家成功的葡萄酒商店，此时他似乎为哥哥工作，因此获得了"波提切利"的绰号，意为"小桶"。也有资料称，这位哥哥经营的是典当行，店面有"Il Botticelli"的标志。瓦萨里提出了名字由来的第三种解释："被儿子的躁动不安激怒后，父亲干脆让他去给自己的好朋友、金匠波提切利去当学徒了"。

几十年前，金匠这一职业在佛罗伦萨颇有声望，同时也是许多艺术家和建筑师当学徒或入门的行业。曾作为金匠学徒的吉贝尔蒂就是一例，他的洗礼堂青铜门是塑造佛罗伦萨"新艺术"的奇迹之一，我们现在甚至将其视为文艺复兴的开端。年轻的桑德罗很快就对绘画表现出明显的兴趣，而不是单调乏味地打磨师傅的金器。桑德罗16岁时，在马里亚诺的安排下，他被长期受美第奇家族赞助的弗拉·菲利波·里皮（Fra Filippo Lippi）收为助手。

对于像波提切利这样易受影响的年轻艺术家来说，选择里皮作为师傅似乎是一个奇怪的选择。里皮的天赋毋庸置疑，很快就被科西莫·德·美第奇发现了，瓦萨里同样称其为"那个时代的伟大画家"；但里皮也堪称那个时代最出名的流氓之一，至少是行迹浪荡。

里皮很早就成了孤儿，贫穷的他16岁时成为了加尔默罗会修士。据说他师从早期文艺复兴时期的艺术家托马索·马萨乔

（Tommaso Masaccio）学习绘画，马萨乔曾受委托在加尔默罗会修道院的小教堂中绘制一系列壁画。二十多岁时，里皮离开了修道院（在没有解除他的宗教誓言的情况下）并前往意大利南部。在这里，他被巴巴里（Barbary）海盗俘虏，并被关押在北非作为奴隶；根据他自己的说法，他设法通过为那些柏柏尔主人画肖像获得了释放。

里皮回到佛罗伦萨后不久，引起了科西莫的注意。科西莫将他带进美第奇家族，并使他获得了一些重要的教会委托。但在描绘这些精美而令人振奋的宗教画面的过程中，里皮常常连续几天流连于旧市场周围的酒馆和葡萄酒商店。最后，科西莫只好把里皮锁在他的工作室里直到工作完成，但这位画家会设法撬开锁或通过将床单打结成绳子的方式从窗户逃脱。有一次他被委托在普拉托的一个女修道院绘制祭坛画，竟然与其中一名修女私奔了。科西莫只好利用他对碰巧访问佛罗伦萨的教皇庇护二世的影响，使里皮获准与怀孕的修女结婚。

收波提切利为徒的就是这样一个人。然而根据瓦萨里的说法："波提切利将他所有的精力都投入到学习中，对老师的追随和模仿十分用心，里皮非常喜欢他并取得了很好的教学效果，他的绘画技艺很快就超出了所有人的预期。"瓦萨里本身也是一个非常优秀的画家，看他是如何用勉强的赞美来挪揄波提切利是一件有趣的事。尽管这种评价在后来的几个世纪里影响了波提切利的声誉，但当时这位年轻人很快就崭露头角，跟随里皮为美第奇家族服务。他的才华得到了科西莫的儿子皮耶罗的认可，在1464年父亲死后，皮耶罗已经是佛罗伦萨的实际统治者。

波提切利早期最重要的委托之一来自诸圣街区的主要家族韦斯普奇，他们也是美第奇家族的亲密盟友。他们委托波提切利在诸圣教堂绘制圣奥古斯丁的壁画，该教堂由乌米利亚蒂（Umiliati）教士团管理，这些教士通常是放弃了世俗生活的已婚男子。

在接受这个委托后，波提切利发现自己与备受推崇的另一位佛罗伦萨艺术家多梅尼科·吉兰达约（Domenico Ghirlandaio）形成了直接竞争，后者被委托在对面的墙上画一幅公元 5 世纪的神学家圣杰罗姆（St Jerome）的肖像，圣杰罗姆与圣奥古斯丁有过书信往来。吉兰达约最终完成的作品是一幅技艺精湛的肖像画，充满了阐释性的细节。画中秃顶、白胡子的圣杰罗姆坐在书房写作时将头枕在手上休息，周围环绕着表明他的奉献精神和日常生活的物品——包括摊开的希伯来语和希腊语书籍，以及一个花瓶、一些水果和一个沙漏。

根据波提切利的传记作者罗纳德·莱特博恩（Ronald Lightbown）的说法，这种竞争"总是促使波提切利发挥出他的所有潜力"。为了与吉兰达约一较高下，波提切利选择在一个类似的房间背景里描绘圣奥古斯丁，他也在写作，周围环绕着熟悉的物品。吉兰达约的圣杰罗姆正在沉思，而波提切利的圣奥古斯丁则是一副陷入困境的样子，就像他在真实生活中的境遇一样。后者在生动性和技艺精湛程度上都大大超过了吉尔兰达约的画作，尤其体现在开着的抽屉和圣人的头顶上方一本打开的书的文字中。这段文字大部分毫无意义，但巧妙地将"马蒂诺老兄在哪里？他出去了。他去了哪

里？他在普拉托门外"这句话结合其中。这是典型的波提切利的恶
作剧，它可以有多种解释。这只是波提切利在诸圣教堂中绘制壁画
时无意中听到的日常谈话片段吗？如果是这样，莱特博恩声称，这
表明波提切利认为"杰罗姆和奥古斯丁的高尚榜样已被他所了解到
的真实的乌米利亚蒂教士团抛弃"。其他人认为这段对话可能暗示
了当时的一桩丑闻，其中涉及一位名叫马蒂诺（Martino）的乌米
利亚蒂教士。

波提切利的绘画包含了更多隐秘的内容，甚至在人们了解其构
图固有的核心秘密之外。正如莱特博恩指出的那样："事实上，［圣
杰罗姆和圣奥古斯丁的］两幅壁画之间的联系比人们怀疑的还要密
切。"圣奥古斯丁皱着眉头的表情充满了敬畏，因为他写完一封信
抬起头来，看到了某个场景。虽然我们没有看到这个场景，但波提
切利不仅设法暗示了那场景是什么，而且还暗示了圣奥古斯丁正在
做的事情。

圣奥古斯丁头部后方墙面上的时钟，表明时间是第 24 个小时
的结束。在中世纪，第一个小时从日落开始计算，因此虽然画面上
没有显示窗户，但我们可以推断描绘的场景发生在日落前后。这巧
妙地将波提切利与吉兰达约的画联系起来——据传在公元 420 年，
圣奥古斯丁在给圣杰罗姆写信时看到了日落。

那个场景伴随着一种芬芳的气味（神圣的气味）和一个声音，
它告诉圣奥古斯丁："他会尽快将海洋灌进一个小容器中，尽快将
整个地球握在手中，尽快停止天体的运动，就像圣徒没有经历过自
己祈福中的场景，但此刻说话的人正在经历。"

圣奥古斯丁颤抖着问是谁在说话，声音回答说是圣杰罗姆。后来，圣奥古斯丁得知圣杰罗姆正是那个时间在耶路撒冷去世的。

这个故事是在一份圣奥古斯丁撰写的使徒书中提到的，真实性存疑。该书在意大利流传甚广。很明显，波提切利仔细研究了这个故事，并巧妙地融入到他的画作中。莱特博恩敏锐地观察到：

> 这种基于文本的想象力，将书面文字传达的内容转化为逼真的图画的能力，一直伴随到他工作生涯的结束，并且是真正理解他的艺术的关键之一。

无论画得多么精妙，波提切利的画作远不止是书面文本的视觉展现这么简单。他已经赋予了圣奥古斯丁的面容和姿势以心理深度。波提切利"已经注意到面部和四肢能够揭示我们的所思所想"。有鉴于此，波提切利大概阅读了阿尔贝蒂的作品《论绘画》，该书建议艺术家应该致力于做到这一点。

画中圣奥古斯丁的右手是波提切利实现这一目标的最有力证据——右手轻轻地放在心脏的位置，这表明奥古斯丁对目睹异象和听到声音的惊讶，并表明了崇敬的态度。在这里，波提切利完成的比阿尔贝蒂推崇的还要成功。圣奥古斯丁的姿态揭示的不仅仅是一种心态，而是两种——惊讶和敬畏。事实上，画作成功地表达了圣奥古斯丁两种心态间的转变。

波提切利看到了圣奥古斯丁使徒书的副本①，阅读了阿尔贝蒂

---

① 现在普遍认为是 13 世纪伪造的。

关于绘画的书籍，表明他与聚集在美第奇宫的人文主义者、诗人和
艺术家的圈子交往颇深。波提切利在美第奇家族的"黄金时
代"——在佛罗伦萨的统治巅峰及对文艺复兴影响最大的时期——
与他们有着密切联系。科西莫·德·美第奇去世并被授予"国父"
称号时，波提切利大约 20 岁。

在 1464 年至 1469 年科西莫的儿子皮耶罗短暂统治期间，波提
切利与美第奇家族过往甚密。在皮耶罗的儿子"伟大的洛伦佐"
（Lorenzo the Magnificent）统治期间，他的艺术能力达到了顶峰。
当洛伦佐在被称为"帕齐阴谋"（Pazzi conspiracy）的暗杀企图中
幸存下来后，波提切利受命在领主宫和波德斯塔宫之间的墙上绘制
八位主要阴谋者的公开壁画。其中七个人都是被绞死的形象，每个
人的脖子上都有一个套索，旁边题上洛伦佐自己创作的拉丁语讽刺
诗句。设法逃脱的第八个人被画成双脚吊起的样子，洛伦佐将他题
为"等待更残酷死法的亡命之徒"。

1492 年"伟大的洛伦佐"去世后，波提切利继续生活着，并
且在美第奇家族逐渐没落和宗教激进分子萨沃纳罗拉（Savonarola）
崛起的时候发生了深刻的内心冲突，不仅给他光彩夺目的艺术投下
了阴影，也使他的晚年生活更加凄凉。

＊　　＊　　＊

尽管美第奇统治的历史为波提切利的生活提供了戏剧性的背

景，但实际上，波提切利的主要赞助者是美第奇家族中一个不那么显赫的分支的成员：这就是洛伦佐·迪·皮耶尔弗朗切斯科·德·美第奇*，他已经在前文中作为美第奇银行经理出现过，亚美利哥·韦斯普奇那封透露自己重大地理发现的信件，就是寄给他的。

皮耶尔弗朗切斯科是科西莫的弟弟洛伦佐的后裔，因此是"国父"科西莫、其子"痛风的皮耶罗"以及孙子"伟大的洛伦佐"的表亲。美第奇家族的关系颇有些错综复杂。皮耶尔弗朗切斯科的父亲在他12岁时就去世了，于是时年28岁的佛罗伦萨统治者洛伦佐·德·美第奇决定将他和弟弟接过来照顾。"伟大的洛伦佐"将这两个年轻的堂兄弟接到美第奇宫，确保他们接受最好的教育，并由他的人文主义圈子的成员进行教导。这些导师包括仍在进行柏拉图作品翻译的菲奇诺和人文主义修士乔治·韦斯普奇，后者当时还在教导年轻的亚美利哥（这就是皮耶尔弗朗切斯科和亚美利哥·韦斯普奇终生友谊的开始）。

然而，伴随着这一善举，"伟大的洛伦佐"也获得了这对年轻兄弟的可观遗产。家族双方在美第奇银行是合伙关系，分享银行的整体利润。但由于科西莫·德·美第奇对艺术的赞助和投资于大型建筑项目，如翻新圣马可教堂和建造美第奇宫，他本人这一家族分支的资本已大大减少。在"痛风的皮耶罗"和"伟大的洛伦佐"时期，类似的赞助仍在继续，这种花费高昂的生活方式耗尽了美第奇银行的金库，银行本身也开始遇到困难。

---

* 译注：后文简称为皮耶尔弗朗切斯科。

　　因此，皮耶尔弗朗切斯科和弟弟带来的遗产是一笔及时的意外之财，"伟大的洛伦佐"很快就在他监护下的这笔巨款中提取"贷款"。根据仅存的记录，到1485年皮耶尔弗朗切斯科成年时，"伟大的洛伦佐"抽取的"贷款"的规模大得惊人，已经从表亲的遗产中挪用了53 643弗罗林。一些资料记录怀疑他拿了更多。

　　不过需要注意的是，这笔钱并非全部是洛伦佐个人使用。美第奇家族用于党派维护、保证选举结果以及各个运作环节中的必要"礼物"，都是高昂的开销。然后是为人民提供传统娱乐节目的花销，以确保民众的拥护：包括公开演出的低俗滑稽剧，令人眼花缭乱的选美比赛，甚至还有马上比武①。这些活动的确提升了"伟大的洛伦佐"本人的知名度，巩固了他作为统治者的地位，同时也确保了整个美第奇家族的特权地位（和安全）。

　　美第奇家族崛起到如今的显赫地位难免树敌，城内有不少权贵家族虎视眈眈，伺机而动。其中一些家族甚至仍然与流亡的阿尔比齐家族保持联系，后者被以叛徒的形象画在波德斯塔宫的墙上而受到公众的羞辱，这也是波提切利描绘"帕齐阴谋"画作的前身。这样的侮辱对于阿尔比齐家族来说没齿难忘，因此也导致维持美第奇的霸权成了成本高昂的事业。此外，"痛风的皮耶罗"对家族银行的无能经营，对美第奇的发展几乎没有什么帮助。在父亲科西莫大肆挥霍之后，皮耶罗试图整理账册收支，要求一些债务人归还银行

---

　　①　就是在类似这样的比赛中，雇佣兵指挥官、乌尔比诺的统治者费德里科·达·蒙特菲尔特罗失去了他的右眼。

透支的部分。其中许多账户由家人和朋友持有，科西莫多年来一直善意地忽略了他们的债务。皮耶罗出人意料的举动导致了多人破产，最终反而增加了维护美第奇名誉的成本。

根据雷蒙德·德·罗佛的说法，当皮耶尔弗朗切斯科和他的弟弟发现自己的遗产被大肆挪用后，"洛伦佐被迫将卡法焦洛（Cafaggiolo）的祖传别墅和穆杰罗地区的其他财产转让给他的堂兄弟"。还提到他偿还了5万弗罗林，这表明他从他们的遗产中"借走"的金额比有记录的53 643弗罗林要多得多。"伟大的洛伦佐"似乎手头拮据以至于挪用了堂兄弟的遗产，那他又是从哪里获得了额外的5万弗罗林？15世纪的资料表明，他可能是从公共资金中挪用了这笔款项。

早在科西莫·德·美第奇时代，佛罗伦萨市的金融交易与美第奇家族的金融交易之间的界限就开始变得模糊。然而，科西莫似乎已经连本带利地偿还了他从公共财政中获得的任何"贷款"。事实上，有时他可能"还"的更多，将这座城市从破产中拯救了出来——佛罗伦萨对卢卡发动战争之后的状况很可能就是濒临破产，当时银行提供的资金几乎是难以计数的。

"痛风的皮耶罗"试图让美第奇银行重新站稳脚跟，结果适得其反；而"伟大的洛伦佐"越来越将个人和家庭财务状况与城市国库混杂起来。他特别喜欢从"嫁妆备用基金"里拿钱，而该基金原本是城邦为出不起嫁妆的穷人们的女儿准备的，以使她们有机会结婚。遗憾的是，除了这一时期的少数相关记录外，其余所有记录都被美第奇家族的后代销毁了，从而抹去了渎职的证据。关于这段

"信息遗失"时期美第奇的财务状况，没有人的看法比德·罗佛更权威："因此，［1478 年］之后很可能只有通过窃取公共财政才能避免家族破产。"

因此，美第奇家族的其他分支虽然没有权力，但到了这个阶段，他们的资产和现金已经明显超出了原本最兴旺的一族。尽管洛伦佐自己可能没有足够的资金来支持他圈子中的艺术家，但他能确保他们从别处获得丰厚的佣金。波提切利的情况尤其如此，他深受美第奇宫的人文主义者，尤其是柏拉图主义者菲奇诺的影响。

洛伦佐说服皮耶尔弗朗切斯科委托波提切利创作了多部作品，其中最著名的两幅杰作挂在皮耶尔弗朗切斯科的家庭别墅"迪卡斯特罗"中，该住宅位于城市西北几英里的城郊。这两幅大型画作是当今波提切利所有作品中最著名的。

《维纳斯的诞生》描绘了爱神维纳斯的迷人形象，这个女神最初被古希腊人称为阿弗洛狄忒。根据神话传说的内容，维纳斯从海中浮现，一诞生就已成年，身形圆润丰满，似乎拥有世间所有的美丽。在波提切利的画作中，维纳斯赤身站在扇贝壳上，西风神将她轻柔地吹过海面，吹向树木繁茂的岸边。这幅画体现了柏拉图的理想和永恒的美的品质：这不是人类在黑暗洞穴的墙壁上看到的闪烁的阴暗世界，相反，它是光芒四射的思想世界，是洞穴外明亮的现实。

波提切利笔下的人物并不以其解剖学的逼真性而闻名。例如《圣奥古斯丁》中，圣人的躯体只是暗示性地隐藏在束腰外衣和飘逸的披风之下。然而在这幅画中，波提切利将他的弱点转化为优势。维纳斯的裸体被她飘逸的红发遮掩和修饰着，她的右手放在左胸上方，姿势让人想起圣奥古斯丁。但女神的整个身姿从解剖学上看是不可能实现的：颈部被拉长了，头部和身体的曲线不平衡，身体的站姿并不稳固，也没有透视感。由于这些"瑕疵"，维纳斯似乎是漂浮着，她的左脚只是轻轻地搁在载着她穿越波浪的扇贝壳上。但所有这些最终都达到了为这幅画的理想主义增色的目的。

人们围绕《维纳斯的诞生》进行了各种深入的剖析。就像波提切利的《圣奥古斯丁》一样，这幅画可以肯定也包含着许多隐藏的秘密。但在这里，面对着优美的海景和远处的林地，什么样的解释剖析似乎都是多余的。就像柏拉图关于思想的终极现实的论述一样，这个场景就是如此：永恒的、强大的。它既真实又空灵，深受众多艺术爱好者的喜爱，美神的形象就是文艺复兴最典型和最光彩夺目的代表。

波提切利为皮耶尔弗朗切斯科创作的另一幅画，是同样令人惊艳的《春》（也称为《春天的寓言》）。《维纳斯的诞生》和《春》经常被视为一对，尽管这并非波提切利的本意。也许是它们原来曾挂在同一所住宅中，且同出自波提切利的艺术巅峰时期，也增加了两者的联系。《春》也是一幅大型作品（超过 2 米×3 米），但不同的是它难以捉摸、色调略带阴暗，还有神秘象征的力量。画中的场景需要稍加说明：一共八个富有表现力的古典神话人物出现在橘林草地上，空中飞着一只小天使。从右向左依次看这些人物：最右边从树林的暗影中浮现出来的是三月的冷风泽费罗斯（Zephyrus，西风之神），他正想带走将嫁给他的克洛丽丝（Chloris），后者将成为春神。紧靠着的人物似乎是从褪色的克洛丽丝中出现的，这就是弗洛拉（Flora），春神的完整化身，克洛丽丝注定要成为她。弗洛拉作为永恒的生命使者，容光焕发，身着花衣，玫瑰花从她周身飘洒下来。在画作中央稍稍向后，是怀孕的维纳斯，象征着春天的丰饶。在她的左边是美惠三女神（Three Graces），她们正穿着半透明的长袍起舞。这些长袍巧妙地达到了双重目的，既为女神们的裸体披上了衣服，又掩盖了波提切利在描绘精确解剖结构方面的弱点。三女神的中心人物，向着画中最后一个人物投去留恋的目光，就是青年墨丘利（Mercury）*，他的躯体半露在外，正拿着一根棍子伸向头顶树上的橘子。

盘旋在整个场景之上的是一个胖乎乎的小天使形象：丘比特拉弓搭箭，即将向凝视的格蕾丝（Grace）射出爱之箭。这暗示了这幅画描绘了旨在庆贺的场合——皮耶尔弗朗切斯科与皮翁比诺勋爵（Lord of Piombino）的女儿塞米拉米德·阿皮亚诺（Semiramide Appiano）缔结婚姻，后者与那不勒斯的阿拉贡王室有血缘关系。按照当时惯例，这显然是一场包办婚姻，由"伟大的洛伦佐"出于政治战略考虑而撮合，即加强与那不勒斯的联系以保护佛罗伦萨。

自古典时代以来的几个世纪里，像《春》这样的大型"异教"场景是极为少见的。围绕这幅画，许多人尝试去探寻它所包含的寓意。毫无疑问，波提切利希望这幅画像他对圣奥古斯丁的描绘一样具有丰富的内涵，而且美第奇宫的知识分子和诗人们显然鼓励了他在画中体现古典神话和柏拉图理想主义的元素。然而，即便画家原

---

* 译注：即希腊神话中的"赫尔墨斯"。

本打算像《圣奥古斯丁》那样表达出某种精确的含义，但仍然避开了深入分析的可能。因此，除了一些聚焦于表面的诠释之外，并没有出现更深层次的象征性和个人化的解读来澄清波提切利融入画中的所有复杂的视觉元素。事实上，正是这种神秘性促使它更受欢迎。也许最后一句评论应该留给波提切利的传记作者莱特博恩，他声称文艺复兴通过发展出对古典神话的两种态度来与古代相呼应：

> 一方面，哲学家和学者试图通过将它们*视为隐藏着哲学、道德或历史真理的寓言，来使神话合理化和深入化。另一方面，更具普遍影响力的是世俗传统的视角，将神话直白地视为生动而美丽的图景，描绘了支配人类本性和世界的力量和冲动。

1483 年，在皮耶尔弗朗切斯科结婚一年后，波提切利为其创作了《春》；也是在这一年，洛伦佐将这位 20 岁的新郎作为佛罗伦萨大使派往法国，参加国王查理八世（Charles Ⅷ）和"奥地利的安妮"（Anne of Austria）的订婚仪式，这个仪式也意味着法国和哈布斯堡王朝之间建立了联盟。波提切利的《洛伦佐·迪·皮耶尔弗朗切斯科·德·美第奇》肖像大约在这个时期绘制，描绘了一个苍白的年轻人，他的严肃表情某种程度上掩饰了勇敢的性格：敢于在被盗取的遗产问题上与强大的表亲较量。波提切利的肖像有时倾向于夸张，强调人物个性的主要方面；这幅画似乎也不例外。

美第奇家族派代表出席查理八世的婚礼，无疑能够加强佛罗伦

---

* 译注：即古典神话。

萨与法国的重要联盟关系。法国是当时欧洲最强大的国家，因此洛伦佐委托给这位堂弟的使命是十分重要的。但在这次访问法国之后，美第奇家族的不同分支之间爆发了严重的分歧。当皮耶尔弗朗切斯科发现了洛伦佐从他的遗产中掠走的巨额数目时①，后者感到不得不转让几座祖产来弥补。卡法焦洛别墅是一座坚固的老宅，自14世纪乔瓦尼·迪·比奇·德·美第奇的父亲建成以来，就一直属于美第奇家族。在接下来的一个世纪里，科西莫·德·美第奇委托他的朋友、美第奇宫的建筑师米凯洛佐将这座不起眼的别墅改造成一个宽敞的"狩猎小屋"，后来成为他的孙子洛伦佐最喜欢与家人避暑，或与菲奇诺和诗人安杰洛·波利奇亚诺（Angelo Poliziano）等知识分子会面的地方。经过"旷日持久的谈判"，这座珍贵的住宅最终归属了皮耶尔弗朗切斯科。七年后，洛伦佐去世了，皮耶尔弗朗切斯科接管了陷入困境的美第奇银行。正是在这些年里，他再次与亚美利哥·韦斯普奇合作，并且可能赞助了至少一次远航，从而改变了我们对世界的认识。

至于波提切利，根据瓦萨里的说法："他赚了很多钱，但由于粗心大意和缺乏管理而浪费了一切。"但我们会在后文中明白，这只是他最终沦落为一个可怜人的因素之一。即便如此，当晚年陷入困境时，是"伟大的洛伦佐"以及他的赞助人皮耶尔弗朗切斯科拯救了他："最终，作为一个贫弱的老人，他明白如果不是那些爱惜才华的人的搭救，他几乎就要饿死了。"

---

① 也有些历史资料称洛伦佐花光了这份遗产的全部。

第十二章　"伟大的洛伦佐"

　　"伟大的洛伦佐"，或者更准确地说是"伟大的洛伦佐·德·美第奇"，并非浪得虚名①。但对他来说，这一称谓意味着更多，尽管他个人相信自己不可否认地拥有这种品质。洛伦佐的个性，他留下的遗产，以及关于他的很多传说，大多是非常矛盾的。

　　洛伦佐得到这个名号当然不是因为外表。他长得并不好看，但

---

　　① "伟大的"（意大利语"Il Magnifico"，英语"the Magnificent"），最初是一种尊称，用来称呼那些社会地位较高或者非常富有的人。例如，当美第奇银行的经理向上司汇报时，他们会在收信人的名字前缀上这样的称呼。德·罗佛讲解得比较清楚：科西莫去世后，美第奇家族的地位已经上升到皇室一般，人们对他们更加赞颂吹捧，因此洛伦佐掌权后被以第三人称称为"伟大的"（Your Magnificence）。这就是为什么他被通常称为"伟大的洛伦佐"。

那引人注目的丑陋的深色五官反而增添了他的魅力。不可否认，他对女性很有吸引力，而且他似乎也用这些魅力来吸引年轻男性。

洛伦佐还有很多鲜明的缺点，以及浮夸的性格。作为佛罗伦萨的统治者，他将自己与这座城市的福祉联系在一起，为这座城市努力谋取繁荣；但正如我们所看到的，他也将自己的经济利益与城市的利益联系起来，利用国库谋取个人利益以及维持美第奇统治，这就不可避免地涉及见不得人的手段与勾当，以及浮夸的姿态和轻率鲁莽。

"伟大的洛伦佐"是美第奇家族中第一个被公开邀请统治这座城市的人。他的父亲"痛风的皮耶罗"逝于1469年，20岁的洛伦佐次日早上接待了一个由"领袖、骑士和公民"组成的代表团，他们到美第奇宫"对我失去亲人表示哀悼，并敦促我接管城市和国家的管理权"。尽管还非常年轻，但洛伦佐已经为担当这个位置接受了多年培养。在许多方面，他都是佛罗伦萨文艺复兴成就最辉煌时期的缩影。

洛伦佐出生于1449年，足以来得及跟随他杰出的祖父科西莫·德·美第奇长大并向他学习，祖父在他15岁时去世。尽管在辉煌的美第奇宫及令人眼花缭乱的诗人、画家和哲学家的知识圈中长大，洛伦佐仍是一个好动的孩子，青年的他还参加过佛罗伦萨足球比赛。不过，与波提切利不同的是，他参加的是在圣十字广场举行的比赛，那里都是来自出身更好的家庭的年轻人——以一种不那么粗野的方式踢球。

父亲皮耶罗在洛伦佐年幼时的大部分时间里都因痛风卧床不

起，即便起来也是坐在他的宝座上，忙于处理日常事务：政府事务、外交、接待重要来访者、管理家族银行、发放各种项目赞助等。洛伦佐的母亲卢克莱齐娅（Lucrezia）在他的成长过程中发挥了主导作用。卢克莱齐娅来自佛罗伦萨最古老的贵族家族之一托纳布尔尼（Tornabuoni）家族，与美第奇家族有着密切的联系①。虽然卢克莱齐娅自己也身体欠佳，但她仍在丈夫的政治活动中发挥了协助作用。她能够阅读拉丁文甚至希腊文，精通古典文学，还能自己作诗。作为一个充满保护欲的母亲，她是洛伦佐成长过程中有力的引导，确保他的教育由她从美第奇知识分子圈中挑选出的导师进行教导。年轻的洛伦佐和他的弟弟朱利亚诺（Giuliano）从菲奇诺那里学习了柏拉图的哲学和人文主义知识，并接受了博学多才的真蒂莱·德·贝基（Gentile de'Becchi）的指导。真蒂莱是一名诗人，经常创作赞美诗，后来被美第奇家族授予阿雷佐主教的职位——这一举动也表明阿雷佐这座曾经独立的城市如今已经与佛罗伦萨深深融合了。

洛伦佐很小的时候就展示出文学天分，因此他成熟期的诗歌有朝一日能在意大利文学中占有一席之地是毫不意外的。作为接受的教育的一部分，洛伦佐还成为了一位天才的中提琴和长笛演奏家，

---

① 托纳布尔尼家族原名托纳昆奇。在乔瓦尼·迪·比奇·德·美第奇时代，曾有一个叫奈利·迪·奇普利亚尼·托纳昆奇的人任美第奇银行威尼斯分行的经理，当时他陷入困境，越过阿尔卑斯山逃到了克拉科夫。然而，让家族更名的并不是这件事。托纳昆奇有古老贵族的血统，因此会受到禁止贵族参与佛罗伦萨共和政体公共生活的禁令约束。改掉历史悠久的名字能使家族绕过禁令。

这一成就使他能够将自己的一些诗歌改编成音乐。与此同时，洛伦佐还喜欢户外活动，如狩猎和骑马。1469 年，他在圣十字广场举办的一场壮观的马上比武中获得了一等奖。正如后一个世纪马基雅维利在《佛罗伦萨史》中所写的那样，洛伦佐"不是靠人情关系，而是靠他自己的勇气和技巧"取得了这场胜利。然而考虑到马基雅维利一贯的口吻，我们很难分辨这是真相还是讽刺。这场比赛当然是由皮耶罗赞助的，他还安排儿子展示一面专门为这个场合绘制的横幅，其创作者是杰出的艺术家兼建筑师韦罗基奥（Verrocchio），他为布鲁内莱斯基的圆顶进行了最后的润色。一个鲁莽（但技术娴熟）的参赛者几乎被洛伦佐赶下马来。

这一时期，洛伦佐那迷人的丑陋已经开始吸引女士们了。据说他喜欢更成熟的女性——通常是寡妇，但并非总是如此。考虑到他的前额突出、下巴前伸、下唇外翻，这种成功的多情更加令人惊讶。他的大鼻子很塌，压扁到使鼻子失去嗅觉的程度，据圭恰尔迪尼说："他的声音刺耳，听起来令人不快，因为他是用鼻子说话的。"

洛伦佐身边很快就聚集了一群趣味相投的年轻人，他们都出身良好——大多数人和他一样，既能对柏拉图的思想进行认真的讨论，也喜欢肆无忌惮的玩笑和喝酒放纵。尤其是马基雅维利，似乎对洛伦佐的这种双面性格很感兴趣："有时他表现得庄重，有时却又放荡轻浮，两种性格通过无形的纽带结合在他身上。"其他人则不买账，尤其是他那高尚的导师之一贝基，愤怒地斥责他"深夜出去玩弄小丑，使得次日和你打交道的人也跟着蒙羞"。

洛伦佐的情况同样激怒了父亲，父亲决定让他离开佛罗伦萨，远离他那些吵闹的伙伴。为了让儿子对自己的行为保持约束，皮耶罗派遣洛伦佐带领一些小型使团去执行外交任务。最初这些任务只是为了达到约束他的目的，但洛伦佐似乎很喜欢从中挥洒个人魅力，并且在前往博洛尼亚和费拉拉的任务中取得了令人惊讶的成功。因此，后来当皮耶罗意识到自己病得太重不能出访时，他决定派洛伦佐去米兰执行一项重要任务：代表他去参加年迈的弗朗切斯科·斯福尔扎公爵的女儿与那不勒斯国王费兰特（Ferrante，即斐迪南一世，Ferdinand Ⅰ）之子的婚礼。这是一个重要的外交场合，能够加强那不勒斯和米兰之间的联盟，因此也会加强与佛罗伦萨的联系。这样的联盟保证了意大利半岛上的权力平衡。皮耶罗在给儿子的信中提出了郑重的要求："行事要像个男人，而不是像个男孩。要表现出理智、勤奋和男子气概，将来你就可以从事更重要的任务。"在这件事上，洛伦佐也同样完成了令人印象深刻的出访。

皮耶罗认为现在到了儿子作为继承人学习家族银行业务的时候了。1466 年 2 月①，洛伦佐被派往罗马，在那里接受美第奇银行最重要分行的经理，即他的舅舅乔瓦尼·托纳布尔尼（Giovanni Tornabuoni）的指导。结果却让人大失所望。洛伦佐的所有品性都与做一个银行家所要求的品性相反：他诗意的气质、张扬的个性和对人文主义辩论的热爱，完全不适合研究枯燥的账本、审慎地理财和计算盈亏的细枝末节。洛伦佐几乎什么也没学到，他的银行知识漏

---

① 历史资料记录此事发生在 1465 年 2 月，因为按照中世纪的惯例，新年从 3 月开始。我在此处处理成了按现代历法表示的时间。

洞在日后成为了一个严重的缺陷。当他不得不依赖美第奇银行经理们的建议时，这一点就会暴露地愈加明显——这些银行经理不会像他的舅舅那样把美第奇的利益放在心上。

洛伦佐在罗马期间，他的父亲收到了米兰公爵弗朗切斯科·斯福尔扎去世的消息，这位公爵曾是最能保护佛罗伦萨的盟友。洛伦佐对罗马的访问一下子变成了重要的外交使命：皮耶罗在3月写信给洛伦佐，要他必须会见教皇保罗二世（Paul Ⅱ），并让教皇明白允许弗朗切斯科·斯福尔扎的儿子加莱亚佐·马里亚·斯福尔扎（Galeazzo Maria Sforza）继任米兰公爵的重要性。这不是一项简单的任务，因为弗朗切斯科·斯福尔扎某种程度上是篡夺了先前执政的维斯康蒂家族的公爵领地，承认斯福尔扎家族为公爵领地的统治者将是一个开创性的先例，不会受到意大利各城邦世袭统治者们的欢迎。更困难的地方在于，保罗二世是威尼斯人，在科西莫·德·美第奇将橄榄枝伸向米兰之后，威尼斯已将佛罗伦萨视为敌人。这已经导致美第奇银行失去了利润丰厚的教皇账户，佛罗伦萨也失去了在威尼斯所有商业活动的机会。

当然，洛伦佐在罗马的时光并非没有社交。他拜访当地贵族，如奥尔西尼（Orsini）和科隆纳家族，塑造自己潇洒的形象。然而在皮耶罗写给洛伦佐的一封信中要求他"停止一切乐器演奏或唱歌跳舞的行为"——表明他非常了解自己的儿子，现在是他展示作为佛罗伦萨未来统治者的品质的时候。

后来，洛伦佐获得了教皇的多次接见，之后他于4月向南前往那不勒斯。那不勒斯国王费兰特甚至中断了狩猎之旅，去会见这位年轻的佛罗伦萨访客。皮耶罗显然打算让洛伦佐通过访问，加强佛罗伦萨与那不勒斯的联盟，但费兰特是个不好对付的角色。根据雅各布·布克哈特的说法："除了不顾一切也要进行的狩猎活动，他的乐趣还有两种：他喜欢靠近对手，但后者要么是活着被关在戒备森严的监狱里，要么是死后进行了防腐处理，而且还穿着生前的衣服。"

事实上，费兰特国王很高兴邀请他的客人参观钟爱的"木乃伊博物馆"。一名与会者描述了"国王如何抓住洛伦佐的手臂，单独与秘书长一起带领他进入前厅"。但洛伦佐的魅力再一次赢得了胜利。他后来写信给父亲关于他与费兰特会面的事："我和他谈过了，他回应了许多好意，之后我将亲自告诉您。"5月初，洛伦佐回到佛罗伦萨，却发现这座城市因政治分裂已处于内战的边缘。

一个反美第奇的党派在卢卡·皮蒂（Luca Pitti）周围联合起来，此人以前是美第奇的亲密盟友。皮蒂是一位成功的银行家，他的银行财富现在远远超过了病入膏肓的美第奇银行。为了彰显自己的财富优势，皮蒂决定在奥尔特拉诺河边建造一座巨大的宫殿，靠近老桥。这座宫殿位于突出的山丘上，能够俯瞰城市；根据当时的说法，他故意要让这座宫殿超越美第奇宫，要让"窗户和美第奇宫的门一样大，而且……内部庭院要大到足以容纳拉尔加路上的整个美第奇宫"。

皮蒂并不满足于仅仅成为佛罗伦萨的首富，他还渴望着权力。为此，他秘密召集了一群自称为"山丘党"（Party of the Hill）的支持者——山丘正是指皮蒂建造他的宏伟宫殿的地方。为了区分，他们将美第奇派系称为"平原党"（Party of the Plain），因为美第奇宫在地势较低的市中心，与山丘隔河相望。

"山丘党"对美第奇统治的挑战酝酿了好几年，但当局通过承诺改革获得了号召力，加强了自身力量。改革派宣称自己的意图是减少美第奇家族对权力的控制，将有效的治理向更广泛的政治阶层敞开。然而美第奇家族明白，尽管改革名义上如此，皮蒂的动机实际上主要还是为了取而代之。

"山丘党"的领导人鱼龙混杂，皮蒂可能只是他们的傀儡，因为他已经快七十岁了，看起来不太可能接管这座城市。萨尔维斯特罗·纳尔迪（Salvestro Nardi）和迪奥蒂萨尔维·内罗尼（Diotisalvi Neroni）等其他领导人各怀鬼胎，希望为自己和家族夺取权力。当然也有一位领导人尼科洛·索代里尼（Niccolò Soderini）似乎怀有真正的改革理想，寻求在共和国中建立一个真正的民主政府。起初，科西莫·德·美第奇和他的儿子皮耶罗试图安抚皮蒂，许诺他能获选重要的政府职位，当皮蒂的野心得不到满足时，皮耶罗又向他暗示，愿意安排美第奇家族成员之一与皮蒂的大女儿弗朗切斯卡结婚，新郎可能是洛伦佐。这将使两个派系团结起来——同时巩固美第奇对佛罗伦萨的控制。

然而，皮耶罗看似有益的决定最终总是会以灾难收场。其中典型的例子就是他在统治初期，试图通过收回外债来平衡美第奇银行的账册，这一举动疏远了父亲科西莫结交的许多老朋友。除了这个缺点之外，他还一贯地优柔寡断和诡计迭出。后来皮耶罗意识到自己无法完全信任皮蒂，所以与其让皮蒂的女儿嫁给洛伦佐，不如让她嫁给小儿子，即 11 岁的朱利亚诺。

长期以来，佛罗伦萨主要家族的后裔之间常常通婚，从而巩固了家族之间的纽带。但现在皮耶罗做出了史无前例的举动，决定让他的大儿子，也就是继承人，选择佛罗伦萨以外的家族结婚，以便拉拢强大的外部力量与美第奇结盟。他开始向罗马的主要贵族之一奥尔西尼家族伸出橄榄枝，提议洛伦佐与该家族一个符合条件的、名叫克拉丽斯（Clarice）的年轻女孩订婚。

奥尔西尼家族是所有古罗马家族中最强大的。家族成员有意大利中部一些小城邦的统治者，还有一些是拥有私人军队的雇佣兵指挥官。他们还以家中有许多高级教会成员为荣，甚至包括一位红衣主教。将美第奇家族与奥尔西尼家族联系起来，应该是一个经过谨慎考虑的举动，因为皮耶罗怀疑威尼斯人制定了进军佛罗伦萨的计划，以报复他们将联盟关系转向了米兰。美第奇家族此时更需要外部盟友，而不是内向的纽带，以加强他们在半岛的地位。如果没有这样强大的盟友，佛罗伦萨就不可能作为一个独立的国家生存下去。

佛罗伦萨与米兰的关系开始变得越来越不可靠。米兰新公爵，也就是弗朗切斯科·斯福尔扎的儿子加莱亚佐·马里亚·斯福尔扎，是一位不受欢迎的统治者。与雇佣兵出身的父亲不同，加莱亚佐有一定的学识，对音乐有着深厚的热爱，但也有虐待狂倾向——他对那些惹恼他的人施加了许多奇怪而残酷的惩罚。一位预测加莱亚佐的王权短命的修士，被关押在一个房间里直到饿死。一个在他的庄园偷猎的人被捕后，喉咙被塞进一只兔子直到窒息。这些事迹实在无法换来民众的喜爱。他强奸其他贵族的女儿和妻子的劣迹，也很快使上流阶层与其疏远。皮耶罗意识到自己几乎无法依靠这样的盟友，最终只能选择让皮蒂的女儿失望，转而寻求罗马的奥尔西尼家族与洛伦佐联姻。

然而当皮蒂得知这一消息时，认为这是对女儿和他整个家族声誉的侮辱。他很快召集了"山丘党"的领导人，在他未完工的巨大宫殿里举行了一次秘密的烛光会议：是时候制订对美第奇家族致命打击的计划了。

1466年的夏天特别漫长，佛罗伦萨的街道笼罩在不祥的闷热中。像往常一样，大多数贵族已经避居凉爽的乡间别墅。皮耶罗也不例外，他和家人搬到了位于城墙以北几英里的美第奇别墅。有一天他收到消息说，在亚平宁山脉另一侧，威尼斯连同他们的盟友费拉拉侯爵，聘请了雇佣兵指挥官巴托洛梅奥·科莱奥尼（Bartolomeo Colleoni），正在集结部队。科莱奥尼接过了斯福尔扎的衣钵，现在是半岛上最优秀的雇佣军指挥官。很明显，此举是威尼斯人蓄谋已久进攻佛罗伦萨的准备动作。雪上加霜的是，皮耶罗还了解到皮蒂和"山丘党"正在密谋夺权。

无奈之下，皮耶罗派使者前往米兰求助于加莱亚佐，恳求他尽快派米兰军队前来援助。但他同时也觉得这希望十分渺茫。他决定尽快返回佛罗伦萨——如果要召集"平原党"并团结佛罗伦萨市民对抗内忧外患，他需要坐镇美第奇宫进行指挥。

一段时间以来，皮耶罗的痛风已经较为严重，以致无法行走。在一队武装保卫的陪同下，他被抬出卡雷吉别墅。与此同时，17

岁的洛伦佐带着一群家臣骑马开道，以确保道路畅通。就在洛伦佐向城门方向开进时，附近田里的一些农夫提醒他，他们注意到一大群士兵经过，准备在更远的地方伏击。洛伦佐立即飞马回去报告父亲。于是，皮耶罗命令随从抬着他走小路绕过伏击，从另一扇门进入城市。洛伦佐挽救了父亲，至少在当时看来是这样。

皮耶罗刚到达美第奇宫，就得知费拉拉侯爵的军队正在向这座城市进发。皮耶罗与顾问们紧急商议，列出一份认为可以依靠的支持者的名单，以及另一份明确已知支持"山丘党"的名单。令人吃惊的是，许多名字在两个名单上都出现了。那么他们到底可以依靠谁呢？正当此时，米兰大使尼可德莫·特朗凯蒂尼（Nicodemo Tranchedini）抵达了美第奇宫。特朗凯蒂尼曾是一名作战士兵，据同时期的佛罗伦萨编年史家马可·巴伦蒂（Marco Parenti）的记录，这位大使到达后立即开始行动，"在窗户上方架设脚手架作为城垛，准备好许多石块和其他战斗武器，并派武装的士兵把守着美第奇宫周围的街道"。特朗凯蒂尼还带来了一些意想不到的好消息：米兰公爵加莱亚佐回应了皮耶罗的请求，并派两千名援军向佛罗伦萨进发。特朗凯蒂尼指挥的部队"还占领了圣加罗门*，以接应自己人的队伍入城，其他人则会被拒之门外，以确保敌人无法进入"。

与此同时，皮耶罗派人买光了面包店里的面包和酒铺里的酒，并全部放置在美第奇宫前的桌子上，以获取更多市民的支持。

回到未完工的皮蒂宫，"山丘党"的领导人得知他们的伏击失

---

* 译注：佛罗伦萨城门之一。

败了；又得知皮耶罗已经安全藏身于美第奇宫并有重重卫兵保护，他们一时没了主意；然后发现美第奇的支持者们已经夺取了城门并锁了起来，以防止费拉拉侯爵及其军队入城。许多历史学家认为，夺取城门钥匙是关键的一步，事情开始朝着有利于美第奇家族的方向发展，但同时也标志着美第奇再次走上不归路。此前，该家族可能算是暗地里破坏了选举制度，但从未直接将法律掌握在自己手中，因为根据城市法规，"佛罗伦萨城门的钥匙必须由首席执政官保管"。这不仅仅是一个象征性的转折点，也是一个现实的转折点。据巴伦蒂和其他人的说法："仅此一项行为，就让皮耶罗成为了这座城市的独裁者。"

事情仍在继续发展。听说费拉拉侯爵和军队无法入城，"山丘党"决定主动采取行动。他们的领导人骑马穿过城市街道，高呼着"人民与自由"的口号（佛罗伦萨市民反对统治者的传统集会的口号），试图拉拢和怂恿民众。

尽管听到如此激动人心的呼吁，但恐惧的民众大部分仍在家中闭门不出。有些人已经没有面包可吃了，听说美第奇宫前的桌子上摆满食物后，许多人很快就出门前往那里，吃饱喝足后，他们被鼓励高呼美第奇的口号："Palle！Palle！Palle！"①

---

① "Palle"的字面意思是"球"，指的是出现在美第奇家族纹章中黄色背景上的六个红球。但这些球的确切含义是有争议的。有些人声称此处的"palle"选取的是"药丸"的意思，因为"medici"（美第奇）意为"医生"，家族最初可能与这个职业有联系——或者至少是药剂师。其他人坚持认为，这六个球是从交易行会（Arte del Cambio）的纹章复制而来的，美第奇家族是这一行会的成员。不过随着美第奇家族纹章在随后几年中的变化，球的数量和颜色也发生了变化。

在接下来的几天里，米兰的军队和费拉拉侯爵指挥的军队在城墙外发生了紧张的对峙，后来费拉拉侯爵撤退了。"山丘党"的政变以未遂告终，美第奇家族的权力进一步得到巩固①。此时皮蒂只是一个可怜的老人了，他跪在昔日朋友的脚下乞求原谅。皮耶罗原谅了他，但其他领导人，如纳尔迪、内罗尼均被当局判处死刑，但皮耶罗认为宽大处理是更好的选择，他们的刑罚最后被减为只是终身流放。

＊　　＊　　＊

在皮蒂政变未遂的次年，卢克莱齐娅·德·美第奇（原姓托纳布尔尼）前往罗马，评估克拉丽丝·奥尔西尼是否适合做她未来的儿媳。洛伦佐早些时候访问罗马期间，曾在奥尔西尼宅邸的社交场合遇到过当时16岁的克拉丽丝。洛伦佐的母亲称赞高个子、红头发的克拉丽丝："我认为罗马目前没有比这更漂亮的女孩适合结婚

---

① 皮耶罗后来声称，在前往佛罗伦萨的途中，费拉拉侯爵的一个士兵小队试图伏击他，正是这种对生命的威胁促使他拿起武器——最终击败了皮蒂和"山丘党"。一些历史资料表明，对皮耶罗的伏击要么是虚构的，要么是经过精心策划的，米兰大使适时抵达美第奇宫等事件在一定程度上强化了这一观点。就像经常发生的那样，这个故事也有几个不同的版本。从我最初在2003年出版的《美第奇家族：文艺复兴的教父》（*The Medici：Godfathers of the Renaissance*）一书中写到这些事件以后，经过更广泛的研究，我的观点已经改变了。不同的"事实"使得事件中几个主角的动机真假难辨。皮耶罗是否真的是被迫拿起武器？还是他为了巩固美第奇的势力而导演了这一切？

了。"实际上，美丽在这桩婚姻中无关紧要，重要的是婚姻的缔结将意味着两个王朝的联盟。

两年后，1469 年 6 月，20 岁的洛伦佐·德·美第奇和 19 岁的克拉丽丝·奥尔西尼在佛罗伦萨正式结婚。克拉丽丝带来了令人叹为观止的嫁妆和礼物，总价值相当于 1 万弗罗林。更重要的是，她在佛罗伦萨的银行家族美第奇和强大的罗马贵族奥尔西尼之间建立了联系。为此，整个佛罗伦萨进行了为期三天的公众庆祝活动。

庆典始于 1469 年 6 月 4 日星期日早上，当时克拉丽丝·奥尔西尼骑着新郎赠予的白马，缓缓来到拉尔加路。围观的人群充满了好奇和敬畏，目睹她带领着三十名伴娘（佛罗伦萨的每个主要家族都要出一名）的长队。克拉丽丝身穿一袭白色连帽长袍，丝绣的金线闪闪发光，吹小号和长笛的传令官沿路陪伴。街道两边的建筑物都装饰着鲜花和彩旗。当队伍到达美第奇宫时，克拉丽丝下马，并穿过橄榄枝（象征生育）搭成的拱门进入美第奇宫。宫殿悬挂着鲜艳的挂毯，展示着美第奇和奥尔西尼的家族徽章。

一位目睹了这一事件的匿名编年史家记载称："在举行婚宴的豪宅内，每一位到来的尊贵客人都立即被引进一楼的大厅……平民没有被邀请。"随后几天，在美第奇宫的庭院、花园和凉廊上举行了几场宴会，提供野猪和乳猪以及大量家禽肉类，以及约 300 桶最好的托斯卡纳葡萄酒，还有蛋糕、果冻、杏仁糖等。当客人用餐时，吟游诗人在阳台上为他们唱小夜曲。

庆祝活动一直持续到星期二，当天在附近的圣洛伦佐教堂举行了隆重的弥撒——这座属于美第奇的教堂是以该家族的守护圣人的名字命名的。新娘在仪式中领取到一本时祷书*，用镶满水晶的银质封面装订，价值约 200 弗罗林。似乎这些事件的目击者知晓每件物品的确切价格。

根据罗马风俗，克拉丽丝只接受过传统的女性教育：跳舞、唱歌和社交礼仪。但洛伦佐拥有与许多佛罗伦萨年轻人一样优秀的才智，了解最新的人文主义思想，欣赏美第奇"家族艺术家"创作的高级艺术，并且能够写诗，其诗中的技巧和情感在他去世后很久仍被人们赞赏。新娘和新郎之间的这种差异似乎并没有让固执己见的洛伦佐感到困扰，他写道："这种缺陷在女性中是普遍存在的，让人无法忍受的是她们看待一切时的那种矫揉造作。"

就克拉丽丝而言，她仍然坚信自己贵族出身的优越性，认为与她的故乡——永恒之城罗马相比，佛罗伦萨只不过是一个花样比较多的闭塞之地。随着时间的推移，两人都要不断做出让步来适应伴侣的习惯和意见，都付出了相当大的努力来维持当时意大利正常婚姻的面貌。克拉丽丝和洛伦佐持续生育了不少于十个孩子（其中三个死于分娩）。他们经常因公务需要而分离，通信中透露着一些八卦的玩笑和俏皮的讽刺。正如克拉丽丝有一次写道："如果你有任何非国家机密的消息，请写信告诉我。"

然而，洛伦佐的知识分子和艺术家圈子对克拉丽丝却礼貌欠奉——她被认为是浅薄无知的，经常被人轻视。但当这种轻视变成

---

　　*　译注：中世纪基督徒的祈祷书。每一本时祷书的手稿都非常独特，但是大多数都包含相似的文本，是祷告和诗篇的集合，而且通常会带有精美的装饰。

粗鲁的态度时，洛伦佐会第一个站在妻子身边警告他的朋友，甚至有时将他们驱逐出美第奇宫一段时间让其反思。与此同时，洛伦佐利用他的影响力确保克拉丽丝的哥哥里纳尔多被任命为佛罗伦萨大主教，美第奇家族和奥尔西尼家族之间的关系得到了进一步加强。

　　洛伦佐与克拉丽丝结婚仅六个月后，皮耶罗终于在生命最后几年使他痛苦不堪的瘫痪状态下去世。20岁的洛伦佐接受执政团的邀请成为城邦的领袖。"共和国"现在已经名存实亡，美第奇家族确保他们选定的人在所有主要行政机构中任职。洛伦佐会为这种情形辩解，解释他愿意"照顾"这座城市的真正原因是："我这样做是为了保护我们的朋友和财产，因为在佛罗伦萨，任何有钱但对政府没有控制能力的人都会让城市陷入混乱。"尽管这些话表现出直白自私的实用主义，但洛伦佐决不仅仅是一个自私的统治者。必要时，他会将自己与佛罗伦萨视为一体。从积极意义上说，他将城市的兴衰视为关乎自己存亡的事；但如果从更苛刻的角度看，他将城市的资产视为自己的资产。正如我们将要看到的，在一些重要的场合，这两种动机本质是相同的。

＊　　　＊　　　＊

　　尽管美第奇家族掌权，但佛罗伦萨的政治从未停止动荡。和以前一样，这兴许是民主精神的暗涌。无论实际的"民主进程"已经变得多么刻板，佛罗伦萨市民的内心始终保持着共和精神。政治动荡在文艺复兴早期一直是恒定存在的背景因素，在"伟大的洛伦佐"统治期间，即文艺复全面兴盛的时期也依然存在：古希腊雅典时期的社会情形再次不可思议地重现了。在内部政治动荡和外部威胁迭起的背景下，西方文化最伟大的转变之一持续发生着。

早在 1470 年春天，城市北部的普拉托就发生了起义，是由迪奥蒂萨尔维·内罗尼和其他几个"山丘党"流亡成员领导的。他们与一队武装士兵一起占领了普拉托，据传他们计划进一步向佛罗伦萨进军。听到这个消息，执政团立即召集了城邦民兵，命令他们向普拉托进军。到民兵到达普拉托时，发现当地市长切萨雷·佩特鲁奇（Cesare Petrucci）已经迅速果断地行动起来，号召民众抓住叛乱起义的领导人。内罗尼设法逃脱了，但其他同谋被绞死在城市的主广场上。

这对洛伦佐来说是一个振奋人心的消息。佩特鲁奇的行动不仅拯救了佛罗伦萨，而且还表明了城市近郊的人民是多么坚定地支持美第奇统治。洛伦佐在这次事件中注意到了佩特鲁奇，并为他规划了未来的晋升，而此人原来并不是美第奇派系中的知名人物。美第奇家族经常发现一些"局外人"比本派系的成员更忠于家族事业。（具体到佩特鲁奇的情况，他肯定极有希望担任一段时间的首席执政官。正是他的勇敢行动在击败"帕齐阴谋"中发挥了关键作用，而这是一次对洛伦佐统治的最严重的威胁。）

洛伦佐上台后所做的第一件事，就是与长期担任美第奇银行总经理的弗朗切斯科·萨塞蒂（Francesco Sassetti）坐下来，仔细查看银行的分类账——以及那些能反映出更真实情况的"秘密账册"。

洛伦佐不是会计方面的专家，但在萨塞蒂的帮助下，他掌握了一些基本情况：当所有资本都汇总起来后，他"发现我们拥有 237 988 斯库迪"（当时约等于 23 万弗罗林）。在皮耶罗的小心经营下，银行在一定程度上从科西莫最后几年的大肆赞助中恢复和回血。即便如此，银行利润仍处于危险的状态。没有利润就意味着根本就没有足够的资金来维持美第奇的政治运作，更不用说维持意大利半岛上微妙的权力平衡，这种平衡是确保佛罗伦萨作为一个独立国家生存的前提。

洛伦佐邀请米兰公爵加莱亚佐对佛罗伦萨进行国事访问，以感谢他在平息"山丘党"叛乱时给予的帮助。加莱亚佐带着两千多名贵族、朝臣、仆人等随行人员抵达了佛罗伦萨。米兰的锦缎骑士、身着制服的士兵、猎鹰人，以及带来的五百只猎犬，构成了长到看不到头的巡游队伍，让佛罗伦萨市民眼花缭乱。接待如此庞大的代表团无疑花销巨大。与此同时，美第奇银行米兰分行在其精通业务的经理阿切利多·波蒂纳里（Acerrito Portinari，也是他的兄弟皮杰洛的继任者）的管理下，已经深度参与到米兰的国家财政中，也因此是为数不多利润有保证的分行之一。

加莱亚佐到访美第奇宫获得了巨大的成功。米兰公爵对洛伦佐宅邸那些装饰墙壁、楼梯和庭院的丰富艺术品印象深刻。米兰虽然拥有作为商业中心的荣耀和从丝绸贸易中获得的财富，但整体仍然是一座中世纪城市，几乎没有受到文艺复兴的文化变革的影响。宏伟的米兰大教堂就是明证，这座教堂是哥特式建筑的经典之作，拥有繁密的飞扶壁和众多错综复杂的尖塔。相比之下，佛罗伦萨大教堂清晰的线条和大理石立面更像是现代杰作,其高耸的穹顶是一项无与伦比的工程壮举。此外,为加莱亚佐的访问举办的奢华宴会和巡游表演所用到的拱门和舞台,均由洛伦佐圈子里最优秀的艺术家们创作,如波提切利和崭露头角的莱奥纳多·达·芬奇。

尽管这次米兰公爵访问让佛罗伦萨下了血本,但两城之间的关系并没有明显改善。意大利半岛上的政治局面仍然像以往一样艰难而分裂,佛罗伦萨对米兰的加莱亚佐的热情款待甚至不利于与另一个盟友那不勒斯的关系——为什么洛伦佐对像加莱亚佐这样的公爵如此慷慨?生性多疑的那不勒斯国王费兰特简直感到嫉妒。

与此同时,洛伦佐发现自己不得不定期举行昂贵而华美的巡游表演,以取悦民众。随着他的统治继续,美第奇银行的财务状况日趋恶化,洛伦佐迫切希望找到其他收入来填补金库。

长期以来,美第奇家族及其银行一直参与利润丰厚的明矾贸易。明矾是一种矿物盐,主要用于将鲜艳的染料固定在布料上。深红色的长袍、紧身连衣裤和袜子,以及精致的连衣裙,都需要用到明矾。因此,这种产品对于佛罗伦萨的纺织品贸易以及远至低地国家和英国的市场都是至关重要的。

明矾是一种稀有商品。欧洲主要的明矾矿于 1460 年在罗马西北约 30 英里的奇维塔韦基亚港附近的托尔法(Tolfa)小镇被发现。该镇属于教皇领地,教皇庇护二世立即控制了这些矿山,形成了对明矾市场的垄断。当时,美第奇家族还是教皇指定银行,罗马分行由经验丰富的乔瓦尼·托纳布尔尼管理。两年之内,托纳布尔尼就与教皇谈妥了明矾的独家经销权。明矾从托尔法镇的矿山运送到奇维塔韦基亚港，然后再由美第奇家族用船队运给北欧的代理商。只有美第奇银行有足够的专业知识和资金来经营明矾业务，他们能够单独负担起从意大利、西班牙到低地国家的长途航行所需的船队装备，也只有他们能承担因海难或海盗可能造成的任何损失。

令人惊讶的是，当威尼斯人保罗二世于 1464 年成为新任教皇，并且佛罗伦萨与威尼斯陷入敌对状态时，这项协议仍然存在。美第奇商业组织和船队在明矾的交易中似乎是不可或缺的。

关于明矾交易唯一可靠的信息都记录在美第奇银行的秘密账册中，现在已经丢失了。托纳布尔尼制作的公开账目纯粹是为了应付税务机关检查。据推测，最初明矾贸易每年可能带来超过 7 万弗罗林的收入（考虑到美第奇银行在 1420 年之前的二十三年间，全部利润是 151 820 弗罗林时，这显然是一笔巨款）。

然而，明矾贸易没能顺利持续下去。尽管托纳布尔尼在罗马尽全力确保明矾的价格和供应稳定，但美第奇银行在布鲁日的经理托马索·波蒂纳里（Tommaso Portinari）抱怨市场供过于求，他不得不降价出售明矾。托纳布尔尼怀疑波蒂纳里是在通过某些手段中饱私囊，并向在佛罗伦萨的总经理萨塞蒂报告。但波蒂纳里在布鲁日声望不错，与当地几位重要的贵族建立了牢固的关系。遥远的距离，邮件到达布鲁日所花费的时间，以及因此造成的对波蒂纳里的监管不力，意味着美第奇银行很快又回到了以前的无利可图的状态。不景气的明矾贸易和一份被迫向教皇支付大笔款项的合同，让这一切雪上加霜。

　　但局面很快就峰回路转了——1471 年，小镇沃尔泰拉（Volterra）的一个洞穴中又发现了一处稀有的明矾矿床，属于佛罗伦萨的领土范围，而且就位于城市西南约 30 英里处。沃尔泰拉当局最初将采矿特许权分配给一家由三名美第奇派系成员作为主要股东的公司，但很快就发现矿藏比之前估计的要大得多，因此又决定撤销先前的特许权，并将其重新签署给当地的财团。此举被佛罗伦萨的执政团否决，但当这一决定的消息传到沃尔泰拉时，一场骚乱爆发了——居住在该镇的几个佛罗伦萨人被杀，一个美第奇股东被扔出窗外，佛罗伦萨任命的当地市长试图在他的府中设置路障时被暴徒砍死。

　　时年 23 岁的洛伦佐已经具备相当的外交技巧，但他明智地决定不立即采取行动。他征求执政团的意见，得到一句古老的佛罗伦萨谚语作为回答："瘦弱的和平也强于丰腴的胜利。"洛伦佐本来倾向于同意维持和平，但他随后得知内罗尼和其他被流放的"山丘党"成员与沃尔泰拉叛军取得了联系。内罗尼希望与沃尔泰拉签署一项秘密协议，一举将"美第奇家族毁灭"。洛伦佐立刻明白动用武力是在所难免了：如果沃尔泰拉打破了佛罗伦萨的统治，其他城市很可能会效仿；如果托斯卡纳分裂成各个独立的小城邦，那佛罗伦萨的美第奇家族也会随之垮台。

　　洛伦佐雇佣了乌尔比诺领主费德里科·达·蒙特费尔特罗的雇佣军，军队向沃尔泰拉进发，很快就包围了小镇。四个星期后小镇投降，打开城门让蒙特费尔特罗的军队进入。但此时蒙特费尔特罗失去了对部队的控制，士兵们在镇子里横冲直撞，烧杀抢掠①。

当这残忍而恐怖的消息传到佛罗伦萨时，洛伦佐大惊失色，立即出发前往沃尔泰拉。到达后，他发现小镇已被摧毁，断壁残垣在冒着烟，街道上散落着残破的肢体；剩下的幸存者赤身裸体四处逃窜，躲避在树林里。洛伦佐承诺捐出两千弗罗林来重建这座城市。然而，根据马基雅维利在《佛罗伦萨史》中的说法："佛罗伦萨人非常高兴地收到了胜利的消息，因为这完全是洛伦佐的功劳，他因此声望日盛。"

矛盾的是，这一事件既代表了洛伦佐作为佛罗伦萨统治者的危机时期，也是他的高光时刻。而且，这样的惨剧也并不是他当权23年间的最后一次。

---

① 从技术上讲，根据当时广为接受的"战争规则"，当一个城市被围困时，围攻部队的指挥官会给市民们投降的机会。如果投降被接受，就不会对市民进行伤害。但如果市民拒绝投降，希望比围攻者坚持更久以待援军抵达，那么围攻者在攻占城市后有权获得他们所能取得的一切。实际情况中，被围攻的城市通常会被迫将战利品交给入侵者，但屠杀是很罕见的。

第十三章　莱奥纳多·达·芬奇

在洛伦佐充满魅力的知识分子圈中，那些从这里开始自己艺术生涯的天才们似乎都分享着某种相似的、难以界定的"模糊"特质。

莱奥纳多·达·芬奇，虽然他在日后会与公爵甚至皇室成为朋友，但出身却只是一个私生子，操着明显的乡下口音。如果说他受过教育，那也只是为文员们开设的中世纪式的算盘学校；早年他甚至没有学习过拉丁语，更不用说接触新的人文主义思想了。作为一名早熟的年轻艺术家，他很快就因常常将委托画作半途而废而闻名。

在他的一生中，更多的"模糊"之处比比皆是。在艺术能力达到顶峰的时候，他选择彻底放弃绘画，转而追求军事工程师的行当。在一个禁止解剖人体的时代，他探索人体解剖学到了前无古人的细致程度，然而他的任何发现都未对医学发展产生影响，因为这些秘密都一直隐藏在他的私人笔记本中。当人们准备把这些笔记本拆开零售时，秘密散落一地——这一切比佛兰德医生安德烈·维萨里（Andreas Vesalius）的《论人体结构》（*De Humanus Corporis Fabrica*）早半个多世纪，正是维萨里开创了现代解剖学。

莱奥纳多的许多类似"首创"都因为差不多的原因没能造福人类，包括飞行器、水下呼吸器、坦克、闸门、时间和运动研究、机枪……不胜枚举。艺术史学家海伦·加德纳（Helen Gardner）说："莱奥纳多在他那个时代是众所周知的雕塑家和建筑师，尽管他的雕塑都没能幸存，也没有任何实际的建筑是直接来自他。"她甚至提出，建筑师多纳托·布拉曼特（Donato Bramante）"为罗马圣彼得大教堂绘制最初的设计草图时，在记忆中参考了莱奥纳多的设计"。在她看来，莱奥纳多的"思想和个性在我们看来是超乎常人的，而他本人对我们而言［仍然］是神秘而遥远的"。

这一个性在他最著名的作品《蒙娜丽莎》中得到了最鲜明的体现，画中人物脸上神秘的微笑似乎流露出一些我们永远也无法完全掌握的内心情感。这幅画在现代被视为他的杰出代表作，但在当时只是一幅未完成的作品（至少在他看来）。他不断痴迷地改进着这幅画；如果他没有死，肯定会继续这种对完美的不懈追求，那我们今天可能会看到一张略有不同的面孔。他留给我们的是永远未完成的肖像，因为艺术家本人始终对取得的效果不满意。他试图在其中表达关于自我的奥秘——他的自我和人类的自我。莱奥纳多在晚年的流浪岁月中，所到之处一直都带着这幅画。1516 年他已经年迈，最后一次穿越阿尔卑斯山向北前往法国时，甚至将这幅画小心地打包在一车财产中运走。他 67 岁时在法国过世，死在朋友法国国王弗朗索瓦一世（Francis Ⅰ）的怀抱中。

　　莱奥纳多·达·芬奇，1452 年出生于佛罗伦萨以西约 15 英里的托斯卡纳小镇芬奇附近的乡村。他的父亲皮耶罗·达·芬奇爵士是一位受人尊敬的佛罗伦萨公证人，母亲是一位名叫卡特琳娜（Caterina）的当地妇女——可能是樵夫的女儿，也可能是中东血统的奴隶①。莱奥纳多似乎与母亲关系密切，但除此之外，他孤独的童年大部分时间都是在乡下漫游。多年后他在笔记本上写道："当你独自一人时，你就完全是你自己；如果你有一个人陪伴，你就只是你自己的一半。"

　　直到 14 岁他才去了佛罗伦萨，受雇于艺术家兼雕塑家安德莱亚·德尔·韦罗基奥（Andrea del Verrocchio），后来成为他的学徒，韦罗基奥以前的学徒还包括波提切利和吉兰达约。韦罗基奥将他大部分的工作交给学徒完成。在这样的挑战和高期望的激励下，莱奥纳多的才华和技艺突飞猛进，他还掌握了新的油画技法。

　　这种新颖的绘画方法在文艺复兴时期的艺术中发挥着至关重要的作用，诞生自遥远的北欧，比文艺复兴的影响到达该地区还要早

---

　　① 　意大利人类学家路易吉·卡帕索（Luigi Capasso）研究了莱奥纳多遗留在一本笔记本中的清晰的左手食指指纹，并声称："我们在这个指尖上发现的指纹，适用于 60％的阿拉伯人，这表明他的母亲可能是中东血统。"

几年。根据瓦萨里的说法，将粉状颜料与亚麻籽和其他油类混合的技术是由佛兰德兄弟扬·凡·艾克（Jan van Eyck）和休伯特·凡·艾克（Hubert van Eyck）1420 年左右发明的。现代证据表明，这种方法出现的时间可能更早，还涉及多层绘画和广泛使用釉，但可以肯定地说是由凡·艾克兄弟发明的①。

以前的画家更喜欢蛋彩画或壁画，其中的颜料是由水和蛋黄等黏性材料混合而成的。在蛋彩画中，画家将油彩涂在干石膏或木板上。在壁画中，油漆被涂在湿石膏上。在这两种情况下，油漆都很快变干，很难在不模糊的情况下进行绘画。油画则没有这些缺点；它也可以涂成厚层，使画面能够呈现深度、颜色和光线的微妙之处，以及精确度或暗示性。

与此同时，艺术家们开始使用画布，其优点之一是更便于携带。越来越多的富商可以委托画家们在帆布上作画，然后将它们挂在家里的墙上。在此之前，艺术作品主要受教会委托，这意味着画家要在墙壁、祭坛和教堂里作画，并主要描绘宗教场景。油画的出现鼓励了世俗艺术的发展，尤其是肖像画。

莱奥纳多早年以对绘画的痴迷、对颜料和油彩进行狂热实验的兴趣而闻名，他似乎是想努力发现更完美的油彩应用方法。但这种对材料进行实验的习惯，给他后来的许多画作带来了毁灭性的问题。

---

① 由扬·凡·艾克和休伯特·凡·艾克在 1420 年到 1432 年间绘制的《根特祭坛画》，被许多人认为是第一幅完整的油画。

众所周知，莱奥纳多在韦罗基奥的大型作品《基督受洗》
（*Baptism of Christ*）中给予了协助，这是我们能找到的莱奥纳多
的最早画作。人们认为他负责的部分是场景左侧捧着基督长袍的天
使以及背景，这似乎让人联想到他在家乡芬奇附近的阿诺河谷中独
自徘徊的身影。画面上还有几处显而易见的莱奥纳多的笔触。虽然
波提切利在人体解剖学结构上很薄弱，但年轻的莱奥纳多已经精通
了这项技能。波提切利经常用长袍来掩盖人物的身体，而莱奥纳多
则巧妙地暗示了衣服下面呈跪姿的天使的身体。在达·芬奇的传记
作者塞尔吉·布拉姆利（Serge Bramly）看来，达·芬奇所画的天
使的脸"闪耀着在佛罗伦萨之前完全不为人知的光芒"。（莱奥纳多
在这件作品的部分是用油彩画的，而韦罗基奥的是蛋彩画。在这个
阶段，莱奥纳多的"实验"完全成功，也有助于他发展自己的独
创性。）

根据瓦萨里的说法，当韦罗基奥看到莱奥纳多描绘的天使捧着
基督的衣服时，他被这位学徒精湛的技术折服，自己发誓再也不作
画了。这当然是一个传闻，尽管这一事件很可能标志着莱奥纳多早
早晋升为韦罗基奥的首席助手。大多数历史资料都认为，韦罗基奥
的《基督受洗》开始创作于 1472 年左右，之后韦罗基奥将莱奥纳
多的名字列入了画家公会——圣卢克公会的成员名册中。

大约在这个时候，我们开始了解到莱奥纳多与"伟大的洛伦
佐"开始接触。在为米兰公爵加莱亚佐访问佛罗伦萨做准备时，洛
伦佐不遗余力地确保宫殿四处焕然一新。韦罗基奥的工作室受委托
重新装修美第奇宫的客房，其中大部分任务委托给了莱奥纳多。他

还负责设计一些在访问期间进行的巡游和展示。此类娱乐活动常需要表现各种特殊效果，根据瓦萨里的说法，错视效果的寺庙，柱子上绘有金色和银色的人物；画作的天空中"画满了各种动物，灯光闪烁，动物们也若隐若现"。表演还包括燃放烟花，烟花是14世纪从中国引进的。只不过巡游到最后陷入混乱，烟花点着并烧毁了进行表演的教堂。

尽管佛罗伦萨市民最初对加莱亚佐公爵和他庞大的异国风情的随从队伍感到眼花缭乱，但很快也对大量涌入的士兵产生了警惕。佛罗伦萨没有常备军，市民们不习惯全副武装的战士在街上大摇大摆地走来走去，更不用说他们还有些不守规矩的行为。同样消退的还有对衣冠楚楚的米兰朝臣和仆从的新鲜感。为什么洛伦佐对这些人给予如此夸张的款待？这些米兰的陌生人做了什么值得受到这样的欢迎？佛罗伦萨民众一如既往地迷信，很快就将烧毁教堂的大火归咎于米兰人。这些外国人已经大肆吃喝了多日，尤其现在到了"大斋节"，他们本该吃素的。

当地人自己的行为也难免受到影响，马基雅维利对当时社会大众行为转变的描述非常典型：

> 城市中出现了和平时期常见的那种散漫：年轻人更加自我，在衣服、宴会和放纵取乐上出手阔绰。他们过着无所事事的生活，把时间和金钱花在游戏和女人上；他们唯一的顾虑就是如何以华丽的服饰、优美的口才和机智的头脑来超越别人……随着米兰公爵宫廷访问团的到来，这些恶习变得更加糟糕……公

爵会发现这座城市已经被青年们阴柔的举止腐化，与他所了解的共和政体相反，他的到来将这一切推向更可悲的腐败境地。

尽管佛罗伦萨制定了详细的奢侈品法，规定了不同阶级和女性应佩戴的饰品和适当的服装，但在此期间这些规定越来越被搁置。洛伦佐和他的知识分子圈子肯定对这种违规行为感到内疚。似乎莱奥纳多也不例外。他在洛伦佐的朋友中不算很亲密的，甚至差不多徘徊在这个群体的边缘。他所受的有限的教育以及完全不懂拉丁语的缺陷，将他排除在柏拉图主义者菲奇诺和人文主义诗人波利齐亚诺等人进行的哲学和人文主义辩论之外。尽管莱奥纳多肯定会对伟大的阿尔贝蒂的断言感到鼓舞，例如："一个人可以做任何事，只要他愿意。"

即便如此，莱奥纳多还是感到被排斥了。他缺乏正规教育、社会道德的教化和外在形象的自信，使得他无法在这样的环境中大放异彩。他深信自己可以做任何事，将野心和自尊深藏内心，认为自己不亚于这些耀眼人物中的任何一个。但他又很羞怯，只有在独处时才能完全释放自己的天性。

莱奥纳多因为自己性格上的矛盾而采用了一种典型的心理伪装。为了掩饰害羞，他在日常穿着中是"孔雀男"的风格。他不会直接参与到喧嚷的辩论中，而是在远处默默吸引人们的注意。年轻而不善交际的莱奥纳多以这样的典型形象，给人们留下了沉默寡言和红头发的华丽形象。他低沉而轻柔的声音是为了掩饰"乡下人"口音；彬彬有礼的举止是为了弥补自己缺乏的"良好"教育。到了晚年，当乡音已经完全听不出来，靠自己博学的知识和天才的技艺已经成为传奇的时候，他的举止仍留有一丝自卑的痕迹，忍不住通过各种方式表达自己。莱奥纳多可能不像马基雅维利所批评的那些浮华的年轻人那样"无所事事"，但他确实表现出了"宫廷的阴柔气质，与共和政体完全相反的气质"。

莱奥纳多最终为此付出了代价。很难说他行为中的同性恋气质究竟有多么明显。在他内容庞杂而隐秘的笔记中，他对"性"只做过非常罕见的隐晦提及："生育和任何与之相关的行为是如此令人作呕，如果没有漂亮的面孔和性感的气质，人类很快就会消亡。"

虽然人们在违反某些法律后——比如奢侈品法——比在遵守时更受尊重，但同性恋在佛罗伦萨是违法的。莱奥纳多因此遭到曝光和指控。整个文艺复兴时期，佛罗伦萨领主宫外的墙上都设有一个信箱：那些心怀委屈或目睹不法行为的人可以在这里进行秘密告发。1476 年，当莱奥纳多还在韦罗基奥的工作室时，有人匿名指控某位艺术家的模特贾科布·萨尔塔莱利（Jacopo Saltarelli）"参与了许多可耻的罪行，并同意取悦那些要求对他做出邪恶行为的人"。在那些"要求"萨尔塔莱利做出可耻行为的人中，莱奥纳多和托纳布尔尼家族的一名成员一起被提名。至少从理论上讲，那些被判定了任何形式的"同性恋"罪名成立的人（甚至包括为避免生育更多孩子而鸡奸妻子的男人）都可能被判处死刑。这种惩罚很少真的被执行，但仍然会令人感到恐惧。

莱奥纳多这一次受到的指控没有被追究，但几乎可以肯定他受到过"伟大的洛伦佐"的恩惠。不仅洛伦佐自己偶尔倾向于这种做法，考虑到托纳布尔尼家族长期以来与美第奇家族的密切联系（洛伦佐的母亲也来自托纳布尔尼家族）也极有可能。这次指控吓坏了莱奥纳多，但他后来的行为似乎证明了传记作者迈克尔·怀特（Michael White）的观点，即"毫无疑问，他仍然是一名同性恋者"。

　　尽管莱奥纳多内向拘谨，但有资料表明，有至少一位佛罗伦萨知识分子对他产生了决定性的影响。莱奥纳多在笔记中多次提到了一位"大师帕格罗医生"（maestro Pagholo medico），一般认为是指保罗·托斯卡内利——著名的地图收藏家，他为探索新世界的旅程贡献良多——那时应该已经七十多岁了。托斯卡内利的学识和年龄无疑让他担得起"大师"的称号，而且我们知道他学过医学，因此莱奥纳多将他称为"医生"。托斯卡内利是韦罗基奥的密友，因此有充分的机会见到莱奥纳多，并鼓励他开始研究后来记录在他秘密笔记本中的科学兴趣①。托斯卡内利的地图和他对异国情调的远方的谈论，似乎也对莱奥纳多产生了鼓舞。

---

　　① 用"秘密"这个词形容可能太强烈了。目前尚不清楚莱奥纳多保存了多少速记本，他有在本子上画草图和书写的习惯。一些草图的含义是显而易见的，但"编码"文字乍一看就不那么容易破译了——只是不太容易，但并非不可能——毕竟，莱奥纳多的编码方式只是镜像书写。意思是从右到左书写（对于像莱奥纳多这样的左撇子来说很容易），将每个单词的字母从后往前写，这样语句的含义只有在将镜子对准文本时才容易一目了然。一些学者认为，这样的写法是为了防止那些漫不经心的好奇和偷窥，因为任何有毅力和智慧的人很快就会破解编码。那么为什么莱奥纳多要使用镜像写作呢？通常的答案是，他想防止其他任何人窃取他的创意。正如我们所见，在这一历史时期还没有明确的版权概念，发明和想法可以给发明者带来工作机会，或一次性买断的收入。这是较为合理的解释。而这样的写作似乎也反映了莱奥纳多复杂心理的一个方面。

莱奥纳多的笔记中有几篇关于国外航行的长篇描述，最初使一些人相信他确实进行过这些旅程，尽管一些描述带有明显的幻想风格。当时的旅行者经常在他们的真实描述中插入这样的故事，就像地图制作者有时在地图中插入神话中的海怪形象一样。

莱奥纳多其中的一次航行描述，是以一封信的形式写给一位名叫贝内代托·戴依（Benedetto Dei）的佛罗伦萨商人，后者确有其人，并且以广泛的旅行经验著称。莱奥纳多在给他的信中讲述了"来自东方的消息"，一个眼睛布满血丝并长着"最可怕的脸"的黑人巨人，吓坏了北非当地人。"他住在海里，以鲸鱼、巨兽和船只为食。"人们试图杀死巨人，像蚂蚁一样爬上他的身体，"他甩甩头，那些人便像冰雹一样在空中飞了出去"。这个故事涉及莱奥纳多反复关注的某类事情：破坏、洪水、怪物等灾难性场景。

他本人似乎经常卷入这类事件中。有一次是被一个巨人吞没："我不知道该说什么或该做什么，我发现自己似乎头朝下游动着穿过那强大的喉咙，一直掉落到那个巨大的肚子里，在死亡的阴影中。"在平静的外表下，或者说在他经常通过画作传达出的平静之下，莱奥纳多似乎仍被潜意识中涌出的黑暗困扰。多年来，人们对他的作品进行了各种分析和心理解释，但仍然难以捉摸他的心思。可以说，驱使他创作的冲动也使他受到负面情绪的困扰。也许正是这些原因，再加上完美主义和他对绘画材料不断实验的强烈兴趣，导致他总是完不成那些在他看来尚未完成的作品。

莱奥纳多写作中频繁的增删，似乎表明他试图保持一种有趣的虚构叙事，并设置悬念，引人好奇。在一封写给"叙利亚的副首相，神圣的巴比伦苏丹中尉"的"信"中，他描述了安纳托利亚南部的托罗斯和幼发拉底河，甚至还附有地图。其他提到的还有前往红海、尼罗河、直布罗陀甚至英国的旅行。他在某一次旅行中甚至做了深刻的科学观察："我在海上，与水平的海岸和一座山的距离相等时，水平的海岸似乎比山远得多。"

真实程度较高的是一个关于他攀登阿尔卑斯山某个 14 000 英尺山峰的故事，应该写于 1480 年代初他开始在米兰的生活时期。他描绘了对山顶景色的敬畏之情——闪光的冰川，银色丝线般的溪流——以及他如何俯视"灌溉欧洲的四条河流"，即莱茵河、罗纳河、多瑙河和波河。在这里，他所处的高度可能是一个半世纪前彼特拉克攀登的风涛山的两倍多。

这个故事可能包含着一些真实的元素，从那些拜访托斯卡内利的旅行者们讲述的故事基础上继续进行夸张。对这样的壮举的想象，很可能激发了莱奥纳多建造飞行器的想法。

正是这种充满冒险、超越已知的风格，使莱奥纳多的思想与众不同。尽管在他有生之年或去世后，他那些构造奇妙的"机器"很少能真正以实体形式被制造出来，但它们对于我们理解文艺复兴至关重要——文艺复兴到底是什么，在人类思想中引发了什么。莱奥纳多的草图就是现代科学起源的富有想象力的蓝图——来自最早的现代科学家之一的内心。在莱奥纳多的《蒙娜丽莎》中，我们看到了他对表达内在思想的尝试；在莱奥纳多的笔记本中，我们看到了人类精神进化史上前所未有的关键时刻，历史上最有创造力的头脑之一的思维过程。

因此，可以说托斯卡内利在佛罗伦萨起到的鼓舞人心的作用，至少体现在那个时代两个最重要的方面：首先，亚美利哥·韦斯普奇的远航探险和明确了美洲大陆实际上是一个新世界的认识；其次，莱奥纳多对环绕在身边的世界想要探寻究竟的内在冲动。

根据当时某位称为"匿名的加蒂亚诺"的佛罗伦萨编年史家记载，莱奥纳多被洛伦佐招至麾下，于1480年住进美第奇宫。因此，人们经常能看到莱奥纳多在圣马可广场附近的花园里工作，就在宫殿的拐角处。这个"花园"其实是一片开阔的土地，美第奇家族在这里存放他们收集的古罗马雕像和碎片，最初是科西莫·德·美第奇的朋友多纳泰罗为其进行挑选。花园里有一个亭子，被多纳泰罗的前学生、年迈的贝托尔多·迪·乔瓦尼（Bertoldo di Giovanni）用作雕塑学园。在炎热的夏天，学生们聚集在亭子附近，坐在树荫下，对散落在花园里的雕塑和碎片进行素描。这也是洛伦佐和他的知识分子朋友们的聚会场所，他们在那里聆听经典作品的朗读，并就人文主义进行辩论（这些聚会，以及其他在美第奇乡村别墅举行的聚会，就是通常被称为佛罗伦萨学园的组织进行的活动）。

莱奥纳多很可能就是在这些聚会中第一次遇到波提切利。波提切利比莱奥纳多大七岁，正处于其艺术能力的巅峰时期。尽管他们的气质不同，但还是成为了亲密的朋友。莱奥纳多其时已经离开了韦罗基奥的工作室，并在父亲皮耶罗·达·芬奇爵士的帮助下建立了自己的工作室，开始独立接受委托任务。这些委托可能来自他注册的圣卢克公会，但更有可能是由于他与洛伦佐的交情。

与父亲和祖父不同，洛伦佐很少为自己委托创作艺术作品，主要也是因为美第奇银行的财务始终岌岌可危。但他不遗余力地鼓励其他人对"他的"艺术家发出委托邀请。这就是他的堂兄洛伦佐·迪·皮耶尔弗朗切斯科·德·美第奇委托波提切利创作的缘由，很可能也是 1478 年莱奥纳多受委托为领主宫的教堂绘制祭坛画的原因。三年后，莱奥纳多还受托为当时位于城市西墙外的"圣多纳托"多明我会绘制《贤士的崇拜》（The Adoration of the Magi）。

据资料记载，为了准备作画，莱奥纳多研究了悬挂在新圣母玛利亚教堂内的同一主题的波提切利画作。人们认为波提切利的作品对莱奥纳多的整体构图产生了影响，但除此之外几乎没有其他影响。虽然他和波提切利是朋友，但莱奥纳多对后者的画作批评起来毫不留情，尤其是波提切利未能使用透视和对背景细节缺乏关注。

莱奥纳多为《贤士的崇拜》画了几幅草图，增添了波提切利作品中缺乏的现实元素。他着力强调三位智者在朝拜初生的基督时那种纯粹的敬畏之情。而波提切利更专注于描绘美第奇家族的各个成员，我们可以通过他们特有的姿势来识别这些人。例如，年轻的洛伦佐双手握在剑上，塑造了他拯救父亲皮耶罗的英雄形象。波提切利甚至画了自己，站在人群的边缘，凝视着观众。

正如前文所述，波提切利并不擅长描绘人物形体，喜欢用长袍遮盖或像在《维纳斯的诞生》中那样，用浓密的头发来掩盖这一点。但莱奥纳多决心发挥自己的优势。《贤士的崇拜》最初版本的草图中，人物都是裸体的。据他的传记作者沃尔特·艾萨克森（Walter Isaacson）说，这是因为他"开始相信阿尔贝蒂的建议，即艺术家应该从内而外地描绘人体，首先构思骨骼，然后是皮肤，最后是衣服"。

这些草图为复杂而内容广泛的画作场景奠定了基础。中心焦点是圣母，将婴儿基督抱在腿上，坐在棕榈树下。这棵树暗示了基督生命的最后阶段，他沿着一条布满棕榈叶的道路凯旋进入耶路撒冷。棕榈树也象征着他随后的死亡和复活。

这个中心焦点被包围在画作其他朝拜人物的"旋涡"中。在众多人物中有一个人像在画面最右侧，正是模仿波提切利在画作中的自画像。这个肖像是一个穿着斗篷的年轻人，但他的脸并没有像波提切利的自画像那样凝视观众；相反，这个阴暗而难以捉摸的人物凝视着圣母，斜向画面之外，仿佛在看我们看不到的东西，很难猜测这种淡漠的凝视想要表达什么。这个人物的面部轮廓鲜明，似乎证实了现代研究的普遍看法，即莱奥纳多年轻时拥有惊人的英俊相貌[1]。

该画的左侧背景是一片华丽的废墟，增添了鲜明的透视线。这座建筑据说曾是马克森提乌斯大教堂，根据中世纪的传说，它会屹立不倒，直到一位处女分娩，然后果然在基督诞生之夜倒塌了[2]。

这项雄心勃勃的作品具备一幅杰作所需的各种条件，然而最终仍然没有完成。据并不总是可靠的瓦萨里记载，莱奥纳多有一种

---

[1] 莱奥纳多最著名的肖像画中是大胡子的形象，应该是绘自他的晚年。因为人们认为他直到五十多岁才留胡子。

[2] 事实上，这座建筑是基督死后两个多世纪才建成。它是古罗马广场上最大的建筑，至今仍能看到令人印象深刻的遗址。这些与莱奥纳多画作中描绘的废墟并无多少相似之处，但却成为纽约市旧宾夕法尼亚车站的灵感来源。

"反复无常和不稳定"的气质，这导致他经常留下未完成的作品：
"他的艺术智慧使他承担了许多项目，但从未完成其中的任何一个，
因为他认为自己的双手永远达不到自己要求的完美。

　　他总是在创作中看到"如此微妙、如此惊人"的问题，尽管他
拥有无人匹敌的技艺，却无法完全解决这些问题。其他人则认为是
圣多纳托的多明我会修士拖欠付款，这就是在画中心怀不满的莱奥
纳多目光从现场移开的原因。

＊　　＊　　＊

　　在这段时期，多明我会修士并不是唯一手头拮据的人。佛罗伦
萨正值动荡，1478 年洛伦佐在被称为"帕齐阴谋"的暗杀企图中
幸免于难。暗杀行动由强大的帕齐家族幕后策划，并得到了教皇西
克斯图斯四世的秘密支持。暗杀失败后，帕齐和追随者被赶出城
外，但留下来的支持者仍是棘手的事情。在佛罗伦萨骚乱期间，比
萨大主教被公开吊死在领主宫的窗户上，死时仍然穿着教会长袍。
西克斯图斯四世得知这一消息后感到非常愤怒，随即将整个佛罗伦
萨教区除名，并没收了美第奇罗马分行的资产，共计约 1 万弗罗
林。然后他又召集盟友那不勒斯国王费兰特，集结军队向佛罗伦萨
进发。

　　与此同时，佛罗伦萨最值得信赖的盟友米兰自身也正处于混乱
之中。加莱亚佐公爵两年前被暗杀，现在他 11 岁的儿子詹·加莱

亚佐·斯福尔扎（Gian Galeazzo Sforza）的支持者与他的叔叔卢多维科·斯福尔扎（Ludovico Sforza）展开权力争夺。因此，米兰只能派出一点象征性的力量给盟友。佛罗伦萨陷入孤立无援的境地，且无兵可守——即使是之前关系最密切的雇佣兵长官乌尔比诺公爵费德里科，这次也参与了这个阴谋，而且任凭怎么劝说也不为所动。

该怎么办？如何拯救没有援军的佛罗伦萨？"伟大的洛伦佐"此时做出了他一生中最大胆的举动——他决定骑马前往那不勒斯，不顾一切地劝阻准备进攻的费兰特国王。考虑到费兰特喜欢将他的敌人展示在他的"木乃伊博物馆"中，洛伦佐此举显示出过人的勇气。他坚信，只有这样才能拯救佛罗伦萨。即便如此，这项使命也并非没有值得商榷的一面。洛伦佐知道，为了在那不勒斯取得成功，他需要钱——而且是很多钱。为了维持美第奇政治运作以保住自己的权力，洛伦佐仍然像以往一样手头短缺。这一时期的财务记录后来都被美第奇家族毁掉了；然而，仍有一份文件保存了下来。它没有注明日期，但似乎与洛伦佐统治时期的这一段有关。文件只是简单地注明，洛伦佐"未经任何法律批准，也未经授权"将74 948弗罗林从城市公共资金转移到他自己的账户中。这可以说是贪污，但目的是为了挽救这座城市。

洛伦佐骑马匆匆赶往比萨，只有秘书和两个男仆陪同。路途中仅在圣米尼亚托短暂停留，在那里他给执政团发了一封信，告诉他们正在做的事。洛伦佐打算用既成事实让执政团接受这一切：

我相信，将我置于他们的掌控之中，是恢复我们城市和平的必要手段……如果［那不勒斯］国王打算剥夺我们的自由，在我看来最好还是能尽快明了，如果只要我一个人受苦而其他人可以幸免……我最大的愿望是，无论是生是死……我都应该为这座城市的福祉做出贡献。

信中完全没有提到资金的挪用，这似乎有些无礼：洛伦佐分明打算通过使用金钱来确保"城市的福祉"。执政团知道他的所作所为吗？肯定至少已经猜到了。

洛伦佐选择的时机非常明智。时值多雨的隆冬，教皇和那不勒斯的军队在集结，但意大利的战争仍然只在晴朗的天气下进行。洛伦佐的传记作者迈尔斯·J. 昂格尔（Miles J. Unger）对这次前往那不勒斯的英勇行动提出了一个不容易注意到的重点，他写道："对于洛伦佐来说，这将对抗从他几乎没有经验或才能的领域——例如金融管理或军事战略——转移到了他更擅长的领域：与他的对手面对面……"

抵达那不勒斯后，洛伦佐在美第奇银行的办公场所安顿下来，并采取了一系列他知道会很好地树立威信博取人心的措施，以高贵的姿态发起了他的魅力攻势。他从比萨出发时买断了 100 名那不勒斯籍船队奴隶，抵达后，洛伦佐赐还他们自由，还给每人 10 弗罗林以便他们开始新生活。然后，他又建立了一个基金，向穷人分发钱财，为他们的女儿提供能够步入婚姻的嫁妆。费兰特国王允许洛伦佐拜访了王宫，但态度仍然不置可否。洛伦佐受到了款待，但同时被告知他不能离开那不勒斯。

毫无疑问，费兰特国王被洛伦佐的勇敢以及他亲自前来的诚意深深打动了——他将自己置身于对国王的仁慈的信任。但西克斯图斯四世最近让费兰特的一个儿子成为了红衣主教，这对国王和他的王国来说都是一种罕见的荣誉。

几个月过去了，费兰特国王仍旧模棱两可，洛伦佐也继续对那不勒斯人民出手阔绰。但在那不勒斯逗留的时间越长，洛伦佐就越清楚地了解到国王自己也有很大的难处。奥斯曼舰队已经行进到意大利南部大部分沿岸海域，并且越来越大胆地袭扰那不勒斯领土。与此同时，欧洲最有权势的统治者法国国王声称那不勒斯王国是他的。尽管有如此紧迫的干扰，费兰特国王最终还是被说服与洛伦佐签署了和平条约。教皇西克斯图斯四世大怒，但很快意识到，如果他不想疏远最强大的盟友，他也别无选择，只能加入这个和约。

费兰特国王最终释放了洛伦佐，他以英雄的身份回到佛罗伦萨，受到人们的热烈欢迎。洛伦佐很快利用这一点加强了他对政府的控制。一个由 70 名公民组成的新委员会成立了：成员任期五年，甚至可以否决执政团做出的决定。与此同时，洛伦佐听取了顾问的建议，开始学着低调行事。考虑到祖父科西莫·德·美第奇的临终建议，洛伦佐的行为变得更加谦虚。他还开始更多地参与城市外交关系的经营，利用他新获得的声誉为这座城市谋取利益。这次危机的化解让他意识到佛罗伦萨的脆弱。从那时开始，他努力确保佛罗伦萨始终在半岛的主要势力中占有一席之地，利用他的外交技巧争取维持着微妙的权力平衡以及随之达到的和平——为了手无寸铁的佛罗伦萨，也为了半岛整体的利益。

　　洛伦佐要做的第一步就是修补与西克斯图斯四世的关系。与意大利的其他主要势力相比，佛罗伦萨几乎没有什么可向教皇提供的——虽然很富有，但没有权力。洛伦佐决定发挥佛罗伦萨的优势——这个城市拥有的最重要的财富是文化，这是令整个意大利艳羡的。洛伦佐准备将其用作外交武器。

　　西克斯图斯四世最近在罗马完成了以他的名字（西斯廷）命名的新教堂。1481 年，洛伦佐派遣两位重要的艺术家——波提切利和吉兰达约——到罗马对这座新教堂进行室内装饰。一年后，他又将莱奥纳多·达·芬奇从一项令人遗憾的未完成委托中解脱出来，派他去为米兰事实上的统治者卢多维科·斯福尔扎工作。

　　就这样，多年来，"伟大的洛伦佐"被称为"意大利罗盘的指针"：引领半岛人民渡过政治波涛汹涌动荡的海洋，带来了没有战争的和平时代——虽然也难免有一些小失误。与此同时，洛伦佐的外交政策刺激了文艺复兴走出其创始城市，开始外溢到整个意大利。

第十四章　根基动摇

　　莱奥纳多·达·芬奇满怀希望地启程前往米兰。当"伟大的洛伦佐"选择了波提切利和吉兰达约前往罗马为教皇工作时，他的自尊被深深地刺痛了。他心里很清楚，自己的画比这两位艺术家更好，即使他们是他的朋友。所以当一年后被洛伦佐选中去米兰时，他决定展开自己的计划——不再继续追求艺术家生涯，而是提出以工程师的身份来到卢多维科·斯福尔扎的宫廷。

　　米兰的繁荣归功于其地理位置。米兰控制着跨越阿尔卑斯山进入意大利的贸易路线，还拥有繁荣的丝绸制造业和女帽贸易。为了促进贸易，人们修建了运河网络，将米兰与南部的波河地区、北部的马焦雷湖区和瑞士连接起来。这些运河非常需要熟练的水利工程师来进行维护和扩建，莱奥纳多认为这是他大显身手的机会。除此之外，莱奥纳多还将他的米兰之行视为确立自己成为军事工程师的机会。对于一个天性温和、已经赢得了和平主义者声誉的人来说，这不得不说是一个奇怪的野心——他是一个憎恶任何形式的痛苦的人。事实上，根据瓦萨里的说法："当他走过出售鸟类的地方时，他经常会按照要求支付价格，然后从笼子里取出鸟儿让它们飞到空中，恢复自由。"

也许这野心只是出于自负，莱奥纳多在给他的新雇主、米兰统治者卢多维科·斯福尔扎的介绍信中写道：

> 我最杰出的主人：
>
> 我已经研究了许多战争武器创造者的新发明，发现这些发明与已经存在的那些没有什么不同。因此，我的主人，我想把自己创造的更先进的秘密武器展示给您……

然后，他列出了打算向卢多维科·斯福尔扎透露的一系列新"装备"：移动桥梁、攻城车、能够向敌人投掷大量石块的大炮、隧道设备、装甲车、弹射器……长长的一串。

当然，这一切过于夸张了。当时，莱奥纳多的笔记本里只有几张初步的草图。尽管他提出要向斯福尔扎"展示"这些秘密武器，但实际上他并没有造出任何实际的东西。莱奥纳多的传记作者查尔斯·尼科尔（Charles Nicholl）谈到这封信时说："这些文字充满了科幻气息，就好像他的想象力超前于他。这是一个多才多艺的梦想家的冲动设想，总是稍后才会考虑细节。"

但我们通过这段描述也看到了文艺复兴的阴暗面，即一个在战乱不休的年代诞生的创新浪潮，仿佛所有的水晶般的奇迹只能在城邦始终攻伐交战的时代熔炉中锻造成型。

在莱奥纳多给卢多维科的信的最后，几乎是作为一点补充的内容，他提到了自己的艺术技能："在绘画这方面，我可以做所有可能的事情。"他之前听说过卢多维科想要竖立一座大型骑马雕像以纪念他杰出的父亲，即第一个接任米兰统治者的雇佣兵指挥官弗朗切斯科·斯福尔扎。考虑到这一点，莱奥纳多补充说："我还能够设计制作青铜马……"

这又是一次过分自大的吹嘘。自古罗马时代以来的许多世纪里，铸造和竖立大型青铜骑马雕像的尝试都因这个过程高超的难度而被搁置了，这项艺术技艺几乎濒临消失。直到 1453 年，多纳泰罗成功地在帕多瓦塑造出了一个真人大小的骑马雕像，即《加塔梅拉塔骑马像》（*Gattamelata*），引起了轰动。那段时间，莱奥纳多知道他的朋友和老师韦罗基奥最近接到了一项来自威尼斯的委托：执政团希望韦罗基奥为这座城市的伟大雇佣兵指挥官巴托洛梅奥·科莱奥尼铸造一座比真人还要大的骑马雕像。尽管莱奥纳多在这一领域缺乏经验，但他希望自己能做得更好。他将创造一个更大的、14 英尺高的弗朗切斯科·斯福尔扎铜像；此外，虽然以前的雕像通过描绘马的左前腿抬起来暗示它们的力量和向前运动的姿态，但莱奥纳多许诺将塑造一个更加引人注目的姿势：斯福尔扎坐在一匹前蹄腾空、只有后腿着地的马上——象征着权力的终极形象。

这样的壮举以前从未有人尝试过，更不用说实现了。事实证明，平衡雕像中一匹马的三条腿已经够难的了：多纳泰罗被迫使用古罗马的办法，将一个球体放在马抬起的蹄子下，以支撑它的重量。而莱奥纳多面临的问题是要在纤细的马后腿上平衡整个巨大的青铜雕像的重量。通过在他笔记本中留下的多幅草图，我们可以看到他是如何努力尝试克服这个困难的：他试图将一个倒下的敌人插入马抬起的前蹄下；后来又尝试将一棵大树的树桩形象融入雕像底部……但似乎都不可行。

几年之后，卢多维科·斯福尔扎终于同意了莱奥纳多的雕像作品动工。此前，莱奥纳多已经前去帕多瓦亲自看了多纳泰罗的《加塔梅拉塔骑马像》。这次参观令他颇受启发，也意识到自己所面临的巨大挑战。莱奥纳多对多纳泰罗的作品深感震撼和钦佩，也明白了自己的设计可能是行不通的，用他自己的话来说"又得从头来过了"。他会采取多纳泰罗雕像中的姿势，但也会通过渲染马的动态来努力超越前者。他在笔记里写道："[帕多瓦]最值得称赞的是马的动态。"然后补充道："我们必须人工补充一些缺少自然活力的细节。"笔记中还包含大量取材于生活的对马匹的研究。这些研究汇聚成了栩栩如生充满力量的形象设计：雕像中的马可能被简化为基本的姿势，但整体的艺术魅力将通过极其逼真的动物野性更胜一筹。

莱奥纳多着手制作了一个全尺寸的黏土模型，为雕像的铸造做准备。这个模型在一个破旧和半荒芜的"旧宫"的中央庭院中放置，卢多维科·斯福尔扎将这座前公爵的宫殿分配给莱奥纳多作为住宅和工作室。莱奥纳多动工的消息很快就传开了：这座制作中的青铜雕像肯定会成为米兰的奇迹之一。

　　但是灾难不期而至——1499 年米兰陷入了与法国的战局。为铸造雕像而预留的大量青铜材料被军队征用，用于铸造大炮。但更糟糕的还在后面。战争失败，斯福尔扎逃亡，胜利的法国士兵冲进了莱奥纳多建立模型的庭院。五十年后，当时的米兰人文主义者和编年史家萨巴·达·卡斯蒂廖内（Saba da Castiglione）写道："我始终记得，并且现在带着悲伤和愤怒说出来，这件高贵而精妙的作品被加斯康弩手用作了演习的靶子。"莱奥纳多的模型化为一堆碎片，再无修复的可能。

　　从 1482 年到 1499 年，莱奥纳多在米兰为卢多维科·斯福尔扎工作了十七年。他在幻灭和任性中走过而立之年，深藏的潜力仍然等待着展示的机会，慢慢成为一个更具智慧、内心更充实的中年艺术家和博学者（虽然他内心仍然保持着成为一名军事工程师的梦想）。到那时为止，他已经完成了许多享有盛誉的杰作。除了这些作品，他还受卢多维科·斯福尔扎的委托，不得不浪费时间去创作一些小艺术品和装置用于在各种庆典、宴会和其他娱乐活动中招待宫廷人士和宾客，包括精心制作的冰雕、奇异的烟火表演和巧妙的戏剧装置等。莱奥纳多似乎毫无怨言地承担了这些任务——这是他为获得相对的自由而必须付出的代价。在完成为数不多的严肃委托工作和制作一些琐碎的娱乐装置之外，他可以有大把的时间专注于自己的追求。

　　在他的笔记本中，我们看到创造力前所未有地扩展着，他的脑袋里装满了各种奇思妙想：从载人飞行器到怪兽研究，从描绘洪水到解剖学调查。同时，他抽出时间与研究数学的修士卢卡·帕乔利成为朋友，后者搬来与他同住并教他算术和几何，他成为了帕乔利狂热的学生。但是另一场堪比黏土模型破坏的灾难正在降临，尽管这一次主要是莱奥纳多自己造成的。

1495 年，卢多维科·斯福尔扎着手对米兰的许多旧建筑进行大规模整修，其中包括多明我会的感恩圣玛利亚修道院（Santa Maria delle Grazie）。为了庆祝修道院的翻修，僧侣们委托莱奥纳多画一幅壁画《最后的晚餐》。莱奥纳多对这一场景的诠释使这幅画日后成为他最出色的作品之一，当基督说出某一个使徒将背叛他时，在场每个人的表情特征都得到了巧妙的刻画。然而，莱奥纳多在绘制时并没有使用久经考验的壁画方法，而是选择融入他自己实验性的技术：在干燥的表面上绘画（与通常的湿壁画不同），以及添加一层白铅涂料以增加人物的亮度。这一结果是灾难性的。画作完成四年后法国人征服了米兰，当法王路易十二（Louis XII）要求观看这幅伟大的作品时，它已经有了衰败的迹象。在完成仅仅半个多世纪后的 1556 年，当瓦萨里看到它时，将它描述为"一团糨糊"①。我们今天所知的这幅画，几乎完全是依靠各种修复手段复原后的作品。

法国入侵后，莱奥纳多和他的朋友卢卡·帕乔利启程前往威尼斯。在那里，他创作了许多复杂的几何图形来为帕乔利的著作《论

---

① 诚然，这也不完全是莱奥纳多的错。画面部分恶化是由于墙壁过于潮湿，导致修道院的修复工作并不顺利。

神圣的比例》（*Divina Proportione*）做插图。1503年，莱奥纳多终于回到了阔别多年的佛罗伦萨。但他离开二十多年的这座城市，经历了一系列沧桑巨变，已经面目全非了。

＊　　＊　　＊

当年莱奥纳多启程前往米兰时，这颗巨变的种子已然萌芽。因为英勇地前往那不勒斯说服国王费兰特，"伟大的洛伦佐"巩固了美第奇对佛罗伦萨的统治，但他从该市的金库中挪用了近75 000弗罗林，表明美第奇家族已经深陷困境。长期以来，作为家族控制城市的资金来源的美第奇银行，正徘徊在崩溃的边缘。

这些矛盾已经累积了很长时间。正如我们所看到的，为了确保银行免于大规模的崩溃，就如14世纪中叶巴尔迪、佩鲁齐和阿齐亚沃利银行的遭遇，乔瓦尼·迪·比奇从一开始就将美第奇银行的每个分行都设立为独立的公司。美第奇家族在每个分行中都保留了多数股份，被选中的经理总是家族或核心圈子中值得信赖的成员。因此，当科西莫·德·美第奇将佛罗伦萨的联盟关系从威尼斯转向弗朗西斯科·斯福尔扎治下的米兰时，被选出管理这个至关重要的米兰分行的人，是在美第奇家族中长大的皮杰洛·波蒂纳里。

多年来，美第奇银行外国分行的经理们已经习惯了越来越多的自主权。这是不可避免的，因为外国分行通常距离佛罗伦萨很远，而且通信很慢（佛罗伦萨给布鲁日的一封信最多可能需要六个星

期）。因此，科西莫·德·美第奇经常鼓励分行管理中有限程度的
自主性，特别是当银行经理成为遍及欧洲甚至远至中东的代理人网
络的一部分时。

但无论如何，科西莫仍希望掌握经理们的商业动向，包括任何
私人开展的商业企业，或远远超出银行职责的贸易活动。外国分行
的经理们经常涉足各种商品的进出口，例如香料、毛皮和染料等。
有影响力的客户经常希望通过他们获得一些珍稀的商品，从宗教圣
器到异域水果等（15 世纪后期，欧洲市场上出现了菠萝等易于运
输的水果）。除此之外，科西莫还希望经理们兼具间谍的身份，能
为他搜集提供可能对佛罗伦萨的发展有利的信息。通常，此类情报
可能仅包含最新的本地新闻或商业发展情况，但即便如此也会以意
想不到的方式带来帮助。例如有传言称英国国王正在招募军队，或
者勃艮第公爵①正在提高布鲁日的进口税，结合其他信息，很可能
表明欧洲市场发生了重大变化。

银行经理和代理人们类似的任务，还有在开展银行业务的同时
帮助满足老板的私人喜好，尤其是科西莫·德·美第奇热衷于收集
古代手稿。看看爱德华·吉本对科西莫的描述："他的财富专为人
类造福；他能方便地与开罗和伦敦通信；印度香料和希腊书籍经常
在同一艘船上进口进来。"然而，美第奇的经理们并不总是为银行
带来好处：例如，洛伦佐·迪·皮尔弗朗西斯科·德·美第奇曾派

————————
① 在这段时期，勃艮第公爵的势力从法国东部沿着北海沿岸延伸，经过比利时，
远至荷兰，南至阿尔萨斯和瑞士边境。

亚美利哥·韦斯普奇到加的斯，调查当地经理未经授权经营的生意，使用银行的资金为自己的企业融资等。

科西莫·德·美第奇深谙识人之道，对他的经理们内心保持着警惕，在他们回到佛罗伦萨接受定期审查时仔细过目分类账，几乎没什么纰漏能逃脱他锐利的眼睛。但他的继承人皮耶罗的能力就弱于父亲，他很难在管理城市的同时再对银行事务投入足够的注意。和以往一样，有先见之明的科西莫已经对此做好了防备。为了协助皮耶罗，他将日内瓦分行经验丰富的经理弗朗切斯科·萨塞蒂召回佛罗伦萨，任命他为银行总经理。但此刻的科西莫年事已高，他在这件事上明显判断失误了。萨塞蒂远算不上是一个老练的经理，事实上他是无能且懒惰的，只是因为精于奉承而掩盖了缺点。

在皮耶罗·德·美第奇执政的初期，他曾不明智地尝试收回银行的部分债务。后来又因为缺乏判断力，使得阿尔比齐和他领导的"山丘党"对家族的政治权力形成了巨大威胁。尽管如此，皮耶罗五年间对城市的统治管理，还是在佛罗伦萨的主要家族中建立了足够的信心，让他们在他去世后决定继续支持美第奇的统治。这就是促使"领袖、骑士和市民"组成的代表团出现在美第奇宫的决定性因素，他们恳求风度翩翩的 20 岁的洛伦佐"像［他的］父亲和祖父做到的那样，担负起照管这座城市的角色"。

然而，尽管洛伦佐具有鲜明的个人魅力，但事实证明他经营银行的能力甚至不如他父亲。这是一项他既没有专业知识也没有兴趣完成的任务。但他没有忽视一个传统：阅读来自意大利其他城市的银行经理定期发送的报告，因为这些报告将有助于他评估意大利政治局势，这是他越来越多地参与和发挥影响的领域。与此同时，银行的财务几乎完全掌握在谄媚的萨塞蒂手中，无情的事实很快就表明，他的疏忽和无能已经导致银行走向可怕的命运。

在重要的日内瓦分行接替萨塞蒂的人是利奥内托·德·罗西（Lionetto de'Rossi），他娶了"痛风的皮耶罗"的私生女玛丽亚·德·美第奇（Maria de'Medici），因此他其实是"伟大的洛伦佐"的姐夫。日内瓦分行是美第奇银行的一大收入来源，后来搬到了法国中部的里昂，那时里昂已成为该国的金融中心，并举办了重要的欧洲贸易展会。但这个曾经繁荣的分行在萨塞蒂手中已经开始衰落，罗西接手后，银行业务更是每况愈下。根据罗西给洛伦佐的一份报告，这是因为"债务人还钱都很慢，还有积压的商品库存"。这样的说辞显然无法让洛伦佐满意，他写信指责了罗西，并要求他坚守银行的立场，尽快摆脱此类的麻烦。洛伦佐甚至命令在蒙彼利埃的美第奇经纪人洛伦佐·斯皮内利（Lorenzo Spinelli）前往里昂，看看罗西是否执行了他的指示。罗西对这一举动感到不安，并写信给回到佛罗伦萨的萨塞蒂，表示他对斯皮内利的"监视"不满。

罗西的行为变得越来越"古怪"。1482年他甚至将两张不同的资产负债表寄回佛罗伦萨。根据德·罗佛的说法，其中一张资产负债表"以通常的形式发送给了萨塞蒂，［但］充满了令人费解的细节"；第二张资产负债表则发给了洛伦佐，"其中所有内容都附上了最详尽的解释"。正如德·罗佛所说："罗西的企图本身就是一个谜，因为在总部，这两者肯定会被比较。"

　　局面开始逐渐失控了。罗西吹嘘他成功地清偿了 22 000 埃库斯的债务①，同时积累了 12 000 埃库斯的储备。他还表示自己有"几乎同等价值的珠宝和商品"库存。他没有提到的是，这样的珠宝"只能卖给那些偿付能力并不怎么好的大领主"。更糟糕的还在后面——没过多久，罗马分行就抱怨里昂分行在将几位红衣主教的圣职俸禄转交给罗马时拖延严重。后来里昂分行又开始向罗马分行开出期票，以偿还其在贸易展会上欠下的债务。显而易见，罗西的种种行为威胁着美第奇银行两个最重要分行的资产（和好名声）。这一次洛伦佐犹豫了：如果他解雇了他的姑父，在整个家庭内部会有什么影响？因为美第奇银行在欧洲的大多数分行经理都有类似的姻亲关系。

　　正如德·罗佛指出的那样，罗西寄来的又一份资产负债表"是一场骗局，为了弥补巨额损失，他们一直在玩弄数字"。洛伦佐的顾虑终于让位于愤怒，他甚至考虑了"派人到里昂去逮捕利奥内托［·德·罗西］，并作为囚犯带回佛罗伦萨"的激烈手段。但在 1485 年 3 月，萨塞蒂建议他不要这样做。用德·罗佛的话来说："相反，洛伦佐通过语气友好的信件哄骗利奥内托来佛罗伦萨参加会议。"最初罗西似乎决定无视洛伦佐的信，但在 1485 年 6 月他还是回到了佛罗伦萨，"被捕并关押在债务人监狱斯廷奇"。银行的一些合伙人现在声称罗西已经欠下 3 万弗罗林的债务——这是一个他无力填

_____

　　①　那时的法国货币埃库斯比佛罗伦萨的弗罗林要值钱一些，汇率在 9 埃库斯兑换 10 弗罗林左右。

平的巨坑。

罗西被捕在佛罗伦萨引起了轰动，在里昂的银行界"这个消息引起了极大的恐慌"，在罗马也不例外。很快人们都意识到"出问题了，美第奇遇到了严重的麻烦"。幸运的是，银行在接下来的交易会上巧妙地化解了风险，成功避免了银行挤兑，市场信心有所恢复。最坏的情况已经过去了，至少在当时看是这样。

同时，1484 年希腊-热那亚红衣主教乔瓦尼·奇博（Giovanni Cibò）当选教皇，也就是英诺森八世（Innocent Ⅷ）。到目前为止，洛伦佐通过派遣他的艺术家们进行的"文化"外交，保住了佛罗伦萨与米兰和罗马的联盟。威尼斯一直对佛罗伦萨有些反感，那不勒斯国王费兰特可能一如既往地难以捉摸，但佛罗伦萨已经建立的联盟足以确保意大利半岛的均势。另外，英诺森八世是一位软弱的教皇，比起国家事务，他更关心裙带关系和自己的快乐。洛伦佐充分利用了这一点，继续利用他的影响力推动意大利的和平事业。事实上，正是心怀感激的英诺森八世公开确认了洛伦佐作为"意大利罗盘的指针"地位。

但洛伦佐还有更大的野心。1487 年，他同意将女儿玛达莱娜（Maddalena）嫁给教皇的私生子弗朗切斯凯托·奇博（Franceschetto Cibò）。儿子能与这样有名望的家庭联姻，对英诺森八世来说非常有利，能够确保他在不再享受教皇职位带来的荣耀时，还有一个强大的靠山。然而，洛伦佐显然通过此事得到了更大的回报——英诺森八世被说服，答应让洛伦佐的次子、13 岁的乔瓦尼·德·美第奇成为红衣主教。即使在这个教会纪律松散的时代，这样的任命也是前所未有的，因此英诺森八世仅同意这项任命直到三年后乔瓦尼成年才能公开。

此时，中年的洛伦佐已经显得苍老了。那个曾经擅长角斗和足球的潇洒少年，那个身边总是围绕着艺术家和人文主义哲学家的耀眼青年，那个能够写出高雅诗歌的有才华的诗人，都已经成为了过去。洛伦佐的身体全然屈服于痛风的"家族诅咒"，四肢扭曲肿胀到无法行走，并开始持续发烧。据他的密友诗人波利齐亚诺说，发烧越来越消耗着他的身体，"不仅攻击动脉和静脉，还攻击四肢、肠子、神经、骨骼和骨髓"。像他父亲之前的情况一样，洛伦佐不再能自己移动，不得不被放在担架床上。

当儿子乔瓦尼年满16岁的时候，43岁的洛伦佐剩余的日子已经屈指可数了。他被抬到美第奇宫内院上方的阳台上，在那里他可以在无人注意的情况下低头观察内院里的情形。他那胖乎乎的喜气洋洋的儿子，穿着猩红色的连帽斗篷，戴着蓝宝石戒指，主持着前来恭贺他入选红衣主教团的贵宾们的宴会。这是洛伦佐最后一次见到儿子。第二天，红衣主教乔瓦尼·德·美第奇带着垂死的父亲写的亲笔信启程前往罗马。尽管饱受痛苦折磨，洛伦佐仍然能够保持清醒。按照家庭传统，洛伦佐在临终信件中建议儿子采取谦虚的生活方式，庆祝节日要适度，强调他应该保持"井井有条，干净整洁的家庭［而不是］奢靡和浮华。让你的生活有规律，减少开支"。

正如父亲皮耶罗曾经给洛伦佐的临终建议被置若罔闻一样，洛伦佐对他早熟的儿子给出的建议也是一样的遭遇。红衣主教乔瓦尼·德·美第奇带着与生俱来的对享乐的热情前往罗马，洛伦佐曾将这座城市称为"所有罪恶的渊薮"。幸而，像他父亲一样，乔瓦尼在享乐主义的青少年时代过去后还是变得成熟懂事了。通过在乔瓦尼如此年轻的时候争取到的主教位置，洛伦佐确保了在年长主教们去世后，美第奇家族的主教能够崛起，经年累月之后能在主教团中获得更大的影响力。正如父亲隐秘的愿望那样，红衣主教乔瓦尼的资历、才智和外交才能，确保他在二十一年后登上教皇宝座，成为利奥十世（Leo X）。

在 16 岁的红衣主教乔瓦尼·德·美第奇前往罗马后的第二天，洛伦佐从佛罗伦萨被抬到了位于城市北郊的卡雷吉别墅，这是他的祖父科西莫·德·美第奇七十年前委托建筑师米凯洛佐建造的。科西莫·德·美第奇就是在这里去世的，科西莫的儿子、洛伦佐的父亲皮耶罗也是在这里去世的。现在洛伦佐本人也回到了他度过童年时代的树木繁茂的山丘中，他也将在那里死去。然而如果洛伦佐曾经希望过在生命的最后几天能获得平静，摆脱佛罗伦萨的政治动荡，他只能再一次失望了。

第十五章　暗流汹涌

回望历史，15 世纪后期西方已经明显进入了一个新时代，首要一点就是人们突然发现世界比以前想象的要大得多。1488 年，葡萄牙探险家巴托洛梅乌·迪亚斯（Bartolomeu Dias）深入南大西洋，成为第一个绕过好望角进入印度洋的欧洲人。四年后，哥伦布从西班牙向西航行横渡大西洋，到达了一个从未发现过的大陆。与此同时，古典知识的逐渐复兴开始改变整个西方文化的面貌。数学与银行业、艺术与建筑、文学与哲学都呈现出全新的视角：就好像镜头终于聚焦，使风景更加清晰，不再是以前模糊残缺的视野。

文艺复兴的焦点正是佛罗伦萨。正如西方人的思想、眼界和外貌在那一时期开始呈现出新的维度一样，佛罗伦萨也成为一座充满奇观的城市。布鲁内莱斯基建造起大教堂的圆顶，乌切洛和波提切利等人的画作装饰了不同的教堂，年轻的知识分子在街角讨论柏拉图，"伟大的洛伦佐"举办了令人眼花缭乱的巡游……一切都大大不同于往日。

然而，在这朝气蓬勃的表象之下，另一股暗流也在涌动。在新娱乐方式、新奇迹和新想法的背后，隐藏和积聚着越来越多的困惑和怨恨，尤其是在中低阶层的人民中。广场上的庆祝结束后，他们艰难地穿过狭窄恶臭的街道回到贫民窟中，仿佛什么都没有改变。如果有的话，也只是生活变得更糟了。那时，英国和低地国家已经开始制造自己的精美布料；因此，佛罗伦萨的羊毛销量减少了，纺织业也同样出现了衰退。像往常一样，羊毛工人是首当其冲受到影响的人。许多人被解雇，家庭陷入贫困，只能依赖于公共慈善活下去。人们对新的生活方式、新的建筑和贵族家庭新式的奢华越来越难以接受。

这种日益增长的困惑不安开始渗透到社会的各个层面，终于有一个人站出来，似乎他能为人们提供希望和一些令人心安的确定性——一位名叫萨沃纳罗拉的多明我会修士。他在热情洋溢的布道中宣告了一种新的激进的基督教，一种带着复仇情绪的对旧日生活的回归。他关于厄运和毁灭的预言，激起了人们对统治精英奢侈浮夸生活的抗议，而美第奇家族正是这种生活的代表。越来越多的公民开始倾向于反对"伟大的洛伦佐"的统治，转而支持那个带有浓重乡土口音的丑陋"小修士"所宣扬的"新朴素生活"。

洛伦佐发现尽己所能都无法对抗萨沃纳罗拉日益增长的影响。

贿赂，强制，甚至威胁——这些似乎都没有阻止他。洛伦佐已经病入膏肓，他逐渐失去的不只是对自我生命的掌控，还有对这座城市的掌控。人们簇拥在萨沃纳罗拉身边，聆听他对邪恶统治者的大声斥责。现在对佛罗伦萨人民的影响越来越大的是自称为"小修士"的人，不再是魅力非凡的美第奇家族。

临终病床上的洛伦佐决定召唤萨沃纳罗拉见面：他邀请他到卡雷吉别墅参加会议。令洛伦佐惊讶的是，萨沃纳罗拉竟然接受了邀请。

关于这次会面有几份内容略有不同的在场者记述，好在这些记述在几个主要环节上是一致的。当萨沃纳罗拉进入洛伦佐的卧室时，后者的家人和朋友都聚集在他的床边。但"小修士"看起来并没有任何的不自在，他看着床上垂死的统治者，一点也不感到害怕。此时洛伦佐几乎不由自主地对这位不妥协的修士暗自钦佩起来。他向萨沃纳罗拉祈求祝福，后者谨慎地同意会祝福洛伦佐——但前提是他同意履行三项承诺。首先，萨沃纳罗拉问洛伦佐是否忏悔自己的罪过并相信独一真神，洛伦佐回答说他做到了。其次，萨沃纳罗拉告诉洛伦佐，如果他希望自己的灵魂得救，必须放弃通过高利贷积累的不义之财，并将"被错误地夺走的东西"还给人们。对此，洛伦佐回答说："神父，我会这样做，如果我不能，我会让我的继承人这样做。"最后，萨沃纳罗拉要求洛伦佐将自由归还给佛罗伦萨人民，让他们由一个真正的共和政府来领导。对于这最后的要求，洛伦佐没有回答，只是转过头面向墙壁。于是萨沃纳罗拉沉默地站了一会儿，凝视着洛伦佐。最终，他仿佛下定了决心，给予了洛伦佐祝福，然后很快地离开了。

　　第二天，"伟大的洛伦佐"去世，长子皮耶罗二世* 继任为佛罗伦萨的统治者。

＊　　＊　　＊

　　吉罗拉臭·萨沃纳罗拉（Girolamo Savonarola）出生于 1452 年 9 月 21 日，仅比洛伦佐小三岁。与本书中描述的几乎所有其他人不同，萨沃纳罗拉不是出生在佛罗伦萨，甚至不是托斯卡纳——他来自亚平宁山脉另一侧的城邦费拉拉，距山脉北部约 70 英里。然而，正是在佛罗伦萨，他留下了自己的印记，完成了毕生的事业。他对佛罗伦萨共和国的影响是持久而深远的，他吸引着公民们对共和自由传奇的信仰和憧憬，以及他拥有的重新点燃这种已经衰落的信仰的能力。与此同时，伴随着对自由的愿景，我们看到萨沃纳罗拉对简朴和基本的基督教教义的信念，类似于耶稣向他的门徒所提倡的那样。"自由"和清教式的"简朴"，这两种元素在萨沃纳罗拉的信仰中始终扮演着重要的角色。在他看来，社会公正和基本的基督教义是密不可分的。

　　萨沃纳罗拉出生的费拉拉不是文艺复兴式的共和国，但它与佛罗伦萨有些相似。城邦的统治者博尔索公爵（Duke Broso）是有教

　　＊　译注：区别于洛伦佐的父亲"痛风的皮耶罗"。

养的埃斯特家族的私生子，他也通过雇佣有才华的当地艺术家来树立自我形象。这些艺术家被委派工作，对城堡的内墙、大厅和房间进行装饰绘画。祖父米凯莱（Michele）被聘为宫廷医生，他对萨沃纳罗拉的成长产生了重要影响。

米凯莱·萨沃纳罗拉是那个时代的顶尖医生之一，据说他的杰作《从头部到脚趾的医学实践》（*The Practice of Medicine from Head to Toe*）涵盖了当时所有的医学知识。如果不是因为对生活抱有越来越严苛的中世纪主义态度，这部开明的作品本可以使米凯莱成为人文主义思想的先驱。事实上，当米凯莱后来开始对 5 岁的萨沃纳罗拉进行教育时，就连他的医学著作也变成了这种严苛的基调。用萨沃纳罗拉的传记作者罗伯托·里多尔菲（Roberto Ridolfi）的话来说，米凯莱"晚年写的作品，更具有博学的隐士的笔调，而非埃斯特的宫廷医生，因为它们充满了迂腐的说教"。就是这样一位祖父，对聪明但易受影响的萨沃纳罗拉进行教育，用这些在意大利部分地区早已成为历史的原则和权威填充他热切的头脑。萨沃纳罗拉永远不会忘记才华横溢但思想极端的祖父的教诲。米凯莱最终于 1466 年去世，享年 81 岁，这样的高龄在那个时期是较为罕见的。

在祖父的早期教养之后，萨沃纳罗拉就读于当地的公立学校，接受了古典教育；为了与时俱进，教学内容中也包含了彼特拉克的诗歌。他追随祖父的脚步，进入费拉拉大学学习医学，关于现代和自由的教育也一直持续着。萨沃纳罗拉在大学中接触到了新人文主义（所以当他后来抨击这些思想时，并非出于无知）。

萨沃纳罗拉的父亲尼科洛（Niccolò）在米凯莱去世时继承了一笔不小的财产，并进入了博尔索公爵宫廷工作。但尼科洛随后被一些不择手段的朝臣骗了，他们鼓励他用遗产开一家银行，很快就赔光了所有的钱（这让他的儿子很难受到银行家们的喜爱）。此时萨沃纳罗拉正在犹豫是否要选择医学专业，但父亲非常坚持。这个家庭需要一位成功的医生来提供收入。大约也在这个时候，年轻的萨沃纳罗拉开始写诗。他爱上了隔壁邻居家的女孩劳多米亚·斯特罗齐（Laudomia Strozzi），但他的求婚被对方以他社会地位较低①这样伤人的理由拒绝了。

然而，萨沃纳罗拉的诗歌并不是关于对爱情的失望。生命中还有比肉体情欲更重要的事情。他写了一些诸如《站在世界的废墟之上》之类的诗歌，其中讲述了世界末日的场景；还有《站在教会的废墟之上》，谴责了罗马教皇及其宫廷的邪恶。诗歌中的共同主题就是抨击社会不公。

父亲失去遗产的同时卷入了罪恶的高利贷，萨沃纳罗拉因此对宗教益发关注，同时也对医学研究及无法回避的人体解剖学益发厌恶。这一切情绪在1474年春天达到了顶峰。

五月假期到来的时候，萨沃纳罗拉决定离开费拉拉。他在波河三角洲平坦的绿色田野和潮湿的空气中独自跋涉。走了大约50英里后，他到达了小城法恩扎（Faenza），街道上挤满了庆祝节日的

---

① 斯特罗齐家族曾经是一个兴盛的佛罗伦萨家族，其银行业财富仅次于美第奇家族。1433年，当科西莫·德·美第奇被驱逐流放时，他们选择了支持阿尔比齐家族。第二年科西莫回归后查抄了斯特罗齐家族的地籍册，使得他们又踏上流亡之路。

游人。看到所有的市场摊位、街头小贩和市民们喧嚣着，参与着这种毫无敬畏的欢乐，他感到非常厌恶，于是来到圣阿戈斯蒂诺教堂（Sant'Agostino）寻求安宁。一位修士正在这里讲道，他遥远的声音在寂静的昏暗中回荡。布道的内容取自《创世纪》（Genesis），其中上帝告诉亚伯拉罕："离开你的国家、你的亲属和你父亲的家……"萨沃纳罗拉后来回忆说，他立即意识到那是上帝的声音在向他说话。从那天起，萨沃纳罗拉决定加入教会，成为神职人员。

但事实上，他花了一年时间才终于鼓起勇气逃离家乡，向南走了 30 英里来到大城市博洛尼亚。在这里，他加入了多明我会，发下了誓愿贫穷、贞洁和服从的誓言。萨沃纳罗拉的聪明才智使得他晋升迅速，但与此同时，他激进的宗教信仰和行为也激怒了高层，他们希望他离开。因此，1482 年，萨沃纳罗拉被分配到佛罗伦萨的圣马可修道院。

经过漫长而孤独的跋涉，30 岁的萨沃纳罗拉来到了佛罗伦萨，这是一座他从未见过的辉煌之城。即使是圣马可也不同于他去过的任何修道院。正如我们所见，科西莫·德·美第奇在他作为佛罗伦萨统治者的最后几年对该修道院进行了翻新，甚至在其中为自己建造了一座装饰华丽的私人小教堂供他退步沉思。这样做某种程度上是为了减轻自己积累巨额财富的高利贷罪过，科西莫还慷慨地对修道院进行了其他捐赠。

这里的多明我会修士不再生活在贫困中，也不依靠当地的慈善机构维持生计。每个修士都有配备家具的房间，所有食物都由科西莫的孙子、佛罗伦萨时任统治者洛伦佐提供。修士们享用大量的橄榄、鱼、水果和鸡蛋；而高级修士们则在自己的房间享受更奢侈的食物，有时甚至会为当地政要举办晚宴。这不是萨沃纳罗拉习惯的生活方式，他也不希望变成这样。

萨沃纳罗拉承担起自己的职责，其中包括向新修士教授逻辑学。他的智慧，以及他堪称楷模的禁欲生活和宗教热情，很快就在参加他课程的年轻修士中，甚至在一些年长的修士中也吸引了忠实的追随者。"小修士"有着自身独特的人格魅力。其实这些追随者也因城市中贵族与贫民生活的巨大反差而感到困扰。与这一时期佛罗伦萨精美的新建筑和如日中天的声誉并存的，是穷人的苦难，后者的生活受到羊毛行业低迷的影响越来越大。

圣马可街对面，正是科西莫·德·美第奇为收藏古代雕塑而预留的花园空地。现在这里是洛伦佐最钟爱的地方，他喜欢沿着大理石遗迹之间树影斑驳的小径漫步。萨沃纳罗拉的房间正好可以俯瞰这些花园，据说，他是从窗户里第一次看到在阳光普照的花园中漫步的洛伦佐。

萨沃纳罗拉在修道院的职责之一，是在山顶小镇圣吉米尼亚诺（San Gimignano）进行四旬节（Lenten）的布道。之前，萨沃纳罗拉习惯于在人群环绕之中与大家认真交谈，但当他用这种方式在户外向公众布道时，结果并不理想。正如他后来写道："我既没有洪亮的声音，没有激情的力量，也没有布道的能力，在我布道时每个人看起来都很无聊。"而且，他还如此补充道："我甚至都无法吓到一只鸡。"

萨沃纳罗拉因这次布道不力而感到丢脸，最终导致了自己的一场精神危机，在此期间，他似乎得到了"教会的灾难即将来临"的神示。最初他将这个秘密保守在自己心中，但在第二年的四旬节布道中，他决定将末日预言作为在圣吉米尼亚诺的布道主题。在布道过程中，他完全陷入了自己脑海中的异象，发出了强有力的声音——同时也找到了自己的事业。萨沃纳罗拉在讲台上怒吼，警告那些已经被他吓坏的会众，"反对基督者、战争、瘟疫或饥荒"即将到来。

回到佛罗伦萨，萨沃纳罗拉只字未提他的新布道内容。在接下来的几年里，他被指派成为一名巡回传教士，在意大利北部的各个城镇间奔波传教。他逐渐恢复了自信，注定要向世界传达末日预言的感觉更加强烈。在旅行过程中，萨沃纳罗拉碰巧引起了乔瓦尼·皮科·德拉·米兰多拉（Giovanni Pico della Mirandola）的注意，此人是一位人文主义哲学家，也是"伟大的洛伦佐"的密友。尽管深信人文主义思想，米兰多拉还是对萨沃纳罗拉布道时正直无私的形象留下了深刻印象。

恰巧此时，洛伦佐正在为他的次子乔瓦尼忧心。虽然他为儿子规划了教会的职业生涯，乔瓦尼也很有天赋，但他的懒惰和放纵仍是不可否认的。如果要认真地在教会中担任高级角色，他需要学习比美第奇宫的艺术家和思想家中流行的更为严格的神学。同样，洛伦佐也开始担心佛罗伦萨的市民中似乎普遍存在的精神涣散。他觉得自己对此负有部分责任，因为他为民众们举办了太多节庆和粗俗的娱乐活动。在听完米兰多拉的汇报后，洛伦佐认为也许萨沃纳罗拉的布道正是他的儿子和佛罗伦萨人民此时所需要的。利用对多明我会的影响，他设法让萨沃纳罗拉回到佛罗伦萨，1490 年夏天，"小修士"再次回到了圣马可修道院。

现在，萨沃纳罗拉已经是一位极具天赋且训练有素的传教士了，能够用他的想法影响大量的会众。他也越来越相信自己的这些想法引领的方向：整个教会都需要进行深刻的改革。

几个月之内，萨沃纳罗拉在佛罗伦萨的布道吸引了如此多的听众，以至于布道的地点从圣马可转移到了大教堂。在这里，他开始深入演讲改革的主题，谴责各种形式的腐败权威——尤其是那些剥夺了人民应有自由的独裁者。萨沃纳罗拉还斥责了独裁者的支持者：富人和有权势的家庭过着奢侈的生活，而穷人则在苦难中挣扎。这些攻击都没有指名道姓，只要仍然是范围笼统的，就符合基督的教导。

最初，萨沃纳罗拉揭发出的基督教义与教会实际行为之间的冲突只是隐约的，然而随着他越发义愤填膺，他的胆子也越来越大——很快，他就开始指责教会本身及其腐败的神职人员：是时候让所有人在即将到来的"神圣惩罚"之前悔改了。

萨沃纳罗拉的布道对佛罗伦萨人民的影响是直接而剧烈的，这座城市以前从未听说过这样的言辞。社会开始变得分裂，萨沃纳罗拉充满激情的讲演在穷人中吸引了越来越多、越来越热心的追随者。与此同时，饱受诟病的富人和中产阶级开始谴责他的追随者们，称他们为"牢骚鬼"。局面起了质的变化，萨沃纳罗拉说出了更加可怕的预言，他自己也体验到令人不安的异象。带着对这些异象的狂喜，他描述了自己如何看到"悬在大地之上的主之剑"，以及将如何"迅速而毫不留情地"惩罚人类。很快，他又进一步预言磨难将席卷罗马，而"新居鲁士①将翻山越岭，带来死亡和毁灭"。只有这样，教会才能真正复兴。

市民们群情激奋，局面显然已经失控了。然而，洛伦佐仍然表现得优柔寡断，此时他的痛风已经严重到只能躺在床上，或者被人用担架抬着走的地步。朋友们和顾问坚持要他将萨沃纳罗拉驱逐出城，但洛伦佐明白，是他本人邀请这位修士回来佛罗伦萨的，他似乎不愿违背自己先前的意愿。

萨沃纳罗拉在修道院声望日盛，并于 1491 年 7 月 14 日被选为圣马可修道院院长。但他没有像圣马可的每一位前任一样向这座城市的统治者洛伦佐致敬，美第奇家族被激怒了（之前的这一致敬惯例，在一定程度上是为了感谢科西莫·德·美第奇为圣马可修道院所做的一切，在后来的美第奇统治时期，已成为该市宗教机构的传统）。当圣马可的修士们敦促萨沃纳罗拉去拜访洛伦佐时，萨沃纳罗拉问道："是谁让我成为了修道院院长？上帝还是洛伦佐？"当众人回答是"上帝"后，萨沃纳罗拉宣称："那么我应该感谢的是上帝。"

"伟大的洛伦佐"知道他必须采取些行动了，但他决定不发表任何公开声明，因为这只会造成城市的进一步分裂。相反，他派遣秘密信使前往圣马可修道院：先是试图说服萨沃纳罗拉停止煽动性

---

① 公元前 6 世纪，波斯国王居鲁士大帝（Cyrus the Great）将以色列人从巴比伦解放出来，使他们能够返回家园并在耶路撒冷重建圣殿。因此，根据犹太教-基督教的传统，居鲁士被视为上帝无意中选择的使者。

布道；当劝说不奏效时，他开始发出威胁。尽管萨沃纳罗拉在他对腐败统治者的痛斥中避免提及任何人的名字，但现在所有人都明白他谴责的对象就是洛伦佐。

当洛伦佐派出的又一队代表来到圣马可时，萨沃纳罗拉当众宣布他看到了进一步的具有深远历史意义的预言场景。根据维拉里（Villari）的记录：

> 他开始谈论佛罗伦萨市和意大利的政治状况，展示出对这些问题的深入了解，让听众感到惊讶。然后，他在圣马可圣器室的众多人面前预言，意大利很快就会发生巨变，特别预言洛伦佐、教皇英诺森八世和那不勒斯国王费兰特都将很快死去。

这个预言很快传遍整个城市，其轰动效应无疑是萨沃纳罗拉早有预料的。

其实仔细想来，这些预言并没有乍看上去那么耸人听闻。圣马可修道院日常就会有大量修士往来，往返罗马或者遍布整个意大利的其他多明我会的修道院。这些修士会打听并且散播他们所经过的城镇和地区的最新消息或八卦。在维拉里看来，萨沃纳罗拉渊博的政治知识可能让他的本地听众感到惊讶，但估计不会惊讶到在场的任何修士。因此萨沃纳罗拉作为修道院院长，会像美第奇银行的任何分行经理一样了解意大利的最新政局发展。另外，佛罗伦萨的所有人都知道洛伦佐已经病重。英诺森八世只是被选为临时教皇，红衣主教团曾认为鉴于他虚弱的健康状况和享乐的生活方式，他不太可能活太久。事实上，许多人对他已经在梵蒂冈待了七年感到惊讶。与此同时，考虑到越来越明显的妄想和其他精神不稳定的迹象，那不勒斯国王费兰特能够活到 68 岁，也已经是一个奇迹。从这个角度来看，萨沃纳罗拉的预言似乎只不过是消息灵通基础上的一系列猜测。

正是在这个阶段，洛伦佐邀请萨沃纳罗拉到卡雷吉别墅拜访他。萨沃纳罗拉向洛伦佐提出的三个问题涉及对上帝的信仰、放弃世俗物品以及他是否愿意给予佛罗伦萨人民真正的民主权利，可以看出他的基本宗教信仰仍然与社会公正密不可分。虽然洛伦佐对第三个问题沉默不语，萨沃纳罗拉仍然给予了洛伦佐临终祝福，这让在场的许多人感到惊讶。很明显，洛伦佐对修士的理想主义有一定的尊重，而萨沃纳罗拉对他的对手也有一种勉强的尊重。当这位雄心勃勃的年轻修士第一次看到在花园中徘徊的洛伦佐时，他的脑海中想到了什么？事后看来，他或许在潜意识中也渴望获得前者的地位和权力。

洛伦佐于 1492 年 4 月去世。不到四个月后，消息传来，英诺森八世在罗马去世。在萨沃纳罗拉的预言中，只有那不勒斯的费兰特国王还活着，但有传言说他也已经病重。佛罗伦萨坊间的流言蜚语再次涌起：萨沃纳罗拉怎么可能知道这样的事情会发生，除非他确实是一位真正的先知，如他声称的直接从上帝那里得到消息？

大约在这个时候，萨沃纳罗拉"看到"了另一个"伟大的异象"，其戏剧性的程度与他早先声称见到的"悬在大地之上的主之剑"不相上下：

一个黑色的十字架，它张开双翼覆盖了整个地面。十字架上刻有"Crux irae Dei"（上帝之怒十字架）的字样。天空一片漆黑，电闪雷鸣，一场大风暴和冰雹杀死了许多人。然后天空放晴，从耶路撒冷的中心出现了一个金色的十字架，它升入天空照亮了整个世界，而这个十字架上刻有"Crux Misericordae Dei"（上帝慈悲十字架）的字样，所有人民都前去朝拜它。

鉴于萨沃纳罗拉对真相一贯的狂热坚持，他所叙述的这一场景不太可能是纯属捏造的。但是这种情况出乎意料地得到了现代神经科学以及对此类"幻象"进行的病理学研究的支持。在这些事件中，局部大脑活动表明处于这种精神状态的人确实"看到"了他们声称看到的东西。同样，当受试者声称听到有"声音"对他们说话时，相应的大脑活动表明他们说的是实话。在这两种情况下，研究对象都不会觉得他们应该对这些精神性的影响负有任何责任，因为在他们看来，这些精神性的影响来自某些强大的外部来源。

不管萨沃纳罗拉声称看到的景象的真实性到底如何，追随者们已经对他的描述和预言都产生了强烈的信仰。而随后确实发生了的事件会不断加强这种信念。1494年1月，那不勒斯国王费兰特去世的消息传到了佛罗伦萨，看起来萨沃纳罗拉的预言已经基本应验了。

现实的情况还在继续朝着预言的方向发展。洛伦佐去世后，意大利半岛暂时没有人来维持均势了。那不勒斯的新国王阿方索二世（Alfonso II）与新教皇亚历山大六世（Alexander VI）结盟，米兰的卢多维科·斯福尔扎认为这是一种威胁，并邀请法国国王查理八世出兵保护他。查理八世声称自己拥有那不勒斯王位已有一段时间了，他抓住卢多维科制造的机会，率领当时欧洲最强大的军队向半岛进发，越过阿尔卑斯山进入意大利，占领了那不勒斯王国。但卢多维科·斯福尔扎最终搬起石头砸了自己的脚，将米兰拱手送给了法国人。查理八世自然就是萨沃纳罗拉预言中的"新居鲁士"——"他将翻山越岭，带来死亡和毁灭"。

　　萨沃纳罗拉的预言再一次与现实吻合了，他几年前发出的预言早于任何法国入侵的迹象。合理的解释只能是，这是一个令人惊讶的巧合。君士坦丁堡被奥斯曼土耳其人攻陷至今已有四十年了，然后奥斯曼军队锐不可当地穿越巴尔干半岛——一度进逼到距离威尼斯200英里以内。1480年，他们甚至横渡亚得里亚海，并短暂占领了意大利南部的奥特朗托市。萨沃纳罗拉关于新居鲁士将"翻山越岭"抵达意大利的预言，似乎原本是受到他对奥斯曼帝国的恐惧而得到的启发，但现实中征服的军队是跨过阿尔卑斯山而来，并非从东面的巴尔干半岛而来。

　　"伟大的洛伦佐"死后，长子皮耶罗二世掌权。他被称为"不幸的皮耶罗"（Piero the Unfortunate）并非毫无道理。他生性傲慢冲动，疏远了父亲曾经信任的顾问们。查理八世入侵意大利后很快就占领了米兰，为了准备南下向那不勒斯进军，他向皮耶罗发信要求佛罗伦萨的支持。皮耶罗立即找到雇佣兵军队来加固托斯卡纳边境上的堡垒，这些堡垒一度挡住了法军的去路，但实力占优的法军还是迅速攻占了所有堡垒，屠杀了防御的军队。

最后还剩下萨尔扎内罗的山顶堡垒，这处堡垒能够俯瞰通往南部那不勒斯的道路，是最难攻克的。法军不得不集结力量围攻他们前进道路上最后的障碍。法国人的进攻能被阻止吗？或者这只是暂时的挫败，之后他们会对佛罗伦萨进行更猛烈的报复？

此时，佛罗伦萨城内一片混乱。许多人都同意向查理八世投降；与此同时，萨沃纳罗拉继续宣扬法国国王和他的军队是"上帝的惩罚"。他向会众们喊道："佛罗伦萨啊，因为你的罪孽、你的残暴、你的贪婪、你的欲望，许多考验和磨难会加在你身上！"当时的首席执政官皮耶罗·卡波尼（Piero Capponi）和执政团则显得茫然不知所措。

此时，皮耶罗·德·美第奇决定自己行动。效仿父亲当年英勇地前往那不勒斯与费兰特国王沟通的样板，他决定前去与查理八世对峙。他没有与执政团商议就独自骑马出城，向西前往法国营地。他要单枪匹马地拯救佛罗伦萨。

但问题是，"不幸的皮耶罗"并没有真正可行的计划。当他到达萨尔扎内罗城堡下的法国营地，被带去面见法王时，他已经吓坏了。更糟糕的是，查理八世和他的朝臣对皮耶罗不屑一顾，甚至在他开口之前就先提出了法方的一系列要求，比如萨尔扎内罗必须立即投降，必须允许法军占领佛罗伦萨的港口里窝那和比萨。查理八世很清楚，这样可以让佛罗伦萨与世隔绝，任由他摆布。

令法国国王和顾问们惊讶的是，皮耶罗在谈判中竟然放弃了任何抵抗，立即同意了他的所有要求。查理八世与他的顾问商议后提出进一步的要求，为了保证佛罗伦萨的安全，该市必须给他 2 万弗罗林（一笔巨款）；为了执行这些措施，查理八世和他的军队必须被允许通过佛罗伦萨。皮耶罗竟然也全部都同意了，甚至允许法王在逗留期间使用美第奇宫。这份投降已经不能再彻底，也无法更卑微了。

消失两周后，"不幸的皮耶罗"于 1494 年 11 月 8 日返回了佛罗伦萨，他投降的消息迅速传遍了整个城市。当皮耶罗带着侍从来到领主宫，打算正式将消息转达给首席执政官时，大门"砰"的一声关闭在他面前。卡波尼命令随从敲响了牛钟，将所有公民召集到广场开会。皮耶罗和他的手下正不知道下一步往何处去，佛罗伦萨的人们开始从城市的四面八方涌入广场。他们嘲笑皮耶罗和他的随从，向他们扔石头，人群开始高呼皮耶罗是叛徒。见势不妙，皮耶罗迅速骑返美第奇宫。

皮耶罗的弟弟，19 岁的红衣主教乔瓦尼，一听说皮耶罗独自前往会见查理八世后就从罗马赶来。当被民众羞辱的皮耶罗回到美第奇宫时，乔瓦尼竭尽全力劝说他，但无济于事。皮耶罗似乎已经崩溃了——查理八世的压力和佛罗伦萨人民的抗拒，对他来说都无力招架。而这一次，召集美第奇支持者的做法也不再奏效，甚至不复存在：根本没有更多的钱来维持这些政治运作了。根据德·罗佛的说法：

> 美第奇银行此时正处于破产边缘。大部分分行都已经关闭，仍然存在的也不过是在苟延残喘。就连长期以来一直处于支柱地位的罗马分行，也已经无力支持……美第奇家族欠罗马

分行的债务已经超过了他们的股本 11 423 弗罗林。此外，年轻的红衣主教乔瓦尼还另外欠了 7 500 弗罗林。

皮耶罗已经因为恐惧和压力无法做任何事，红衣主教乔瓦尼决定最后一搏。他召集了一支由少数忠诚的美第奇支持者组成的队伍，骑马穿过街道，呼唤着那句著名的美第奇集会口号："Palle! Palle!"但这次得到的回应只有无情的嘲笑，以及"Popolo e Libertà!"（人民与自由）的呼喊声。人群开始出现攻击行为，乔瓦尼和他的手下只得赶紧骑马回到美第奇宫，大门在他们身后被紧紧关上。

是夜，"不幸的皮耶罗"和红衣主教乔瓦尼疯狂地收拾了尽可能多的贵重物品，然后在夜色的掩护下伪装成可怜的僧侣逃离了这座城市。第二天一早，执政团正式下令驱逐美第奇家族，并悬赏 5 000 弗罗林捉拿皮耶罗。暴徒闯入美第奇宫，将那些未及带走的东西洗劫一空。科西莫·德·美第奇曾预言"五十年内我们家族将再次被流放"，事实上，在短短三十年后，这一切就到来了。

第十六章　焚烧虚荣的圣火

　　佛罗伦萨的局势至此已经发生了关键的转折。11 月 1 日，当"不幸的皮耶罗"前往会见查理八世时，萨沃纳罗拉走上布道坛，向拥挤在大教堂里的人民布道。在已经陷入混乱的城市中，似乎只有他的声音才能汇聚人们的注意力。

　　第二天他也做了同样的事情。第三天，他又发表了充满激情的长篇大论。据里多尔菲的记录："在这三天里，正如他后来回忆的那样，他在讲坛上大声呼喊，胸中的静脉几乎爆裂，身体疲惫不堪，差不多病倒了。"

　　随着"不幸的皮耶罗"出逃，剩余的美第奇支持者与市民之间的冲突日益加剧，执政当局的管理几乎陷入瘫痪，只有萨沃纳罗拉的布道才能奇迹般地让人们保持秩序。根据曼托瓦驻佛罗伦萨大使发回的信件称："一位多明我会修士震慑住了所有佛罗伦萨人，以至于他们完全听从于他的布道。"在人们眼中，萨沃纳罗拉的话——自称是来自上帝的声音——似乎是他们唯一的希望。

首席执政官卡波尼和执政团极不情愿地接受了权力已经实际上转移到了萨沃纳罗拉手中的现实，他们召集了"70人委员会"，这正是"伟大的洛伦佐"曾经为巩固美第奇权力而设立的机构。11月4日，卡波尼向全体委员会成员提议，为了拯救佛罗伦萨，或者至少避免查理八世迫在眉睫的威胁的唯一方法，是派遣一个代表团到法国国王那里投降谈判。这个代表团应该由四位使节组成，是佛罗伦萨人民的真正代表。他本人自愿成为使节之一，但在他看来最适合带领这个代表团的是"一个过着圣洁生活的……勇敢聪明、才华横溢、享有盛誉的人"。众所周知，他指的是萨沃纳罗拉。

尽管受到布道后慢性神经性头疼的折磨，萨沃纳罗拉还是无法拒绝卡波尼的提议。这是一个正式确立他是这座城市领导人的机会。

在这一点上，有关人士的动机值得质疑。卡波尼是否私下打算将萨沃纳罗拉当作替罪羊，以防后续出现问题？还是萨沃纳罗拉根本无法抑制他对权力的渴望？在接下来的事件中，我们必须考虑到这些复杂的动机。

11月5日，萨沃纳罗拉和使团启程离开佛罗伦萨。尽管情形紧迫，并且需要给法国国王和他的朝臣留下郑重的印象，但萨沃纳罗拉坚持认为他只会徒步行进，就像一个"小修士"会做的那样。其他人别无选择，只能骑马跟在后面，按照惯例穿着城市的制服。萨沃纳罗拉则穿着他日常的破旧长袍，身上挂着他的祈祷书。

就这样，佛罗伦萨代表团出发去会见查理八世和他的军队，他们之前正在围攻萨尔扎内罗要塞。当他们经过附近乡村时，得知法国人已经离开了萨尔扎内罗。但他们去哪儿了？似乎没有人知道。佛罗伦萨代表团只得继续前行，沿途在各个村庄打听法军去向。这可不是什么好兆头。

11 月 8 日，就在"不幸的皮耶罗"和红衣主教乔瓦尼·德·美第奇离开佛罗伦萨的那天，查理八世进军比萨，在那里受到了市民的欢迎，因为他们对摆脱佛罗伦萨的统治感到非常高兴。几天后，正是在这里，萨沃纳罗拉和佛罗伦萨代表团终于抵达并会见了时年24 岁的查理八世。

由于法国王室近亲婚配的影响，查理八世的性格和外表都不太令人愉快。他智力有限，面容丑陋，腿短且有过大的扁平足。根据佛罗伦萨历史学家圭恰尔迪尼的说法："他的四肢如此匀称相似，以至于看起来更像是一个怪物而不是一个人。"

查理八世以天真闻名，行为令人发笑。虽然十分幼稚，但他以威胁的腔调自言自语的习惯还是让许多人在他面前感到不安。当这位侏儒般的国王坐在高高的宝座上，周围环绕着他的顾问和宫廷徽章时，场面仍然宏伟而壮观，表明他是欧洲中世纪荣耀中最强大的君主。

佛罗伦萨代表团被正式带进了国王的大帐。萨沃纳罗拉毫不怯场，立即开口对查理八世说："国王啊！正如我在过去几年中一直预测的那样，您已经成为上帝的执事，是神圣正义的象征。我们以喜乐的心和笑脸欢迎您的光临……"

查理八世的顾问们已经向他介绍过萨沃纳罗拉的预言天赋——这个话题正好契合了这位几乎不识字的年轻国王的迷信心理。他倾身向前，专心聆听萨沃纳罗拉的话——即使萨沃纳罗拉突然改变语气，并开始警告查理八世，"尽管您是上帝派来的执事，但上帝也有能力对自己的执事进行可怕的报复，"如果法国国王允许他的军队去伤害佛罗伦萨的话。

正式会见结束时，查理八世允许其他三位佛罗伦萨使节退场，但坚持让萨沃纳罗拉留下进行私人谈话。据在场的法国外交官菲利普·德·康明斯（Philippe de Commines）说，他们讨论了"上帝向［萨沃纳罗拉］所启示的内容"。萨沃纳罗拉虽然穿着破旧的长袍和布鞋，外表寒酸，但他的言行似乎给查理八世留下了深刻的印象，国王被他炽热的信仰和出格的行为迷住了。

萨沃纳罗拉和其他三位使节最终启程返回佛罗伦萨。半路上他们得到消息，因为执政团群龙无首，当局已经处于彻底崩溃的边缘。抵达后，萨沃纳罗拉立即宣布他将在当天晚些时候在大教堂布道。市民们像潮水一样涌进大教堂，挤不进来的人站满了外面的广场。萨沃纳罗拉向聚集的会众呼吁，他们应该感谢上帝，因为美第奇家族已经被推翻了。他告诉他们法国人要来了，很快就会在城墙外扎营准备进城。他向许多写满惊恐的面孔保证，只要他们欢迎法国人，不暴力反抗，他们就不会受到伤害。

不到一周后，查理八世率领大军抵达佛罗伦萨。当法国士兵沿着街道行进时，佛罗伦萨市民排成一排为他们欢呼，有些紧张地喊道："法兰西万岁！法兰西万岁！"长长的士兵队伍至少过了两个小时才完全走进城门，总共有 1 万人。根据当时的记录，还有 1 万人留在比萨城外扎营。

驻扎在佛罗伦萨的 1 万名法国士兵都被安排到有特别标记的房子里，前门涂上油漆。接下来的几天，局势依然紧张，法国国王就"不幸的皮耶罗"曾经答应给他的 20 万弗罗林与卡波尼和执政团谈判。除了个别发生的暴力事件外，局势仍在控制之中。一种充满着不安的和平降临在城市中，但也仅此而已。最终，卡波尼告诉查理八世，他们只能给他 15 万弗罗林，这是他们所有的钱。

11 月 25 日，卡波尼和执政团出席了在领主广场举行的盛大仪式，将在聚集的佛罗伦萨市民面前与查理八世签署条约。但当传令官开始宣读条约条款时，查理八世得知执政团只付了 12 万弗罗林，而不是承诺的 15 万弗罗林。愤怒的法国国王跳起来威胁说："我们将不得不吹响我们的号角！"这是一个信号，意味着驻扎在整个佛罗伦萨的法国军队将要武装起来，残暴洗劫这座城市。卡波尼毫不畏缩地回答说："如果你吹响你的号角，我们就会敲响我们的牛钟！"这是佛罗伦萨传统的城市号角，号召所有公民保卫他们的城市。

会场一时间一片寂静。查理八世有 1 万名强悍的士兵，但他们面对的将是整个城市的人口（当时估计约有 7 万人）。市民们还拥有地形优势，他们熟悉所有街道和隐秘的小巷。查理八世马上变成开玩笑的口气，"哦，卡波尼，卡波尼，你真是一只鸡*！"就这样，局势戏剧性地缓和了，条约顺利签署。

但后来有消息传出，查理八世和他的士兵们计划无论如何都要洗劫这座城市。当卡波尼和委员会在议会厅重新集合时召来了萨沃纳罗拉，并要求他与查理八世会面，说服他发布限制士兵胡作非为的命令。根据当时的一份记录，萨沃纳罗拉直接前往查理八世居住的美第奇宫。他冲破试图阻拦的士兵，直接进入了国王的房间。他发现全副武装的查理八世正准备带领他的部下开始实施暴行，萨沃纳罗拉站在国王面前，举起一个黄铜十字架宣称："除非你和你的手下立即停止行动，否则上帝将毁灭你们……"

查理八世脸色沉了下来，然后带着孩子般的敬意向萨沃纳罗拉打招呼，但他并没有脱下盔甲。萨沃纳罗拉现在开始与他推演局势，指出他在佛罗伦萨停留的时间越长，他对那不勒斯开战的动力就越弱。最终，萨沃纳罗拉向查理八世宣布："现在听听上帝仆人的声音——继续您的旅程，不要再耽搁，不要试图破坏这座城市，否则会遭到上帝降下的灭顶之灾。"

令所有人惊讶的是，第二天法国国王和他的军队真的从佛罗伦萨启程了。他们与驻扎在比萨城外的士兵会合，继续向南前往那不勒斯。萨沃纳罗拉在卡波尼的帮助下，成功拯救了佛罗伦萨。

如果佛罗伦萨惨遭洗劫，城市面貌很可能极难恢复。虽然文艺

---

* 译注：查理八世将卡波尼（Capponi）的名字戏称为 capon，capon 在英语中有阉公鸡的意思。

复兴的影响已经开始在整个意大利蔓延，但如果精神本源消失了，这股风潮还能持续下去吗？虽然大概率是可以的，但很可能会发生特征的改变，力量和影响会减弱。正如我们在后文将要看到的，佛罗伦萨仍然有源源不断的养料提供给文艺复兴——尤其是在艺术、科学和政治方面。这座城市在这些主要领域的影响力是典型的佛罗伦萨式的，是基石一般的，激发着西欧向现代社会转变。

虽然佛罗伦萨的城市没有被摧毁，但孕育文艺复兴的精神似乎已经暗淡了。萨沃纳罗拉在现实中拯救了佛罗伦萨，他打算还要在精神上以他自己的方式"拯救"佛罗伦萨。自 1378—1382 年羊毛工人起义一个多世纪以来，佛罗伦萨第一次出现了一个由人民自由投票选出的政府。萨沃纳罗拉带来了正义、民主和共和政治的表象，公民终于获得了自由。然而，他们如何表达这种自由呢？萨沃纳罗拉认为，抛开美第奇家族，公民们现在应该向上帝回答。公民将拥有神圣的正义，而不是世俗的不公，他们将是平等和自由的：但仅仅是在上帝面前"平等"，只能"自由"地开始简单虔诚的生活[①]。

然而不出所料，市民们对萨沃纳罗拉关于生活方式的限制很难达成一致。当时的佛罗伦萨日记作家卢卡·兰杜奇（Luca Landucci）

---

　　①　在这个特定时间，在佛罗伦萨建立正义引出了一个重要问题。文艺复兴是为了谁？它给哪些人带来了好处？当然不是弱势群体。从长远来看，底层民众是否会通过"涓滴效应"从这种人文主义发展中受益值得商榷。然而，正如 20 世纪经济学家凯恩斯（John Maynard Keynes）所说："从长远来看，我们都会死。"同样，涓滴效应在任何领域都远非必然发生。

的两篇文章描述了市民们对这座城市中发生的事情充满争议的场面。在新的选举之后，他在 1495 年 1 月 1 日（现代风格的日期记录方式）愉快地记录道：

> 新执政团上台了。他们很高兴看到整个广场挤满了市民，精神面貌与以往截然不同——市民们感谢上帝将这个公正的政府赐给佛罗伦萨，将他们从过去的屈从中解救出来。而这一切都是在"小修士"［即萨沃纳罗拉］的推动下实现的 。

然而，大约在同一时间，兰杜奇记录了萨沃纳罗拉在他的布道中如何"继续谈论国家事务，并且生怕人民提出反对意见。就像意大利谚语中说的'有人想要烤，有人想要煮'：大家意见不一，有人赞同萨沃纳罗拉的看法，有人反对；但如果不是他在场，也许就会发生流血事件"。

萨沃纳罗拉试图在佛罗伦萨建立他的"上帝之城"。在接下来的几个月里，他本着基督教义的要求，使佛罗伦萨市民的生活发生了一些明显的变化。有些妻子和女儿们开始立誓信教并进入修道院，人们在公共场合不再戴假发或穿色彩鲜艳的衣服——部分是他们自己的意愿，但更多的是迫于社会压力。那些重视自己社会地位的人经常去教堂参加聚会。这些变化很快就有了进一步的发展，尤其是在年轻人中。

许多青春期男孩本来就处在易受影响的年纪，都热情地皈依了萨沃纳罗拉的激进宗教。于是他们被组织起来，穿着象征纯洁的白色衣服然后走上街头。在十字路口设置了带有十字架和蜡烛的祭坛，男孩们开始唱赞美诗，鼓励路人停下来加入他们。这些曾经在狂欢节期间狂欢浪游，打着"慈善"名义抢钱的恶霸小混混，转身成了虔诚的白衣青年，还会挨家敲门，谦恭地为穷人求施舍。

兰杜奇描述了这些"萨沃纳罗拉男孩"是如何变得越来越胆大妄为的，他们的行为也越来越具有压迫性："一些男孩自作主张强行没收了走在大街上的女孩的面纱，女孩家人的抗议引起了轩然大波。发生这一切就是因为萨沃纳罗拉鼓励男孩们反对女性佩戴不合适的装饰品。"

萨沃纳罗拉还鼓励他们对赌徒采取类似的"高尚"行为。他特别讨厌赌徒，"所以每当有人喊：'萨沃纳罗拉的孩子们来了！'所有赌徒都会作鸟兽散，不管他们原本有多张狂"。

尽管有这些清教徒式的限制，萨沃纳罗拉的"压迫"显然还是比美第奇治下的"民主"城邦的压迫更容易让人接受。挣脱了"伟大的洛伦佐"和美第奇政治机器无处不在的腐败统治，人们表面上似乎在新建立的"圣洁生活"中得到了解放。回顾这些日子，兰杜奇后来宣称："赞美上帝，我看到了这短暂的圣洁时期。我祈祷他能让我们回到那种圣洁的生活……那是多么幸福的时光。"

1497 年的前几周，局势发展达到了顶峰。之前美第奇统治时期，四旬节已被狂欢节所取代；而现在，所有狂欢节庆祝活动都被禁止了，取而代之的是萨沃纳罗拉计划的"焚烧虚荣的圣火"（bonfire of the vanities）。他下令搜罗整个城市的奢侈品，包括所有他讨厌的东西——从旧手稿到镜子和乐器；从绘画到古代哲学家和人文主义作家的作品，就连但丁的作品也逃不过他的痛恨。所有这些物品在领主广场中间堆成小山，准备在四旬节开始的前一天烧掉。

这些"虚荣的物品"是由之前被贵族称为"牢骚鬼"的穷人们搜罗来的，他们挨家挨户清查扫荡。"牢骚鬼"们现在陶醉于他们的称呼，虽然这在以前是一种侮辱。各个阶层的人，从羊毛产业工人到城市中下阶层，再到执政团的成员，都集体卷入了歇斯底里的浪潮。甚至波提切利也加入进来，将自己的一些画作亲手扔到了柴堆上。瓦萨里描述了波提切利如何"盲目地听从布道，放弃了自己的画作，而且由于没有收入维持生计而陷入了非常痛苦的境地"。

1497年2月7日是"忏悔星期二"（Shrove Tuesday），"虚荣的物品"堆成的小山在广场中央被隆重点燃。首席执政官、执政团和政府的高级成员们，从领主宫的阳台上向下凝视着。燃烧的大火噼啪作响火光冲天，饰有城市纹章的号角从宫殿中响起，牛钟深沉的钟声在城市上空回荡。大批聚集围观的市民鼓掌，然后开始加入"萨沃纳罗拉的孩子们"唱的赞美诗的行列中。

整个四旬节期间，萨沃纳罗拉在大教堂的讲坛上发表了一系列内容更加激烈的布道。到3月4日，他已经表达得非常直白，以至于公开宣称："修士们之间有一句谚语：'他来自罗马，不要相信他。'哦，听听我的话，你这个邪恶的教会！罗马宫廷里的人们已经失去了灵魂，他们迷失了……"他没有提到任何人的名字，而是继续说："如果你遇到喜欢在罗马生活的人，你就知道他们是煮熟的。他被煮熟了，你明白我的意思吗？"此言一出，所有人都明白了他指的是谁——不是别人，就是教皇，以及他会在地狱被"煮熟"的事实。

萨沃纳罗拉无疑给自己选择了一个强大的敌人。梵蒂冈的现任主人是臭名昭著的教皇亚历山大六世波吉亚（Borgia）。与以往的教皇不同，亚历山大六世公然承认自己有后代，甚至邀请他的一些成年子女与他一起住在梵蒂冈。其中包括切萨雷·波吉亚（Cesare Borgia）和妹妹卢克雷齐娅·波吉亚（Lucrezia Borgia），他们的恶名甚至可以与父亲相提并论。事实上，整个家族都因偷窃财富、堕落的"娱乐"以及参与秘密暗杀和投毒而遗臭万年。

亚历山大六世可能已经堕落了，但他仍是一个非常强硬的人，并且精于各种阴谋诡计。尽管萨沃纳罗拉一直在倡导反对教会的腐败，但这是他第一次谴责教皇本人。这种谴责也许仍是遮遮掩掩的，但传达的意思很明确。萨沃纳罗拉的这一大胆举动很快就传到了罗马。

一段时间以来，亚历山大六世一直在关注萨沃纳罗拉对佛罗伦萨人民日益增长的影响力。早在 1495 年 7 月，他就手书教皇诏令给萨沃纳罗拉：

> 我们听到您宣称的预言内容不是来自自己，而是来自上帝。因此，我们渴望与您交谈，因为这是神父的职责。我们可以通过您对上帝赞同的事情有更深入的了解，并将其付诸实践……

这封诏令通篇都是一种友好但令人不安的语气。里多尔菲将这封信描述为"一份语气最诡异的信件，可以形象地与波吉亚著名的

'毒糖果'相提并论"。萨沃纳罗拉可能是一个理想主义者，但他不是傻瓜。他很清楚，如果冒险前往罗马并落入亚历山大六世的魔掌，大概就永远无法活着返回佛罗伦萨了。

萨沃纳罗拉回信给亚历山大六世，礼貌地拒绝了他的邀请，解释说他太累了，无法进行漫长而艰巨的旅程前往罗马。鉴于萨沃纳罗拉一贯坚持真理，这几乎可以肯定是讲的真话。他经常充满激情地布道，还要每天参与佛罗伦萨的政治活动，这一切让他极度疲惫，不得不暂时停止布道。

当萨沃纳罗拉恢复布道后，亚历山大六世决定尝试不同的策略。佛罗伦萨内部开始出现越来越多反对萨沃纳罗拉的声音。主要的反对派团体称自己为"愤怒者"（arrabbiati）。他们吸引了有着广泛人群的支持者，从平民到权贵家庭的成员。事实上，好战的年轻贵族会在欺负"牢骚鬼"中扮演重要角色。"愤怒者"对萨沃纳罗拉对该市世俗政府的干预感到不满，有些人甚至赞成回到旧的美第奇时代。经济下滑加剧了反对呼声。佛罗伦萨通过比萨港出口商品的主要路线被切断了，因为该港已被查理八世"暂时占领"。随后，长时间异常强降雨又导致粮食连续歉收。根据兰杜奇的说法："在这段时间里，雨从未停止过，暴雨已经持续了大约 11 个月，从来没有哪一个星期不下雨。"

"愤怒者"两次企图暗杀萨沃纳罗拉，但都失败了，于是他们写信恳求教皇进行干预。亚历山大六世仍然决定避免直接冲突，而是在写给萨沃纳罗拉的信中试图利用他的虚荣心——他写道，可以为"小修士"戴上红衣主教的红帽子。萨沃纳罗拉被教皇对自己品格的误判所刺痛，骄傲地回答说，他只想要一顶"被血染红"的红帽子。有些人认为这正是对殉难的提法。萨沃纳罗拉是否已经在他看到的"幻象"中预见了这个结局？或者他是否意识到这对他来说是不可避免的结果：一个可能导致他成为圣人并在死后实现梦想的结果？

由于歉收和洪水，佛罗伦萨不断有饥民涌入，进一步加剧了市民之间的分歧。兰杜奇描述了萨沃纳罗拉如何在"父亲和孩子、丈夫和妻子、兄弟和姐妹之间制造分裂"。1497 年 5 月，愤怒的亚历山大六世最终发布了一道诏令将萨沃纳罗拉逐出教会，禁止他传教。但萨沃纳罗拉决定对诏令不予理会，并继续布道。许多人对已经被逐出教会的多明我会修士仍然在大教堂里参加弥撒感到震惊，至少有一次仪式中爆发了骚乱，随后还发生了一次拙劣而失败的暗杀。

在布道过程中，萨沃纳罗拉开始暗示他会创造一个奇迹，来一劳永逸地证明他担负的神圣使命。一位方济各会持敌对态度的修士抓住了这个机会，向萨沃纳罗拉发出挑战，要进行"火的考验"。这场考验指的是赤脚走过长达 50 英尺的燃烧的煤块，那时上帝将决定谁被烧死，谁能奇迹般地毫发无损。萨沃纳罗拉选择了无视这一挑战，但他的一位狂热追随者却接受了，坚持要替代萨沃纳罗拉迎战。于是，挑战被正式接受，众人商定了具体的日期。

4 月 7 日那天，人们从黎明开始就涌入领主广场，渴望亲眼目睹这场大火中的挑战，看看是否会发生奇迹。中午时分，广场的所有入口都被军队封锁，以防止更多的人挤进领主宫前的空地。经过漫长的等待，下午 1 点，200 名方济各会修士组成的代表团陪同他们的参赛者抵达。半小时后，250 人的多明我会修士代表团抵达，手持蜡烛，唱着赞美诗；紧随其后的是他们的参赛者，手里拿着一个十字架。在他身后跟着萨沃纳罗拉，高举一块面包，这面包在圣餐仪式中就象征着基督的身体。

执政团从宫殿里走出来进行监督。然而两个代表团之间就挑战程序展开了长时间的争吵，而且争吵涉及的话题范围越来越大，甚至包括方济各会反对多明我会修士穿着全身红色的斗篷，理由是它可能被"施过法术"。与此同时，围观人群变得越来越躁动不安，迫不及待地催促挑战开始。"愤怒者"和萨沃纳罗拉的支持者之间发生了骚乱，广场入口的军队逼近人群，试图恢复秩序，主持挑战的官员已经完全不知所措了。恰在此刻，一场狂风暴雨突然降临，电闪雷鸣，暴雨倾盆。许多人认为这是上帝不悦的反映。尽管如此，市民们仍然不肯散去，决心等待亲眼看到奇迹——或者说看不到奇迹。终于，风暴像开始时一样突然停止了。

但到了这个阶段，执政团讨论认为局面已经失控了，并且担心这很可能会发展成一场更大规模的骚乱。于是，他们召集了传令官，宣布这场挑战取消。

此时已到傍晚，天色开始暗了下来。"愤怒者"开始散布谣言，说是萨沃纳罗拉命令多明我会修士不要参加这场考验的，就连一些

"牢骚鬼"也开始怀疑了——为什么他没有亲自接受挑战？众人的心中开始有了不同的感受。方济各会代表团穿过人群离开了广场，但多明我会修士团离开的时候，人群开始追赶他们。在被追逐中穿过数条街道后，多明我会修士们终于回到了圣马可修道院，迅疾关上了身后的大门。

翌日，这座城市依旧寂静无声，街巷空无一人。然而到了下午，一群不同立场的人开始在街上游荡并在街角扭打，其中一些冲突演变成全面的战斗。到了晚上，一大群人聚集在圣马可修道院外面，愤怒地呼喊萨沃纳罗拉的名字。那天夜里，暴徒们最终冲进修道院，将萨沃纳罗拉与他的两个最忠心的追随者一起掳走，带到巴杰罗宫。在接下来的几天里，萨沃纳罗拉遭受了对所有犯人都会施加的惯用酷刑。在严刑拷打下，他只得承认他所有的预言和幻觉都是捏造的，但后来他又推翻了自己的供认，于是同样的拷打过程又重复着……直到第三次，他已经虚弱得无力否认自己的供述了。

5月23日，萨沃纳罗拉和两个忠诚的同伴被带到领主广场，他们被判定为异端并被判处死刑。三个人都被吊在了领主宫前竖立的脚手架上，在他们摆动的身体下燃起了熊熊大火，火焰无情地吞噬了他们。最终，他们的尸体混杂在灰烬中被一起扔进了阿诺河，没有任何遗物留下。

一些历史学家将萨沃纳罗拉在佛罗伦萨掌权的整个过程视为宗教改革的前兆，宗教改革在接下来的一个世纪将基督教分裂为了天主教和新教。无论情况是否如此，萨沃纳罗拉的垮台无疑标志着佛罗伦萨历史上的一个重要转折点。摆脱了宗教激进主义的束缚后，这座城市也仅仅保持了十五年的共和统治就逐渐陷入困境，最终走向了专制统治。然而，正是在这个过渡时期，佛罗伦萨产生了三位历史开创性的人物，他们在持续的文艺复兴浪潮的三个主要方面——政治、艺术和科学——掀起了新的波澜。

第十七章　马基雅维利

形容词"马基雅维利式的"(Machiavellian)，现在已成为了狡猾无情的政治的代名词。大多数人通过他最著名的作品《君主论》(*The Prince*)看到马基雅维利的思想，正如他在书中阐述的那样，他只不过是说出了现实政治的本质——也就是剥去了文明（或模糊）外衣的政治。《君主论》包含了马基雅维利对君主如何获得权力、如何保住权力的许多无情甚至不道德的建议。这部看似直白（或现实）的作品，实在是了然了政治的微妙、明白了如何避免犯错之后的产物。

马基雅维利另外一部深思熟虑的长篇作品，即经常被忽视的《论李维》(*Discourses*)，也是在政治外交领域实践获得的广泛知识的基础上提炼而成的。这部作品的智慧体现在诸如"人民的政府比君主的政府更好"和"在一个秩序井然的共和国中，永远不需要诉诸宪法以外的措施"之类的评论中*。但善意的指导很少能对抗无情独裁者的不道德行为。然而，独裁者毕竟不受欢迎；而且正如历史所证明的那样，从长远来看，更积极的政治经常占上风。试图将同一个作者在《君主论》中给出的无情建议与《论李维》中包含的丰富政治经验协调起来有些难——就像他的作品一样，马基雅维利本人的生活也充满了悖论。

马基雅维利是一个有意思的人物，他习惯于用幽默感来削弱生活和作品的严肃性。即使在著名的官方肖像中，他穿着办公室的长袍，看起来光明耀眼，其实五官表情也隐忍着苦笑。马基雅维利在《君主论》中是认真表述，还是极尽嘲讽，只为反映对人性的悲观？这不是一个容易回答的问题。甚至在他八卷本的严肃巨著《佛罗伦萨史》（*Florentine Histories*）中也会呈现出隐约的幽默（或讽刺的真相），例如马基雅维利对安吉里战役的描述，这场战役被佛罗伦萨视为其最伟大的军事胜利之一：

> 从未有过敌国交战中对袭击者造成的伤害比这更小的例子了。在如此巨大的失败中，在持续了四个小时的战斗中，只有一个人死亡，还不是因为武器造成的伤害，也不是因为任何英勇的行为，而是他从马上摔下来被踩死了。战斗人员几乎没有

---

* 译注：该书通过评注李维（Livius）的史书《自建城以来》，以夹叙夹议的方式进行史论，考察了古罗马建城以来的伟大政治宏业及其经验教训。

危险；几乎所有人都骑着马，披着盔甲，只要他们选择投降，就不会死亡，因此没有必要冒生命危险；在战斗中，他们的盔甲保护着他们，当无法再抵抗时，他们就屈服了，因此也就安全了。

据说有多达八千人参加了这场"战役"。我们听说过雇佣兵更喜欢将战斗作为一种游戏而不是认真地殊死搏斗，但马基雅维利的描述（或揭露），很难说是在褒奖佛罗伦萨的这份荣耀。

在马基雅维利的作品中，我们可以看到科学方法开始进一步出现。他依靠自己的经验（或证据），并从经验中得出判断——无论宗教、道德或亚里士多德的权威对此怎么看。因此，他在《君主论》中说："所有有武装的先知都是胜利者，所有手无寸铁的先知都失败了。"在前者中包括摩西（Moses）、罗慕路斯（Romulus）、居鲁士和穆罕默德（Muhammad）；在后者中，他提到了萨沃纳罗拉。在《论李维》中，他或许潜意识里不自觉地讽刺地说："有宗教的地方，就预设了各种良善；所以没有宗教的地方，就预设了各种相反的东西。"某种程度上这也是马基雅维利命运的折射：《君主论》的内容完全无视宗教权威，因此其作者也被看作带有各种的恶。

萨沃纳罗拉个人命运的兴衰起伏，对这一时期在佛罗伦萨长大的马基雅维利产生了巨大的影响。我们从马基雅维利的信件中得知，他28岁时参加过萨沃纳罗拉于1498年3月2日至3日的两次布道。关于这些布道，马基雅维利写下了极具洞察力的评论，也从中反映出他的性格。他观察到萨沃纳罗拉的布道"总是以给人们带来极大的恐慌开场，然后给予一些解释，这个办法对从不用心深究真伪的人来说非常有效"，他意识到这位修士如何"捕捉到了时代的情绪"。但他也承认："如果你听到他如此大胆地宣讲……确实会在心中引起不小的钦佩。"

马基雅维利作为一个受过教育的人，在此处写的话基本都是真实的。他拒绝加入萨沃纳罗拉的队伍，似乎也不能接受过激的信仰。他写的不是一封普通的信，而是正在完成他接受的第一项重要工作：为佛罗伦萨驻罗马教廷大使里卡多·贝奇（Ricciardo Becchi）撰写关于萨沃纳罗拉的报告。马基雅维利意识到，他的话——或者至少是他的评估——很可能会传达到教皇亚历山大六世那里。马基雅维利是在为他可能的听众量身定制一些评论吗？

1498 年 3 月，佛罗伦萨经历了又一个严冬。正如卢卡·兰杜奇所观察到的那样："天气非常寒冷，阿诺河都被冻住了……已经有两个多月的霜冻了。"饥肠辘辘的农民涌入佛罗伦萨寻求庇护和救济。萨沃纳罗拉在前一年被亚历山大六世逐出教会，并明令禁止他传教。两者之间的对决正在步步逼近。

遵照教皇的意愿，执政团禁止萨沃纳罗拉在大教堂里布道，但后者绕过了这一禁令，在他自己所在的圣马可修道院里进行。正是在这里，马基雅维利听取了萨沃纳罗拉的布道。

难怪马基雅维利当时对萨沃纳罗拉如此轻描淡写。直到多年之后，在《君主论》中，他才将萨沃纳罗拉与摩西和穆罕默德等人进行了比较。正如我们将看到的，马基雅维利这封写于 1498 年的信在某种程度上是一份工作申请，是他展示自己的机会。在这样的信中对萨沃纳罗拉更深入或更敏锐的剖析并不是必要的，他很清楚这一点。

＊　　＊　　＊

尼科洛·马基雅维利（Niccolò Machiavelli）于 1469 年 5 月 3 日出生在佛罗伦萨的奥尔特拉诺（Oltrarno），韦斯普奇家族是他们的亲密朋友和邻居。马基雅维利的父亲是一名公证人，他遗留的债务导致马基雅维利无法担任公职。马基雅维利家族是古代贵族的后裔，但到 15 世纪后期已经陷入了相对拮据的境地。正如马基雅维利后来所写："我生来贫穷。"

尽管如此，他还是接受了良好的拉丁语教育，也就是说，他学习的是旧式的亚里士多德修辞学、逻辑学和语法学，而不是当时流行的更开明的人文主义研究。父亲博学多才，拥有很丰富的古代经典藏书。通过浏览这些大部头，年轻的尼科洛被公元前 1 世纪的诗人和哲学家卢克莱修（Lucretius）迷住了，并且对他的普世科学方法和对人性的坚定愿景印象深刻。

正值佛罗伦萨的混乱时期，马基雅维利早年见证了许多历史性事件。在"帕齐阴谋"及其血腥结局上演时，他只有 9 岁；在《佛罗伦萨史》中，他会回忆起"街道上到处都是人"。他记得"伟大的洛伦佐"之死和美第奇家族被驱逐，以及"焚烧虚荣的圣火"和萨沃纳罗拉遭受的火刑。那时城市的人口只有 7 万，八卦消息可以充分传播，即使他没有亲眼目睹这些事件，也会不断听到各种绘声绘色的传闻。

马基雅维利的"求职信"显然给未来的雇主留下了深刻的印象。萨沃纳罗拉倒台后，政府清洗了"修士的兄弟"（frateschi）①，马基雅维利被任命为第二大法官席的负责人，这是市政府的中级行政职位。马基雅维利显然有一些有影响力的支持者。他可能是通过父亲在知识界的朋友与洛伦佐·迪·皮耶尔弗朗切斯科·德·美第奇建立了联系，后者是"伟大的洛伦佐"的堂兄弟，但他继承的遗产被洛伦佐挪用了。为了与美第奇家族被流放的那一支保持距离，这个家族的分支继续留在了佛罗伦萨，并将家族姓氏从"德·美第奇"改为"波波拉诺"（Popolano，意为"人民之人"）。

一个月后，马基雅维利迅速晋升进入"战时十人小组"（Ten of War）——负责佛罗伦萨共和国外交事务的委员会，可能正是因为他的支持者的运作。在一年的时间里，马基雅维利被派去执行一些不太重要的——但仍然很有难度的——外交任务，他都以相当高明的技巧完成了。他发送回佛罗伦萨的报告清晰而深刻，表明他在这份工作上是天生的专家，拥有非凡的洞察力。与此同时，他给朋友们的私人信件有趣而机智，通常是自嘲，以至于让他们"笑死了"。在一封特别粗俗的信中，他描述了一个滑稽但有点夸张的事件：他在黑暗中被骗和一个丑陋的老太婆睡觉。在一个关于马基雅

———————————

① 即萨沃纳罗拉的支持者。

维利名字的文字游戏中，朋友们给他起了绰号"il Macchia"，这个词既有男子气概的含义，也意味着"污点"或"瑕疵"；说明在年轻的时候，他就已经是一个在伙伴中有影响力的、亦正亦邪的家伙。

大约在这个时候，马基雅维利的父亲去世并被安葬在圣十字教堂的家族墓中。随后发生的一件小事可以体现出马基雅维利的性格。一位僧侣告诉他，还有其他家族的遗骨以欺瞒的方式埋在了马基雅维利家族的墓中，并暗示他应该将它们移走。但马基雅维利回答说："好吧，就这样吧，因为我父亲非常喜欢交谈，陪伴他的人越多，他就越高兴。"这句话直指他性格的核心特点，即有时看起来无情甚至没有原则。但细想起来，这表明了他对父亲的爱，以及他对空洞的虔诚的漠视。

在充分展示了所具备的外交技巧之后，马基雅维利被赋予了第一个重大任务：被选为前往拜访法国国王的两人代表之一。这是一项相当复杂和重要的使命，在佛罗伦萨岌岌可危的情况下更是如此。

这一阶段，意大利半岛的政治局势又重回到惯常的动荡危险的状态。查理八世于 1498 年去世，他更能干的表弟路易十二继位。法国人已经在意大利建立了永久据点，占领了米兰。精明而狡猾的教皇亚历山大六世抓住这个机会与法国结盟，让他的儿子切萨雷·波吉亚与法国王室联姻。在教皇的怂恿和法国雇佣军的帮助下，切萨雷发起了一场征服罗马涅的战役。罗马涅地区是意大利中北部所谓教皇国的一部分，与佛罗伦萨仅隔着亚平宁山脉。但现在看来，切萨雷·波吉亚可能有进一步的领土野心，目标就是亚平宁山脉以西的手无寸铁的佛罗伦萨。

而佛罗伦萨当时正在为重新夺回通往地中海贸易门户的比萨港口而战，局势变得更加复杂了。佛罗伦萨雇佣了一支意大利雇佣兵队伍，他们正在围攻比萨。然而战争很快就变成雇佣军拖延围攻，不愿冒着生命危险去占领这座城市。因此，佛罗伦萨卷入了一场在城市西面的代价高昂的战争，现在又同时面临着来自东部的威胁，即行动难以预料的切萨雷·波吉亚。

此时，执政团显示出他们长期以来使佛罗伦萨得以保持独立的外交专长。他们立即联系了正在米兰的路易十二，向他雇佣一支由强硬的瑞士和法国士兵组成的特遣队，以取代雇佣来指挥比萨战争的任性的意大利人。风险瞬间被化解了——因为他们知道，只要佛罗伦萨雇佣法国军队，波吉亚就不能进攻佛罗伦萨，因为他同样依赖法国的支持，法国士兵决不会自相残杀；此外，通过雇佣法军，佛罗伦萨将自己置于路易十二的保护之下。

然而一波未平一波又起。当法国和瑞士的雇佣兵抵达比萨城外后竟然拒绝战斗，除非获得大笔报酬。据这支队伍的指挥官说，他们已经有一段时间没有领到报酬了，并且被拖欠了相当多的工资。不幸的是，他们的前雇主路易十二此时已经离开米兰返回法国。

马基雅维利所组成的前往法国的联合外交使团，就是旨在化解这一僵局。他还被告知要尽可能以便宜和快速的方式完成任务。当时，佛罗伦萨外交官不仅需要非凡的外交技巧，也需要超人的体力——骑马穿越意大利北部和阿尔卑斯山是一项需要耐力的壮举。

马基雅维利和他的同僚于 1500 年 7 月 18 日出发，在不到三周的时间里从佛罗伦萨艰辛跋涉了 500 英里，抵达法国宫廷所在的法国中部的讷韦尔。但他们在这里却没太被当回事。根据路易十二的高级顾问红衣主教乔治·丹布瓦斯（Georges d'Amboise）的说法，国王正在处理更重要的事务，即与欧洲第二强国西班牙就如何征服和瓜分那不勒斯王国进行谈判。佛罗伦萨的问题必须等一等。

在佛罗伦萨代表团获准觐见路易十二之前，他们等了足足十三天。马基雅维利并没有被漫长的等待挫败，并且在发回佛罗伦萨的快件中敏锐地评论说，路易十二的"傲慢掩盖了他的优柔寡断"。他的洞察力无疑是惊人的，但是——正如马基雅维利清楚的那样——法国国王的这一缺点会让佛罗伦萨付出沉重的代价，甚至可能失去独立的地位。在马基雅维利的后一封信件中，他说出了令人沮丧的事实："法国人被自己的力量蒙蔽了双眼，认为只有那些武力强大或者准备给他们金钱的人，才值得他们尊重。"

谈判一直拖延，马基雅维利只得如实报告："国王抱怨必须支付瑞士［雇佣军］38 000 杜卡特……他说这笔钱应该由我们支付，不然就威胁要让比萨及其周边地区的领土独立。"

执政团犹豫着是否要从早已不堪重负的市民那里筹集这笔款项。与此同时，马基雅维利本人也因旅费短缺而写信给委员会要钱。然而，钱没有等来，他不得不在宫廷中消磨等待，从夏天一直到秋天。此时切萨雷·波吉亚的军队已经进逼到里米尼，距离佛罗伦萨东侧仅 70 英里。执政团得知，教皇亚历山大六世和他的儿子打算恢复美第奇对佛罗伦萨的统治，因为"不幸的皮耶罗"流亡到了罗马，教皇正在帮助他召集自己的军队。在恐慌中，执政团写信让马基雅维利告诉法国国王，他们愿意支付他想要的所有钱。马基雅维利的回信则很难让人放心："关于在意大利可能发生的情况，国王尊重教皇超过意大利任何其他权力。"

尽管挫败至此，马基雅维利还是设法获得了路易十二的口谕，警告波吉亚不要踏足佛罗伦萨领土。冬天到来的时候，马基雅维利手头拮据到已经负担不起用快递的方式寄送信件，也难以保持衣着整洁地出现在宫廷中了。他请求返回，但执政团坚持让他留在法国，直到获得由路易十二本人签署的可靠的书面约定，保证法国对佛罗伦萨的保护。

马基雅维利在法国宫廷等待的日子并没有被浪费。每当他被派去执行外交任务时，除了公务文件以外，他总是在马鞍包里塞满了书。据传他这一次出发时带的是恺撒的《高卢战记》，内容非常有指导意义。马基雅维利很清楚，恺撒对在高卢（法国）的军事行动的精辟评述背后，隐含着不可告人的政治动机。然而，马基雅维利不仅仅是从历史书中学习，他还成功地融入法国宫廷，与博学而有权势的红衣主教丹布瓦斯建立起友好的关系。

马基雅维利对自己的外交和政治知识十分自信，在与红衣主教交谈时，他对法国政策提出了一些建议，比如路易十二如果想要实现他统治意大利的目标，就应该注意历史的教训。马基雅维利后来在《君主论》中概括道："如果一个国王想统治一个风俗文化不同的国家，他应该与那个国家中天然同情他的人们建立友谊。"具体到眼前的形势，正如他向红衣主教丹布瓦斯解释的，"天然同情他的人们"指的就是佛罗伦萨。国王不应该帮助他无法信任的人增加权势，例如亚历山大六世和教会，"因为这种政策的后果会削弱自己的实力"。此外，他最好不要犯与米兰的卢多维科·斯福尔扎一样的错误，即邀请强大的外部力量（法国人）进入意大利，最后反而导致了自己的毁灭。就在此时，路易十二正在那不勒斯犯同样的错误，他邀请了唯一能与法国抗衡的西班牙势力前来协同，以便他们可以分享那不勒斯王国。

马基雅维利记得红衣主教丹布瓦斯的回答："［他］对我说意大利人对战争一无所知，但我回答说法国人对政治一无所知……"马基雅维利说："我们有可能得出一个几乎总是适用的普遍原则：无论是谁让另一个人变得强大，最终只会毁了他自己。"

尽管这一结论实际上是后来得出的，但他对丹布瓦斯的回答的基调，表明他已经开始沿着这样的思路思考。马基雅维利在实践和理论中都获得了把握政治的能力，这是他能做出有力分析的原因所在：即使在早期阶段，他也总是试图去理解正在发生的事情的本质。因此，他表现出哲学家的一面：希望以科学性的理论骨骼，支撑起政治和历史事件的鲜活血肉。

马基雅维利直到1501年1月才返回佛罗伦萨，距他出发已过去足足半年。他归来时发现这座城市已经再次陷入岌岌可危的状态：金库空空如也，也没有武装力量可供调遣，尽管路易十二努力提供了保障，但头脑发热的切萨雷·波吉亚仍然是一个持续存在的威胁。

那年马基雅维利32岁，同年夏天他缔结了一桩政治婚姻。新娘是他上司的女儿玛丽埃塔·科西尼（Marietta Corsini）。这位上司作为"战时十人小组"的最高长官，注意到了马基雅维利作为一颗政治新星正在冉冉升起。尽管婚姻最初有着明确的功利动机，但马基雅维利似乎越来越喜欢他的新娘，并且在被派去执行时间漫长的外交任务时总是会想念她，或者起码看起来是这样。他写给朋友们的戏谑信件中内容和语气更加离谱了。

仅仅一年后，马基雅维利开始了他参与时间最长和最重要的任务之一。他将与沃尔泰拉主教弗朗切斯科·索代里尼（Francesco Soderini）一起作为特使，前去会见切萨雷·波吉亚，查明他对佛罗伦萨的真实意图。事后看来，这是马基雅维利一生中最伤脑筋的经历之一。

波吉亚对佛罗伦萨代表团的接待方式，发挥了最大程度的恐吓效果。马基雅维利和索代里尼主教经过两天艰苦的翻山越岭后，刚一到乌尔比诺就立即被送进黑暗而空旷的公爵宫殿。在这里，他们见到了一袭黑衣的波吉亚，留着胡须的脸在一根微弱蜡烛的光照下显得十分诡异。

波吉亚开始斥责马基雅维利和主教，愤怒地威胁他们，如果佛罗伦萨不邀请他成为雇佣兵指挥官，他就以各种方式报复他们。这一要求将使波吉亚能够控制这座手无寸铁的城市。尽管确实有些被波吉亚的表现吓到，但马基雅维利仍然在后来的报告中给出了自己一针见血的看法，认为对方是在虚张声势。当波吉亚把他送回佛罗伦萨寻求"答复"时，马基雅维利向执政团保证佛罗伦萨的安全目前没有直接的威胁，但并不能使他们感到信服。因此，马基雅维利只得奉命返回波吉亚那里，充任佛罗伦萨的"外交使节"，并被指示无论波吉亚去哪里，他都要跟随他，同时定期向佛罗伦萨报告。

接下来的六个月，是马基雅维利整个职业生涯中最痛苦，也是思想成熟最快的时期之一。在这段时间，波吉亚充分展示了他的背信弃义和报复心，这使他理所当然地跻身历史上臭名昭著的流氓和小人之列。谋杀、背叛、几乎精神错乱的复仇，以及肆意的堕落——波吉亚几乎是无恶不作。重要的是，现在执政团能够确切地知道波吉亚对佛罗伦萨的企图了。马基雅维利心里清楚，他的每封信都会被波吉亚偷偷打开和阅读，因此写这些信件需要最高明的外交技巧和最隐晦的暗示。难怪马基雅维利晚年会写道："很长时间以来，我没有说出我所相信的，我也从不相信我所说的，如果我碰巧说了真话，也是隐藏在无数的谎言之中。"

然而，几个月过去，马基雅维利发现自己几乎是不由自主地慢慢被波吉亚吸引了。除了暴行和堕落之外，不可否认公爵有他自身的魅力；更重要的是，他作为君主所取得的成功。难怪马基雅维利后来将波吉亚列为他在《君主论》中的榜样之一。

波吉亚的例子使马基雅维利明白，为了能取得并保持成功，一个君主需要"美德与机遇"（virtù e fortuna）。对于这句话，或者说这句指导性的格言，向来有着多种解释。"virtù"一词涵盖了从"美德、男子气概到力量"的不同含义，这正是波吉亚所展现的魅力。但马基雅维利认识到，如果没有命运女神的眷顾，这种力量也起不到决定性的作用。"fortuna"是"运气、命运或机遇"。只要波吉亚抓住了这一点，他就成功了。

第二年，在切萨雷·波吉亚的父亲教皇亚历山大六世去世后，马基雅维利又被派往罗马。但波吉亚随即也病倒了，可能是因为疟疾，而不是广为流传的八卦中所说的中毒。很快，亚历山大六世曾经的敌人被选举为新教皇尤利乌斯二世（Julius Ⅱ）。与进攻罗马涅的初期和马基雅维利长驻于其"宫廷"的时期相比，波吉亚似乎气数已尽，"幸运"渐行渐远。马基雅维利前往探病时，躺在床上的波吉亚已经衰弱到和从前判若两人。看来一旦被命运女神抛弃，谁也无法再主宰自己的命运。

＊　　　＊　　　＊

可谁能预料，仅仅九年后，同样的命运逆转也降临在马基雅维利头上。时年36岁的红衣主教乔瓦尼·德·美第奇获得了尤利乌斯二世授权集结的军队。"不幸的皮耶罗"早在1503年去世，1512年9月他的弟弟乔瓦尼进军佛罗伦萨，推翻了马基雅维利为之忠诚服务的共和政府，恢复了美第奇家族的权力。根据处罚法令，马基雅维利被"剥夺财产并完全解雇"。最要命的是他还被罚款1 000弗罗林，基本等于破产了。他被驱逐出城，住在城墙以南约5英里的村庄圣安德烈亚的小农场里。

但厄运仍未停下脚步。马基雅维利和家人刚搬到圣安德烈亚，佛罗伦萨又一个反美第奇的密谋行动被发现了。密谋策划者制定过一份潜在的支持者名单，其中出现了马基雅维利的名字。他一听说这件事，就打算赶紧去自证清白，但刚一进入佛罗伦萨就立即被捕了。他被关进巴杰罗宫的一个牢房里，随后又遭到酷刑折磨。当时佛罗伦萨的传统酷刑方式是"吊刑"：将犯人的胳膊绑在背后并系在滑轮的绳子上，随着滑轮滑动，犯人会被吊至空中。此时绳子突然放松，让犯人迅速下落，但在着地前又猛然停住，这会使手腕在身后剧烈地拉拽，并伴随着令人难以忍受的扯动。犯人会感觉肩膀被扯断，或者臂膀从关节中扭出——这两种情况有时的确都会发生。马基雅维利遭受了六次这样的"吊刑"，但仍未承认那些并不真实的罪名（三次就足以让萨沃纳罗拉承认他是一个异端分子）。关于这些折磨，他后来写道："我很自豪自己痛快地忍受了它们，我认为自己比之前想的更像一个男人。"他大概确实对密谋内容一无所知，有可能会猜到谁会参与其中，但他明白，如果为了少受折磨就承认什么的话，最后一定会被处决。

一天早上天还没亮，一些死刑犯被带去处决的声音吵醒了他，还有小合唱团唱着赞美诗（为了淹没那些被处刑者的嚎叫和咒骂）的声音。马基雅维利后来这样描述他度日如年的牢狱生活："翻腾着令人窒息的恶臭……［我的］脚踝上戴着金属镣铐，听着那些正在被吊刑折磨的人的惨叫……黎明时分在给绞刑犯唱的赞美诗的歌声中醒来。"

1513 年 3 月佛罗伦萨传来消息，尤利乌斯二世在罗马去世，红衣主教乔瓦尼·德·美第奇继任为教皇利奥十世。作为庆祝活动的一部分，囚犯们得到赦免，马基雅维利也被释放了。他随着庆祝的人群穿过城门，像一个苍白的幽灵一样浑浑噩噩地沿着通往圣安德烈亚村庄的小路走着。马基雅维利的生活，似乎在43岁的时候已经走进了死胡同。

在接下来的十几年里，马基雅维利一直流离失所，在他热爱并视为家乡的城市附近辗转生活。具有讽刺意味的是，如果他没有陷入如此窘境，后世可能永远不会知道他——他只会与其他在佛罗伦萨短暂的共和统治时期里任何一个普通的政府官员一样，被默默掩埋在历史中。

但马基雅维利拒绝向命运投降。在流放的岁月里，他把全副精力投入写作中，急切希望创作出一部能赢得当局青睐的作品。他渴望回到政治舞台，赢回他曾经的荣光。

多年撰写外交文件的经历使得他的写作技巧已经十分纯熟。然而，因为长时间浸泡在阴谋诡计中，习惯了那些伪装成真相的谎言和伪装成谎言的真相，这种书写方式已经对他的写作产生了难以磨灭的影响。正如他不断提醒自己的那样："我没有说出我所相信的，我也从不相信我所说的。"这种"欺骗"的特质始终以模棱两可的方式体现在他的笔端。

马基雅维利完成的第一本书是《君主论》———一部看似没有道德顾忌的作品，向那些寻求权力和希望保住权力的人给出了冷血秘籍。马基雅维利在1513年夏天开始写这部作品，在喷涌灵感的促使下，他几个月就完成了。在《君主论》中，马基雅维利不仅奉献了自己的经验，还借鉴了他广泛阅读的大量历史案例，都是他在外国宫廷中等待君王召见时阅读的。这本书肯定会赢得新的美第奇政权的青睐。还是作者的意图其实比这更狡猾？

当代美国政治理论家玛丽·G. 迪茨（Mary G. Dietz）甚至认为马基雅维利实际上是在"提供精心设计的建议（例如武装人民），如果有人认真对待和遵循这些建议，就可以推翻统治者"。《君主论》的最后一章似乎超越了讽刺或两面派的动机，暗示了写这部作品的另一个不可告人的目的。最后一章的标题是"从野蛮人手中解放意大利的劝告"。马基雅维利所指的"野蛮人"是入侵意大利的外国列强，例如法国和西班牙，他们的军队正在摧毁马基雅维利所爱的国家。

假设这确实是马基雅维利的动机，那么他所宣扬的原则本身就不能被视为目的，而是作为一个强有力的领导者驱逐外国军队、保护其公民的自由和安全的手段。如此一来，意大利将恢复昔日的辉煌，就像在罗马帝国时代一样。一个统一的意大利，长期以来一直是许多意大利人的梦想，马基雅维利似乎也赞同这一点。然而，这里又出现一个自相矛盾的悖论。采用《君主论》中提倡的方式和精神，意大利臣民的自由、安全似乎是君主最不关心的问题。《君主论》是给独裁者的指导手册，而不是解放者。

《君主论》背后模棱两可的动机，可以在该书的献词中发现更多迹象。该作品最初是献给"伟大的洛伦佐"的儿子朱利亚诺·迪·洛伦佐·德·美第奇的，他推翻了马基雅维利忠诚服务的共和政府。但当马基雅维利完成《君主论》时，朱利亚诺已经返回罗马，由他 23 岁的堂兄洛伦佐·迪·皮耶尔弗朗切斯科·德·美第奇接任佛罗伦萨的统治者。于是，马基雅维利相应地修改了献词，并对文本进行了调整：带领意大利走向解放和伟大的君主是谁现在已经无关紧要了——重点是他希望阅读的人能够认出这部堪称典范的政治著作的作者，能够欣赏他的政治专长，并恢复他在政府中的职务。

但事实证明，佛罗伦萨的统治者，或者说美第奇家族的成员，并不愿意恢复马基雅维利的地位。经历了种种努力，他仍然得不到任何承认，始终生活在屈辱孤独之中。所以他又暂时地转向文学，文学的想象力非常适合他的个性和才能。在他写的几部作品中，以戏剧《曼陀罗》（Mandragola）最为有名，现在被广泛认为是第一部用新意大利语写成的喜剧杰作。

马基雅维利固执地希望有一天能回到原来的位置。而在某些瞬间，他似乎看到过曙光。当美第奇教皇利奥十世面临政治危机（主要是他自己造成的）时，他秘密派遣了一名特使前往寻求马基雅维利的建议。但这个建议最终还是被放弃了——因为会对利奥十世造成一定的不利影响。

看起来，至少还有人欣赏过马基雅维利的敏锐。1521 年教皇利奥十世去世；两年后，他的表亲兼亲信、红衣主教朱利奥·德·美第奇（Giulio de'Medici）当选为教皇克莱门特七世。在此之前，他曾委托马基雅维利撰写《佛罗伦萨史》，因此这部作品的立场倾向于美第奇家族也就不足为奇了。然而，正如我们在他对安吉亚里战役的描述中看到的那样，他所书写的历史并非没有讽刺的成分。也正是在这些年里，马基雅维利完成了另一部长篇大论且深思熟虑的作品《论李维》，文中的立场更加偏向共和体制。

马基雅维利的《佛罗伦萨史》受到克莱门特七世的好评，最终帮他在佛罗伦萨的美第奇政府中争取到了一个职位。然而与他的才华相较，这个职位是可笑的：马基雅维利将被任命为城墙的看守官。后来他又被委派到卢卡执行一项微不足道的外交任务。他再也没有登上高位，直至 1527 年去世，享年 58 岁。他最终在贫穷失望中离开了人世。

马基雅维利存世的作品后来所受到的追捧是他绝对没有想到过的。《君主论》直到 1532 年才最终出版，而他肯定会得意于这部作品在整个欧洲范围内激起的对统治者的虚伪的谴责［也有一些统治者会阅读这本书，并严格遵从书中的建议，比如英国国王亨利八世（Henry Ⅷ）］。几个世纪以来，《君主论》一直毁誉参半。众所周知，拿破仑（Napoleon）、墨索里尼（Mussolini）、希特勒（Hitler）和萨达姆·侯赛因（Saddam Hussein）都曾将马基雅维利的作品放在他们的床头柜上。

第十八章 米开朗琪罗

可以说，马基雅维利的《君主论》将文艺复兴时期的人文主义思想推向了合乎逻辑的结论。但书中的内容是只适用于统治者的终极个人主义——这样一来，反而又讽刺地倒向了反人文主义的阵营。

米开朗琪罗（Michelangelo）在他的艺术中取得了同样辉煌的成就。还有什么比他的《大卫》雕像能更充分地体现人文精神呢？这具雕像是人性的终极象征——大卫看起来强壮而有力，似乎比生命更伟大，但又赤身裸体，因此流露着脆弱。他是圣经人物，但又完全是人文主义时代的产物。他携带着击败巨人歌利亚的投石索（这个简单的事实引起了多大的共鸣！）。佛罗伦萨人民将他视为与敌人斗争的象征——斗争的对象，从美第奇家族到罗马的统治者。

像马基雅维利一样，米开朗琪罗在佛罗伦萨的成长岁月正是萨沃纳罗拉占据主导地位的时期。如果说他们在成长中受到过同样的影响，那么他们的反应可说是大不相同——马基雅维利和米开朗琪罗的性格几乎是截然相反的。

米开朗琪罗是认真的、骄傲的、暴躁的，而且非常勤奋。他对上帝有着深厚的信仰，正是从米开朗琪罗那里，我们了解到萨沃纳罗拉的迷人魅力。

年轻时，米开朗琪罗习惯于在圣马可修道院附近的科西莫·德·美第奇修建的花园中磨炼他的雕塑技巧。在工作过程中，他经常听到萨沃纳罗拉在马路对面修道院花园里的大马士革玫瑰丛旁向修士们布道——这是他永远不会忘记的经历。米开朗琪罗的性格从童年初期就充满了深厚的精神性，他发现自己会全神贯注地聆听萨沃纳罗拉所说的话。更重要的是，他对这位"小修士"的讲话方式非常着迷，六十多年后，他曾向自己最喜欢的学生阿斯卡尼奥·康迪维（Ascanio Condivi）提到"他仍然能听到［萨沃纳罗拉］充满力量的声音在脑海中响起"。

尽管如此，米开朗琪罗永远不会因萨沃纳罗拉倡导的禁欲主义而放弃他的艺术。波提切利的晚年曾因对萨沃纳罗拉教义的热爱而在艺术成就上变得黯淡；与他不同的是，米开朗琪罗的宗教信仰与他的艺术动力密不可分。他不能放弃对艺术的痴迷，就像他不能放弃对基督谦卑的信仰一样。这种精神的冲突折磨贯穿了他的一生。

＊　　＊　　＊

　　米开朗琪罗·博纳罗蒂（Michelangelo Buonarroti）1475 年出生在托斯卡纳地区佛罗伦萨东南 35 英里处的卡普雷塞村。几代人一直是小银行家，但在他父亲那一辈时，家族银行倒闭了。父亲在佛罗伦萨共和国的地方行政部门谋得了一个职位，在那里他担任了与村长相当的职位，似乎已经将家庭从贫困中解救了出来。博纳罗蒂家族为他们的古老历史感到自豪，认为他们是卡诺莎伯爵夫人玛蒂尔德（Countess Mathilde of Canossa）的后裔，即 11 世纪后期统治托斯卡纳的女伯爵。虽然没有任何证据支持这种信念，但对于我们了解米开朗琪罗的骄傲和自信至关重要。

　　米开朗琪罗的母亲在他的童年时长期患病，因此他被交给一位奶妈照顾，后者最终成为了他的养母。这位养母住在阿诺河谷上游的塞蒂尼亚诺村，她的丈夫在当地的大理石采石场工作。这似乎对米开朗琪罗产生了决定性的影响。根据瓦萨里的说法，米开朗琪罗曾夸口说：“如果我有优点，那是因为我在农村长大。我在喝［奶妈］奶的时候就领会了后来用来制作雕塑的锤子和凿子的诀窍。”婴儿时期的米开朗琪罗可能经常听到连续不断的锤子和凿子敲击的声音，但他还太小，不可能在采石场使用这些工具。

　　大约 13 岁时，米开朗琪罗被送到佛罗伦萨与父亲同住（母亲在他 6 岁的时候就去世了）。父亲的家在圣十字区一条体面的街道上，但离贫困渔民们所住的摇摇欲坠的棚户区很近。父亲保持着老式做派的对社会生活的冷漠，年轻的米开朗琪罗就在这样令人窒息的"旧氛围"中长大。像马基雅维利一样，他也接受了旧式教育，学习语法、修辞和逻辑，而不是现代的人文主义研究。

米开朗琪罗很快就厌倦了死记硬背，开始画画来打发时间。他决心要成为一名艺术家，并对他在佛罗伦萨看到的艺术产生了兴趣，特别对吉贝尔蒂设计的洗礼堂门很着迷，大门上的十块面板描绘了旧约中的场景。米开朗琪罗后来将这些称为"天堂之门"，这些门深刻地留在他的印象中，以至于在大约二十年后，在他于西斯廷教堂绘制的壁画中仍然能发现这种影响。米开朗琪罗还对附近古老教堂中看到的艺术作品产生了兴趣——尤其是他在乔托的壁画中看到的比着手势的人物。15 世纪晚期的佛罗伦萨是文艺复兴作品的宝库，但值得注意的是，吸引米开朗琪罗的大多是文艺复兴早期的杰作，仍然保留着之前风格化的精神元素。

米开朗琪罗的父亲不赞成儿子成为艺术家的想法，认为有伤家庭的尊严。根据资料记载，米开朗琪罗的说法是他因此"经常被毒打"。但年轻人的倔强最终占了上风，父亲妥协了，把他送到了吉兰达约的工作室，这位艺术家曾激励着波提切利超越自我。

米开朗琪罗 13 岁时进入吉兰达约的工作室，这对于学徒生涯的开端来说是比较晚的，因为大多数人在 10 岁就开始了。但事实证明米开朗琪罗进步神速，人们能看到吉兰达约对他的画风的影响。还有人认为，米开朗琪罗几乎没有受到比他年长的一代佛罗伦萨艺术家的影响，比如最著名的莱奥纳多和波提切利。无论是在现实生活中还是在艺术中，米开朗琪罗的气质都与他们不同，他的传记作者罗伯特·利伯特（Robert S. Liebert）观察到："米开朗琪罗在一定程度上能够通过回溯更悠久的历史，来实现自我风格上的飞跃。"

　　根据瓦萨里的说法，1488 年"伟大的洛伦佐"决定在圣马可修道院附近开辟花园作为一所雕塑学校。当他开始寻找合适的学生时，吉兰达约立即推荐了 14 岁的米开朗琪罗。这所学校由多纳泰罗的前学生贝托尔多·迪·乔瓦尼负责教授，他是一位才华横溢的青铜雕塑家，但是"年事已高，不能再工作了"，因此米开朗琪罗大部分时间都是自己在默默钻研，花时间煞费苦心地对散布在花园周围的古罗马雕像和碎片进行临摹复制。

　　在后来的生活中，米开朗琪罗经常声称，作为一名艺术家，他完全是自学成才的，他的天赋仅来自上帝。但从他的作品来看，这些话难免有自夸之嫌。应该是 70 岁的贝托尔多教会了米开朗琪罗如何用黏土和蜡制作人物模型。即使在职业生涯的早期，米开朗琪罗就具有了非凡的雕刻大理石的能力，他能使雕像呈现出柔软的蜡质外观。

　　瓦萨里讲述了可能是米开朗琪罗第一次真正遇到"伟大的洛伦佐"的场景，这一事件成为他人生的转折点。那天，米开朗琪罗正在花园里试图用大理石复刻一个古代的萨梯（Satyr）*的头像，这

---

　　* 译注：古代希腊神话中半人半兽的森林之神，是长有公羊角、腿和尾巴的怪物。

个头像看起来"非常苍老，布满皱纹，鼻子受损，正在咧嘴大笑"。米开朗琪罗全神贯注于他的作品，完全没有注意到洛伦佐来到了他身后，敬佩地注视着这位年轻的天才。米开朗琪罗试图改善头像的轮廓，将嘴部挖空以露出舌头和两排完美的牙齿。突然感觉到身后有人，米开朗琪罗转过身来，洛伦佐微笑着试图让他不要害怕，他脸红了。洛伦佐身体前倾，指了指头像的嘴，指出这不太对劲：没有一个老人拥有一口完美的牙齿。米开朗琪罗等洛伦佐走开后，去掉了头像的一颗牙齿，刻痕深入"牙龈"以使其更加真实，就好像牙齿刚刚掉了一样。当洛伦佐再一次经过时，他被逗乐了。但最重要的是，他对这位年轻雕塑家的非凡才能感到惊讶，留下了深刻印象。此后，米开朗琪罗便受邀在美第奇宫生活和工作。他在那里得到了一个属于自己的房间，以及相当于每月将近5弗罗林（超过一个完全合格的工匠养活自己和整个家庭所需工资的一半）的津贴。当米开朗琪罗搬进美第奇宫时，洛伦佐给了他一件紫罗兰色的斗篷；作为补偿，任命他的父亲在该市的海关管理部门任职。

在接下来三年左右的时间里，米开朗琪罗成为了美第奇家族的一员，有资格与洛伦佐和家人以及其他尊贵的客人一起用餐。他与柏拉图主义哲学家菲奇诺和人文主义诗人波利齐亚诺等人为伴，还会参加洛伦佐组织的非正式的不定期会议，也就是著名的"佛罗伦萨学园"。与许多被邀请进入洛伦佐知识分子圈的艺术家不同，米开朗琪罗接受过教育，因此能够参与到哲学讨论的氛围中去。柏拉图哲学为米开朗琪罗狭隘的宗教信仰提供了广度，波利齐亚诺所宣扬的诗歌激发了他自己创作诗歌的灵感。但米开朗琪罗并没有向任何人展示过自己付出的努力，也没有参与过学园的高级研究。在其他人看来，他仍是一个不擅交际的少年；在这些才华横溢的知识分子面前，他很害羞，总是默默无言。

但这并不是米开朗琪罗缺乏自信的唯一原因。洛伦佐的知识分子圈中有几位是同性恋，并且不会在美第奇宫的范围内刻意隐藏这一点。米开朗琪罗通过其他人的表现认识到自己也拥有同样的感情——但他羞于表达，反而因此常常显得笨拙或粗鲁。他的早期诗歌中有一段优美的诗句表达了他如何看待自己：

> 燃烧，我留在阴影中，
> 当夕阳退隐进余晖。
> 其他人都享受着生活的乐趣，
> 我独自躺在悲伤中，以大地为尺度。

在美第奇宫中，只有一个人让他产生了亲近的感觉——一位名叫彼得罗·托里贾诺（Pietro Torrigiano）的天才雕塑家，后者只比他大三岁，扮演着哥哥的角色来照顾他。然而情况很快起了变化：当两人一起工作时，托里贾诺发现米开朗琪罗的作品远远超过了自己，嫉妒导致了他们之间的摩擦。托里贾诺因脾气暴躁而出名，据当时另一位雕塑家本韦努托·切利尼（Benvenuto Cellini）的说法，托里贾诺告诉他，有一天当他和米开朗琪罗在一起时："我比平时更生气，握紧拳头一拳打在他鼻子上，我感觉到他的骨头和软骨像饼干一样在我的指关节下往下掉；我给他留下的这个印记要一直伴着他入土。"托里贾诺对自己造成的伤害的评估是正确的：后来所有描绘米开朗琪罗的画作，都会强调他那被打扁的鼻子①。

米开朗琪罗的内心经历着激烈冲突的折磨。他发现很难将强烈的宗教信仰与自然的感受调和起来，尤其是用赤裸的男性形象来呈现艺术时。即使在晚年回首的时候，他也无法化解早年的痛苦：

> 如果在我年轻的时候就能意识到，我所看见的那些美丽的光彩有朝一日会涌入我的内心，在那里点燃一团永无止境的折磨的火焰，我宁愿自己的眼睛未曾看见过这些美丽。

这种自我毁灭的痛苦只有在他的艺术创作中才能得到解决。比如米开朗琪罗的早期作品之一，一个名为《半人马之战》（*Battle of the Centaurs*）的楣板，名称来自波利齐亚诺的一首诗。为了与文艺复兴传统保持一致，这首诗改编自古罗马诗人奥维德写于公元前1世纪的作品。根据传说，一群半人马在希腊国王皮里托奥斯（Pirithous）的婚礼上喝得酩酊大醉，企图带走并强奸他的新娘和在场的其他妇女，因此米开朗琪罗在画面上描绘了许多纠缠、挣扎的裸体。我们从中可以窥见吉贝尔蒂的洗礼堂门对他的影响；但这绝不是天堂之门，相反，我们看到的是地狱般的情景，用抛光的蜡质大理石表现出痛苦扭动的身体。这可能象征着过热的年轻头脑的

---

① "伟大的洛伦佐"得知此事后非常生气，以至于托里贾诺迅速逃离了佛罗伦萨。后来他来到英国，并将文艺复兴时期的艺术引入欧洲北部。在英国，他受亨利八世的委托为其父亨利七世（Henry Ⅶ）设计建造一座陵墓，其中包括现在在威斯敏斯特教堂仍然可以看到的亨利七世的赤陶半身像。托里贾诺的设计被20世纪的艺术史学家约翰·波普-亨尼西（John Pope-Hennessy）誉为"阿尔卑斯山以北最好的文艺复兴陵墓"。

潜意识，但场面的"混乱"仍是通过完美而精心的技巧来实现的。秩序与混乱之间的这种张力可以看作是米开朗琪罗心中激烈冲突的美学体现。《半人马之战》一直留在米开朗琪罗手中，而且从未真正完成，或许正说明了这一点。

"伟大的洛伦佐"于1492年4月去世，当时米开朗琪罗的这座雕塑正接近尾声。有人认为，正是他的精神导师的去世带来的悲痛使得雕塑未能完成。还有人则认为，这个作品是故意未完成的，并以此显示雕刻技术的开创性进步。为了支持这一观点，看似未完成的、粗糙的背景和楣板的上层，肯定有助于强调挣扎中人物的肌肉组织和皮肤。

康迪维说，在"伟大的洛伦佐"死后，米开朗琪罗"悲痛欲绝……以至于很多天他什么都做不了"。他似乎回到了父亲的家中。虽然据说后来米开朗琪罗又回到过美第奇宫，但洛伦佐的继任者"不幸的皮耶罗"并没有委托他创作任何严肃的作品。根据利伯特的说法："在皮耶罗短暂的统治期间唯一记录在案的给米开朗琪罗的委托，是一个雪人！这象征着美第奇赞助艺术家的辉煌时代的结束。"米开朗琪罗伟大的竞争对手莱奥纳多在那段时间，正被迫以类似的方式浪费他的才华——在米兰为卢多维科·斯福尔扎雕刻冰雕。

佛罗伦萨现在陷入了困境，这些年正是萨沃纳罗拉预言的"新的居鲁士大帝将翻山越岭，带来死亡和毁灭"之后的几年，预言正一步步成为现实：查理八世率领一支庞大的法国军队越过阿尔卑斯山向南进发。1494 年 10 月，米开朗琪罗开始做噩梦①，根据康迪维的记录，他的梦是这样的："洛伦佐·德·美第奇身穿一件破烂的黑色长袍出现在他面前，命令他告诉他的儿子［不幸的皮耶罗］很快就会被赶出美第奇宫，永远无法再回来。"

这个梦暗示了米开朗琪罗和"伟大的洛伦佐"之间的密切关系。有些人甚至认为洛伦佐近乎赤裸的身体意味着米开朗琪罗被同性吸引。随后他还描述了另一个梦："洛伦佐的穿着和以前一样……当［米开朗琪罗］看到他时，他重重地给了他一耳光，因为他没有告诉皮耶罗自己梦中的警示。"19 岁的米开朗琪罗被他的梦境吓坏了，他逃离了这座城市。接下来的一个月，"不幸的皮耶罗"也逃离了佛罗伦萨，标志着美第奇统治的终结。

两年后，米开朗琪罗来到了罗马，在此完成了自己的第一部堪称完美的杰作：受法国圣丹尼斯的红衣主教所托，为他的墓碑建造的《圣母怜子像》（*Pietà*）。这座石像描绘了死去的耶稣从被钉的十字架上解救下来的形象，横躺在母亲玛利亚的腿上。雕像流露出的超然宁静的忧伤，与《半人马之战》形成鲜明对比。耶稣无力的头和瘦削的身体歪斜着，容貌呈现出死去的平静，身体软弱无力，毫无生气。从表情上几乎看不出他在十字架上经历了剧烈的痛苦，或者这位母亲经历着心理的创痛。这些细节蕴含在雕像的内涵之中。但耶稣手上被钉子刺穿的痕迹，以及他吊在十字架上时身上的

---

① 康迪维描述说，米开朗琪罗告诉他这是"一个朋友"经历的梦境。但是普遍认为这个"朋友"就是米开朗琪罗自己。

伤口，都在光滑的大理石皮肤上清晰可辨。我们所能看到的是圣母玛利亚难以言喻的怜惜，那漫长的时刻预示着基督将要复活并拯救所有信徒的奇迹。雕像中玛利亚容貌年轻，有一种朴素的美感，深藏的情感几乎是神秘难测的。康迪维提出了质疑，如此年轻的人如何生下躺在她腿上的 33 岁的基督？她应该是个 50 多岁的女人的样子。米开朗琪罗则回答说："你不知道贞洁的女人比不贞洁的更能青春永驻吗？更何况圣母是童贞女，她从来没有经历过任何可能会改变体态的最轻微的淫欲。"

米开朗琪罗很可能确实是这么想的，但瓦萨里提出了另一种可能性。米开朗琪罗认为圣母应该有年轻的容貌，可能是因为他的母亲和照顾他的养母都是在年轻时就去世了。母性和青春交织的形象永远留在了他的脑海中。

米开朗琪罗的内心世界经常在他的作品中发挥着内在的作用。瓦萨里声称他的"说话方式非常含蓄和模棱两可，他的话语在某种意义上常具有两种含义"。他的艺术大抵也是如此，尤其是在带给观众思考和回味方面。他最好的作品达到了世俗（通常会包含性的方面）心理和深刻神性的不可分割的融合。

米开朗琪罗直到 1500 年才返回佛罗伦萨。此时美第奇家族早已不在，萨沃纳罗拉也已去世两年了。然而，这座城市仍然处于动荡之中。经济衰退持续，对比萨的战争也每况愈下。支付给雇佣兵的费用激起了越来越普遍的不满，尤其是在那些纳税额不断提高以支付军费的市民中间。民怨沸腾，城市环境也日益混乱。

波提切利在那些年中已经沦落到十分可怜的境地，正是这座城市状态的鲜明反映。他忙于为美第奇家族绘制多彩画作的辉煌时代早已过去，甚至他在萨沃纳罗拉时期的自我放弃也已成为过去。人们在路上驻足，看着他裹着破旧的斗篷拄着拐杖蹒跚而过，是那么的衰老、病弱和无能。他最终在 1510 年去世，名声几乎随之完全消失。甚至瓦萨里对他也明显不屑一顾，将他与另一位同名的佛罗伦萨普通画家混为一谈。《维纳斯的诞生》足足过了三百年才得以在乌菲兹美术馆展出；即便如此，几乎又过了一个世纪，这幅惊世之作才被维多利亚时代的美学家沃尔特·佩特（Walter Pater）在访问佛罗伦萨时"一夜之间发现"——波提切利方才获得了他应有的历史地位。

＊　　＊　　＊

　　回到 1500 年代初期的佛罗伦萨，波提切利衣衫褴褛地在街上蹒跚而过，市政当局仍然陷在混乱的困境之中无力自救。萨沃纳罗拉的民粹主义改革此时也被遗忘了。首席执政官像走马灯似的变换，每次新的任命带来的政策转变往往仍是毫无成效的。终于，在 1502 年，城邦宪法发生根本性变化：皮耶罗·索代里尼被选为终身首席执政官。几年后，在马基雅维利的建议下，索代里尼从城市的年轻人中招募建立了一支新的民兵队伍。佛罗伦萨终于有了自己的军队，不再需要依赖那些无法信任的雇佣兵了。
　　索代里尼尽管政治才能有限，但不失为一位诚实的政治家，这在当时算得上是一个优势。佛罗伦萨最不需要的就是才能高超、雄心勃勃的领导者，索代里尼只是一心想提高这座城市在整个意大利的声誉。这位终身首席执政官有自己的计划，并且因此在佛罗伦萨永远留下了印记。他对这座城市里伟大艺术家们的成就赞叹不已，并决心给予这些艺术品应有的尊重。就在索代里尼当选之前，当局曾委托米开朗琪罗将留在大教堂附近仓库中的一块巨大的大理石雕刻成"大卫"的雕像。这块被遗忘许久的大理石已经部分损坏了，但它来自托斯卡纳北部的卡拉拉，那里的采石场以生产意大利最好的白色大理石而闻名。

雕刻"大卫"，意在恢复佛罗伦萨市民们的自豪感，索代里尼提供条件确保当时 26 岁的米开朗琪罗能够独立工作，在大教堂旁边的仓库中不受干扰。他知道米开朗琪罗对自己的作品在完成之前被人看到有一种恐惧症：无知观众的评论会让他大发雷霆。尽管有如此理想的条件，以及索代里尼赋予的充分自由，这仍是一项十分艰巨的任务。之前已经有过几位艺术家在这块长达 18 英尺的大理石上进行过尝试，剩余的石材呈现出一种令人痛苦的残缺状态。更糟糕的是，这块巨石已经闲置废弃了四十年。根据米开朗琪罗的传记作家威廉·E. 华莱士（William E. Wallace）的说法："大理石刚从采石场运出来的时候是最容易进行雕刻的，经年累月地暴露于室外之后，加工就会越来越难。"

米开朗琪罗带着顽强的意志开始工作，很快就沉浸在对大理石块的创作中。他日以继夜地砍、削、磨这块洁白的石头。几个月的时间在孤独中过去了，好奇的路人只能听到从巨大的木制仓库门后面不断传出锤子和凿子敲击的声音。炎炎夏日，米开朗琪罗光着上身工作，汗水不断地滴入眼眶；严冬时节，他的手指都冻僵了，全身的工作服裹得像木乃伊一样，呼吸的热气遮住了视线。他在这座雕像上投射了自己的内心世界。这种倾向从一开始就很明显，正如他在初步草图上写的一首简短的诗所表明的那样：

> 大卫举起他的投石器
>
> 而我拉满我的弓

"我的弓"是指米开朗琪罗用来在石头上钻孔的器具。这首诗流露出米开朗琪罗的骄傲，他把自己比作大卫，要出发去战斗。

米开朗琪罗用了足足三年时间才完成了两倍于真人大小的雕像。有趣的是，根据当时的一份资料，这座雕像原本打算立在布鲁内莱斯基圆顶下方的大教堂屋顶上。这也许能解释雕像展现的一些夸张之处。如果雕像放置在教堂顶上，人们要从街道上仰望它，那么某些特征确实需要进行放大强调，以便远在下方的观众能感受到。但如果近距离观察，就像我们现在欣赏这座雕像一样，这些强调的方面就显得令人敬畏，同时又蕴含着饱满的力量。

最终完成的《大卫》具有深刻的人文主义色彩，是对人之所以为人的热烈赞叹。但与此同时，作品也充满了鲜明的理想主义品质，即柏拉图理想的化身。从那时起，米开朗琪罗的作品形态变得越来越夸张，在他的雕塑和绘画中都强调了"可怖"（terribilita）的一面，这在西斯廷教堂天顶上的壁画中体现得尤为明显。

*　　*　　*

　　1505 年，米开朗琪罗被罗马教皇尤利乌斯二世——也被称为"儒略二世"（Warrior Pope），召唤到罗马。这位教皇不仅从尤利乌斯·恺撒（Julius Caesar）那里继承了名字，更效仿恺撒，亲自率领军队攻占了佩鲁贾和博洛尼亚（还命令所有居住在罗马的红衣主教随行）。尤利乌斯二世野心勃勃地要在身后留下任何文艺复兴时期的教皇都无法比拟的艺术遗产。于是，他决定将自己的墓交由他认为那个时代最优秀的艺术家——米开朗琪罗——来进行设计、建造和装饰。整座墓还包括四十尊雕像，米开朗琪罗和他的助手们奉命要在五年内完成这项任务。尤利乌斯二世是一个性格坚定的人物：他已经 62 岁了，一心想在去世之前亲眼看到计划中宏伟的陵墓。

　　陵墓建造的过程，促使米开朗琪罗完成了他的另一个传世杰作：胡须长垂、肌肉有力的《摩西像》。这具座像中的摩西，膝上放着刻有《十诫》的石板，头上突出了传说中的"角"。根据圣杰罗姆在 5 世纪从希伯来语翻译成拉丁语的《出埃及记》34 章 29 节记载："摩西从西奈山下来的时候，手持两块石板，与上帝的谈话使他长出了角。"① 这座极具震撼力的雕像，今天仍可以在罗马梵蒂

---

　　①　这段文字实际上引发了很多猜测。有些学者认为在这个瞬间，摩西脸上充满光辉，"发出的光辉就像神圣的角"。还有些学者认为这只是圣杰罗姆犯的一个翻译错误，将一个意为"闪光的，发出光线的"希伯来语词理解错了。

冈圣彼得大教堂内看到，观赏者能够感受到雕像传达的许多难以精确描摹的情绪①，这就是"可怖"的化身。

尽管承担着建造尤利乌斯二世的宏伟陵墓这一艰巨任务，米开朗琪罗却不时会被打断去做其他项目。这些"其他项目"中最重要的一项是几乎同样艰巨的，即装饰西斯廷小教堂的天花板。根据康迪维的说法，当时负责建造圣彼得大教堂的建筑师多纳托·布拉曼特嫉妒米开朗琪罗，因为他觉得自己才应该是被选中建造教皇陵墓的人。为了取代米开朗琪罗的工作，同时也为了抹黑他，布拉曼特说服教皇将装饰西斯廷天顶的委托也交给米开朗琪罗。他觉得米开朗琪罗在绘画艺术方面经验鲜少，这个问题一定会在创作壁画时暴露出来，因为壁画需要在石膏仍然潮湿和"新鲜"的时候迅速下笔，一气呵成。

米开朗琪罗最初并不愿意接受这个委托，但尤利乌斯二世岂容商量，最终他还是被吓得屈服了。然而就在项目开始时，尤利乌斯二世再次卷入意大利战争并率领他的军队参战去了，这次是对抗法国人。教皇一离开罗马，米开朗琪罗就趁机逃离了这座城市，匆匆赶回佛罗伦萨，再次开始了自己最喜欢的雕塑创作。

尤利乌斯二世知道后大怒，连续派出不少于五个信使前往佛罗伦萨，要求米开朗琪罗立即返回，但这位雕塑家不为所动。于是尤

---

① 在20世纪早期，弗洛伊德（Sigmund Freud）曾在这座令人敬畏的雕像前驻足良久，他尝试着从心理分析的角度去理解这座雕像的内涵。越是尝试去厘清这座雕像在他心里引发的情绪，就越发现自己落入只能简单叙述或者去进行想象的境地。简而言之，米开朗琪罗的《摩西像》是难以描摹的。

利乌斯二世向当时佛罗伦萨的最高执政官皮耶罗·索代里尼发出威胁信，然而后者也无视教皇的要求，"因为他寄希望于教皇的愤怒能够过去"。但索代里尼显然不够了解尤利乌斯二世，后来他收到了教皇的第二封信，然后又是第三封信后，他终于召来了米开朗琪罗。根据康迪维的记录，索代里尼恳请米开朗琪罗："你已经十足考验了教皇的耐心，甚至法国国王都不敢这么做……我们不希望卷入与尤利乌斯二世的战争，让整个佛罗伦萨共和国处于危险之中。请你照着信上要求的，尽快返回罗马。"

此时，米开朗琪罗开始对教皇的愤怒真正感到了害怕。但根据一些史料，他没有马上返回罗马，而是计划前往东方。此前一段时间，奥斯曼苏丹巴耶济德二世（Bayezid Ⅱ）听闻了米开朗琪罗在建筑方面的天才，通过方济各会向他发出邀请，希望他前往君士坦丁堡并在金角湾上建造一座桥梁①。索代里尼设法劝阻米开朗琪罗放弃了这个疯狂的计划，他最终回到罗马面对尤利乌斯二世。

现在，米开朗琪罗开始认真筹划西斯廷教堂的天顶了。教皇的设想是绘制十二使徒的巨大形象。然而，具体到艺术构想，米开朗琪罗可能和尤利乌斯二世一样固执，这次教皇被说服了，允许艺术家"画自己喜欢的内容"。

---

① 虽然看起来不太可信，但这件事确实是真实的。苏丹巴耶济德二世早些时候曾向莱奥纳多·达·芬奇发出过类似的邀请。莱奥纳多对这座桥进行过设计的证据，可以在他1502年的笔记本中找到。这座桥跨度近500英尺，是当时世界上最大的桥梁，但莱奥纳多最终放弃了这个设计。将近五百年后的2001年，莱奥纳多的桥梁设计在奥斯陆以南约15英里的E18高速公路上，以缩小的比例得以真正实现。

米开朗琪罗的构想堪称雄心勃勃，而尤利乌斯二世的计划则相形见绌。米开朗琪罗建议用 300 个人物形象（而不是 12 个人物）来铺满整个天花板，来呈现圣经中描述的许多主要场景。这项工作花费了四年多的时间，是一项真正的创举，同时也需要非凡的体力支撑。西斯廷教堂的天花板长超过 130 英尺，宽超过 40 英尺；距离教堂地板 65 英尺处。为了作画，米开朗琪罗需要特制的脚手架，当他在天花板上工作时，脚手架可以移动。与流行的说法相反，米开朗琪罗作画时并没有仰面躺着，而是站着，伸手够到头顶的天花板上。根据瓦萨里的记录："这项工作是在极其不舒适的条件下进行的，因为他的头必须始终向上仰着。"

西斯廷天顶壁画所展现的场面浩瀚复杂，令人难以抗拒；仔细观察会发现，画面细节具有惊人的独创性，以至于很多形象成为了西方艺术的原型。其中最著名的是描绘上帝形象的画幅，天使环绕在他身边，他的食指向下倾斜，伸向躺在地上的亚当伸出的手指——这就是上帝将生命之光传递给第一个人类之前的那一刻。

另一个没那么著名但同样将传说具体展现出来的场景，也是关于上帝的。为了创造天堂和地球，他伸手拨开了混沌的云层。而且，就像上帝创造人世的部分一样，这部分据说也是在一天之内就完成了。米开朗琪罗一直非常认同他自己创作的主题。

尽管在艺术中向往神明，但在工作过程中，他太清楚自己作为凡人的脆弱。在一首诗中，他描述了那些因为长时间独自在高高的架子上工作带来的恶劣影响："我在［脚手架］笼子里得了甲状腺肿……"

> 我的胡须飘向天堂；
>
> 我的后颈陷进去了，固定在我的脊椎上；
>
> 我的胸骨扭曲成竖琴，我的脸上布满了油彩的点点滴滴，
>
> 我的腰塌进肚子里。
>
> 臀部像马鞍一样承受着我的重量，双脚来回走得忙。

然而正是在肉体的痛苦中，这位天才艺术家创造出了鲜活的场景，诸如上帝分水创世的崇高形象；逃离洪水的人类惊恐万分；末日审判中对被诅咒者的恐怖和可怕的折磨……

米开朗琪罗声称他对但丁的《神曲》了如指掌。这显然有些夸张，但他即便对内容的广度上做不到如此，对内容理解的深度却是超过旁人的。事实上，米开朗琪罗自己创作的诗歌包含了许多对但丁作品的呼应，同时也在诗中安放了自己独特的、饱受折磨的精神。在最后的一首诗中，米开朗琪罗写道：

> 对我来说最亲切的是睡眠；
>
> 是在石块中长眠，任由伤害和耻辱存在；
>
> 不再看，不再感受，也是一种护佑；
>
> 请轻声细语，不要吵醒我，不要啜泣。

只有一个精疲力尽的人，一个在漫长的一生中从未停止尽心竭力、日复一日地花费数小时来雕琢抛光大理石的人，才会如此渴望睡眠并且"更多地"睡在石头中间；也就是说，他将通过自己的作品得以永存。

瓦萨里写道，米开朗琪罗"不是在一种艺术中，而是在所有三

种艺术中都出类拔萃"。他的雕塑在后世的某一天会激发罗丹
(Rodin)的灵感，他的西斯廷天顶为拉斐尔（Raphael）和丁托列托
(Tintoretto) 画作中的人物姿态和色彩提供了灵感，而他的诗歌又
会激励着从莱奥帕尔迪（Leopardi）到里尔克（Rilke）等一系列伟
大诗人。20 世纪后期，米开朗琪罗的诗歌甚至给他不擅长的艺术
领域——音乐——带来过灵感。俄罗斯作曲家肖斯塔科维奇
(Shostakovich) 将米开朗琪罗的诗歌融入晚期交响乐，用画家所经
受的精神折磨来表达自己的现代主义痛苦。

　　前文全文引用的米开朗琪罗的诗歌，是他写给在佛罗伦萨的崇
拜者乔瓦尼·斯特罗齐（Giovanni Strozzi）的，后者认为他在佛罗伦
萨圣洛伦佐教堂美第奇墓边的雕塑《夜》（*Night*）如此栩栩如生，
以至于它"如果醒来就会说话"。米开朗琪罗的诗则表达了相反的
看法：不，他的雕像会永远沉睡，因为他太想睡觉了。这首诗可能
写在他最后一次回到佛罗伦萨时，当时美第奇家族已经重新掌权。
据说这也反映了他对美第奇统治恢复后的佛罗伦萨的幻灭。尽管他
热爱自己的家乡，但具有讽刺意味的是，他在罗马度过生命的最后
几年，于 1564 年去世，享年 88 岁。

＊　　＊　　＊

　　米开朗琪罗一生中先后受雇于六位教皇。在为尤利乌斯二世工
作后（他的陵墓实际到他死后三十二年才完工），他为美第奇教皇

利奥十世和他的堂兄克莱门特七世工作，然后为保罗三世（Paul
Ⅲ）、保罗四世（Paul Ⅳ）和庇护四世（Pius Ⅳ）工作，主要是监
督圣彼得大教堂的建造。

　　同时，米开朗琪罗也见证了美第奇家族命运的巨变。正如前文
所述，在萨沃纳罗拉死后，皮耶罗·索代里尼进行了短暂的共和统
治，红衣主教乔瓦尼·德·美第奇（后来的教皇利奥十世）在尤利
乌斯二世的军队的帮助下重新夺权。从 1513 年到 1537 年，这座城
市由"不幸的皮耶罗"的亲属和后裔勉强维持着统治。1537 年，
美第奇的统治权又转移到皮耶尔弗朗西斯科·德·美第奇这一支后
裔手中，他的儿子洛伦佐·迪·皮耶尔弗朗西斯科是波提切利和其
他文艺复兴早期艺术家的慷慨赞助人。再后来，洛伦佐·迪·皮耶
尔弗朗西斯科的外甥科西莫·德·美第奇（与他被誉为"国父"的
杰出祖辈同名），成为了佛罗伦萨的统治者，并继承了托斯卡纳大
公科西莫一世·德·美第奇（Cosimo I de'Medici）的头衔。

　　通过一系列战略性的联姻，美第奇家族已成为公认的欧洲主要
贵族家庭之一。1530 年代初，教皇克莱门特七世安排他的表亲卡
特琳娜·德·美第奇（Caterina de'Medici）与法国王位继承人结
婚。卡特琳娜的丈夫最终成为法国国王亨利二世（Henry Ⅱ），而
她顺理成章地成为了法国王后。亨利二世于 1559 年去世时，卡特
琳娜成为了法国实际上的统治者，并在接下来的四十年里都大权
在握。

　　科西莫一世大公从 1537 年到 1569 年统治着佛罗伦萨。无论是
政治上还是名义上，佛罗伦萨共和国的时代早已结束。托斯卡纳现

在与莫斯科和卢森堡一样被公认为大公国。科西莫大公一世确立了自己作为专制统治者的地位，实施了广泛而有效的行政管理。大公的宅邸就是今日被称为乌菲兹美术馆的大型建筑，该馆现在是佛罗伦萨最为重要的艺术展馆。但顾名思义，这最初是作为"办公室"*来容纳大公政府的。

科西莫一世大公也因其赞助而闻名，特别是对于两位佛罗伦萨艺术家，但有趣的是，这两位却都因在文学方面的成就而被人们铭记。其中一个就是受科西莫一世委托设计乌菲兹美术馆的乔治·瓦萨里。然而，瓦萨里声名远播的原因却是篇幅惊人的文学杰作《意大利艺苑名人传》。这部作品中涉及的许多前人未知的细节和轶事虽然并不总是可靠的，但涵盖了文艺复兴时期众多主要和次要的（主要是佛罗伦萨）艺术家。他披露的许多未经证实的八卦都带有令人信服的真实性，他生动地记录了促使这些艺术家——从奇马布埃到米开朗琪罗——大放异彩的时代背景。瓦萨里出生于1511年，后来与同时代的米开朗琪罗成了朋友，他在《意大利艺苑名人传》中对于米开朗琪罗的价值给予了充分的赞赏和细致的描述。

科西莫一世大公赞助的另一位艺术家是本韦努托·切利尼，他画作中的矫饰主义风格直接继承自米开朗琪罗。但切利尼最被人们记住的是他的自传，他于1558年58岁时开始创作。传记包含了他四处漂泊的生活中各种浪荡不羁的细节，其中包括生几个私生子、鸡奸、被监禁以及如何从敌人处逃脱——可以看出他确实是一个经

---

　　* 译注：意大利语中 uffizi 为办公室之意。

常旅行的人。许多历史事件中都有他的影子，最著名的是 1527 年
神圣罗马皇帝查理五世（Charles V）麾下德国雇佣军队兵变，进
而洗劫罗马。当时切利尼的朋友、美第奇教皇克莱门特七世仓皇前
往附近要塞圣天使堡避难。在城垛的高处，切利尼目睹了疯狂的雇
佣军在这座繁华的永恒之城中持续进行的屠杀、掠夺、强奸和
焚烧。

　　切利尼在弗朗索瓦一世统治期间还访问了法国，后者年轻时是
年迈的达·芬奇的崇拜者和朋友。事实上，达·芬奇在年轻的弗朗
索瓦一世怀中去世的故事，以及在达·芬奇死后《蒙娜丽莎》最终
挂在法国国王浴室的八卦，很可能就来自切利尼。瓦萨里从未见过
《蒙娜丽莎》，但在他的《意大利艺苑名人传》中却进行了详细的描
述，说明是从目击者那里听到的——可能是切利尼，两人的关系虽
然磕磕绊绊，但也见过几次面。

　　这幅神秘的画作中，画面上微妙的阴影在某种程度上突出了画
中人那著名的微笑，正是达·芬奇的神来之笔。他曾在《画论》中
写道："当夜幕降临或者天气阴沉时走上街头，可以观察到男人和
女人脸上的光影是那么的精致和优雅。"这句话无疑强调了对画面
光线及其效果的捕捉，但《蒙娜丽莎》微笑中的暗示，远比任何表
面的绘画效果都要深刻。

第十九章　伽利略

　　佛罗伦萨"三巨匠"在文艺复兴后期做出的贡献改变了整个西方世界。在马基雅维利的政治理论和米开朗琪罗的超凡艺术之后，现在我们来看其中的最后一位，即第一位现代科学家——伽利略。

　　在我们谈到伽利略本人之前，有必要先介绍一下他的父亲文琴佐·伽利莱（Vincenzo Galilei），他也为文艺复兴做出过重大贡献。文琴佐出身于佛罗伦萨一个古老家族，但是家道中落，财富散尽，他变得性格苦闷，脾气暴躁。然而，他年轻的时候就在数学和鲁特琴演奏方面显露出过人才华。赞助人乔瓦尼·德·巴尔迪（Giovanni de'Bardi）将他送到威尼斯，以进一步接受音乐教育。当时，威尼斯在音乐的表演和理论方面领先于整个意大利。文琴佐在此师从当时最伟大的音乐理论家乔塞夫·扎尔里诺（Gioseffo Zarlino），这位音乐家是旋律配合（Counterpoint）的古典传统的信奉者。这是根据一系列严格规则编写或演奏一种旋律与另一种旋律的技巧，从而产生复音（多音）和声。在中世纪，这项理论已经发展成为一种高级艺术，产生了一种复杂的、几乎是数学式的简洁和美感，乐谱页面上的抽象形式与演奏出的优美和声的地位一样崇高。

正是理论中的种种限制激发了文琴佐·伽利莱更自由奔放的创作倾向。他坚持音乐应该赋予耳朵而不是心灵的抒情美，并着手尝试创作能够实现这一目标的声乐。因此，文琴佐在将音乐从古典传统中解放出来方面发挥了作用——为歌剧的诞生铺平了道路。文艺复兴盛期的特征再次占了上风：通过复兴古老的抒情音乐，让人类摆脱中世纪的束缚。

尽管文琴佐·伽利莱好斗的气质导致他在托斯卡纳宫廷没交到多少朋友，但他仍然成为了人文主义圈子"巴尔迪沙龙"的主要成员之一，他们定期在乔瓦尼·德·巴尔迪伯爵的家中聚会。在这里，佛罗伦萨学者吉罗拉莫·梅（Girolamo Mei）介绍了古希腊戏剧实际上是被唱出来的，而不是简单的口语表达。在这个想法的启发下，1582年文琴佐根据但丁《神曲》中《地狱篇》的内容，为其中被控叛国的政治家乌戈利诺（Ugolino）的哀叹创作了曲调，后来成为一部重要的作品。大约在1597年，音乐家贾科波·佩里（Jacopo Peri）和诗人奥塔维奥·里努奇尼（Ottavio Rinuccini）合作创作了现在被公认为是首部歌剧的《达芙妮》（*Dafne*），它讲述了古希腊神话中阿波罗神爱上仙女达芙妮的故事。叙事以戏剧形式展开，各个角色演唱各自的台词。佛罗伦萨再一次——这一次是在之前不擅长的领域——对文艺复兴做出了贡献。

　　文琴佐的儿子伽利略·伽利莱（Galileo Galilei）出生于 1564年，当时他们全家住在比萨；伽利略 10 岁时，他们回到了佛罗伦萨。很快人们就发现，这个傲慢的红头发小伙子遗传了父亲的气质，以及他的数学天分。他们的家庭生活称不上平静——文琴佐的妻子朱莉娅（Giulia）来自托斯卡纳著名的阿曼纳蒂家族，她认为自己下嫁了，天性好争论的她总是唠叨丈夫。不过，朱莉娅也十分注意培养她聪明而难缠的儿子。在母亲的关注下，伽利略的自信随之勃发；但在他欢快的情绪之下，总是潜伏着吵吵闹闹的家庭生活所导致的不确定性。他的自负总是掩盖着某种强烈的野心，而他的傲慢又会被内心更多脆弱的情绪所缓和。

　　全家搬到佛罗伦萨后不久，伽利略被送往该市东南约 15 英里的一所修道院学校，在那里他接受了传统的语法、修辞和逻辑教育。当伽利略流露出想做修士的念头时，父亲连忙将他从修道院中接回。16 岁时，他被送往比萨大学学医，寄望于这个职业将来能为家庭带来经济支援。两年后，当伽利略回佛罗伦萨度假时，碰巧参加了宫廷数学家奥斯蒂利奥·里奇（Ostilio Ricci）的讲座。在此之前，伽利略的数学能力主要表现在早早显露的计算本领上，而里奇关于欧几里得的讲座向他介绍了更真实具体的数学：古希腊证明的严谨性，以及建立在不言而喻的公理之上的抽象世界。

　　在比萨大学，伽利略的研究主要集中在盖伦（Galen）的医学和亚里士多德的科学上。这两位古希腊先贤都是各自领域的巨匠，但在一千多年后看来，他们的作品中存在着明显的错误。例如，亚里士多德声称，射出的弓箭或投掷的石头起初是直线运动，突然失去动力后会垂直掉向地面。正如任何观察者都能注意到的那样，情况显然并非如此。然而，在中世纪，人们不可以质疑这些错误，原因很简单，即亚里士多德是一个"权威"，他的作品是神圣不可侵犯的。伽利略的气质和思维方式促使他不仅质疑这些问题，还力图寻求给出自己的解释。

有两个故事与伽利略这一时期的生活息息相关。两者可能都是传说而已，但确实是伽利略思想方式的例证。第一个故事讲的是从空中坠落的物体的速度。根据亚里士多德的说法，较重的物体总是比较轻的物体更快地落到地面上。传说伽利略进行了一次公开实验，从著名的比萨斜塔顶部抛下两个不同质量的物体。正如他后来写道：

> 亚里士多德说，一个 100 磅重的球从 100 腕尺①的高度落下，在一个 1 磅重的球移动 1 腕尺的距离之前就撞到了地面。而我们认为这两个球将同时落地。在进行测试时，会发现较大的球比较小的球先 2 英寸落地。这 2 英寸对比亚里士多德的 99 腕尺，我只谈我的小错误，对这个巨大的错误保持沉默……

伽利略已经表明了他的观点（我们现在知道，这 2 英寸的差异是由空气阻力造成的）。他通过进行"cimento"（意思是"考验"

---

① 这个计量单位类似于前文提到的"braccio"，约 2 英尺。因此 100 腕尺约相当于比萨斜塔的高度。

或"测试")来表达自己的观点——换句话说，一个实验。伽利略强调实验作为一种科学方法，后来促使他在佛罗伦萨的学生们创立了"实验学院"（Accademia del Cimento）。在这种情况下，科学和实验实际上成为了同义词。这是伽利略思想的核心，也是他发挥主导作用的科学革命的本质。正如伽利略后来说过："在科学问题上，一千人的权威也抵不过一个人的卑微推理。"意思就是，一千名学者的话也可以被一个实验驳倒。

但科学不仅仅是简单的实验。首先，我们必须认识到实验的目的，或者实验的对象。正是在这个领域，科学需要想象力。或者，正如伽利略所说："所有的真理一旦被发现就很容易理解；关键是要发现它们。"伽利略的研究对象现在已经从欧几里得转向了阿基米德（Archimedes），转向了更实际的数学应用领域，而阿基米德以其设计制作的许多巧妙装置而闻名。这些装置中包括一面抛光的镜子，它可以集中太阳光线以烧毁敌人的木船，而他的螺旋抽水机可以通过转动，将水从较低的水位提升到较高的水位。科学涉及实验，但也涉及发明。后一点可以从伽利略在比萨的学生时代的另一个故事中得到体现。

一个星期天的早晨，当伽利略坐在比萨大教堂听布道时，他注意到了高高天花板上一根长长的电线悬挂下来的一盏灯。灯像钟摆一样摆动，伽利略利用手腕的脉搏测量了每次摆动的时长。他发现，无论每次摆动所覆盖的弧长有多长，完成弧的时间总是相同的。灵光闪现，伽利略逆向思考得出一个想法：钟摆是否可以用来计算一个人的脉搏呢？回到学生宿舍后，他开始了一系列实验，比较了不同长度和不同重量的钟摆，最终设法制造了一个可以用来计量脉搏的钟摆。[这一想法促进了摆钟的发明，当时的计时用品中第一个精确的钟表——尽管它直到近一个世纪后才由荷兰科学家克里斯蒂安·惠更斯（Christiaan Huygens）发明出来。]

伽利略对自己的发现感到兴奋，急忙把它展示给大学医学院的老师们。他的教授对这位年轻学生的发明大为赞叹，甚至将其偷走了。尽管遇到这样的麻烦，这款简易的"脉搏计"（后来被称为pulsilogium）还是给伽利略在当地带来了一定声誉。这款装置很快就在意大利各地的大学医学院使用，尽管伽利略的发明既没有得到正式的认可，也没有得到任何钱财。专利的概念，以及保护发明和奖励发明人的法律，在那时仍未成型①。

因为这个原因，保密、间谍和剽窃才是这一时期的科学研究中屡见不鲜的事。真正的科学常与伪科学混为一谈，例如炼金术和占星术。令人惊讶的是，尽管伽利略最终成为了他那个时代的主要天文学家之一，但一旦有机会——通常是在缺钱的时候，他会非常愿意研究占星学。这是他在学生时代和未来几十年中经常遇到的困境。伽利略作为发明家在比萨获得了一定的声誉，但在酒馆和妓院中也声名狼藉。

有几次他作为学生来上课，习惯于用尴尬的问题质疑教师。例

---

① 1450年威尼斯颁布过一项法令，要求发明人向当局登记他们的发明，并能获得十年的保护。在此之前的大约三十年，佛罗伦萨也颁布过一项类似的法令，布鲁内莱斯基使用该法令为他命运多舛的桨船申请了专利，但仅能保护三年。到伽利略时代，专利保护法令在托斯卡纳已基本搁置了。

如，当亚里士多德说重的物体比轻的物体下落得快时，为什么所有冰雹无论大小都以相同的速度撞击地面？这一次，老师抛出了早已准备好的回答：较轻的冰雹从低处坠落，所以它们看起来以同样的速度下落。这样的解释继续被伽利略嘲笑，这种行事风格让他几乎没什么朋友。很快，他身边所有人，包括他的同学们都明白，伽利略实在有些聪明"过头"了。结果不出所料，在比萨大学待了四年后，伽利略毕业离开的时候既没拿到学位，也没有赚到什么钱。

当他回到佛罗伦萨时并没有带来从医资格证明，父亲不太高兴，因为在父亲看来，从医是能够挽救家庭经济的重要方式。然而，这并没有削弱伽利略的自信，他立即着手确立自己数学家的身份，并进行了一系列公开演讲。但听众寥寥，他很快就放弃了这个想法。最终还是文琴佐设法在宫廷中联络关系，使伽利略能够偶尔在著名的佛罗伦萨学园发表演讲。这个半正式的人文主义机构是一个多世纪前在科西莫·德·美第奇的主持下建立的，十年前由科西莫一世大公推动复兴。伽利略被分配的主题与人文科学关系不大，与数学也只有微弱的联系，比如他被要求解决一个年长的学者中间激烈的争论，要一次性地确定"地狱"的布局结构和比例，就像但丁的《神曲》中描述的那样。

此时，科西莫一世大公的头衔已由他的儿子弗朗切斯科一世大公继任，新大公对科学感兴趣，甚至在美第奇宫建立了自己的实验室。遗憾的是，他对伽利略的帮助很小，因为早在 1587 年他就因调制一种长生不老药来治自己的发烧而去世了。根据伽利略的传记作者詹姆斯·雷斯顿（James Reston）的说法，这"是从鳄鱼的气管中提取的，并与豪猪、秘鲁山羊和印度瞪羚的分泌物混合的药物"。弗朗切斯科大公的死无疑是痛苦的，且令人毛骨悚然。伽利略很快就明白，他永远无法在佛罗伦萨实现成为伟大科学家的梦想。

出乎所有人的意料，伽利略在 1589 年设法在母校比萨大学为自己争取到了数学教授的职位。可以预见，这工作并没能持续多久；但正是在此期间，伽利略完成了他的第一部主要作品《论运动》（De Motu）。这本书奠定了他关于物体在空气和水中运动的革命性思想。他甚至大胆尝试改进了阿基米德著名的浮选实验（就是在该实验中出现了著名的"Eureka！"*时刻）。为了实现这一点，伽利略发明了一种"小天平"。这种极其精密的仪器需要大量的专业技术来构建和操作，能够检测到细微的重量差异。随着科学家们进行的实验越来越复杂，测量仪器的需求也越来越大。

更重要的是，伽利略开始利用他从欧几里得那里学到的东西，将严格的证明方法应用于物理学，同时使用数学测量来验证他的想法。在这里，我们看到了处于萌芽状态的科学革命的发端，以及科学与亚里士多德思想之间的分道扬镳。数学在很大程度上受亚里士多德学者的蔑视，他们中的许多人认为它不过是占星术的附属品①。

在《论运动》中，伽利略还展示了他的另一个过人之处：学习和改进同时代科学思想的能力。他自己对此事的看法是——无论是

---

* 译注：Eureka，意为"找到了"。

① 正如前文提到的炼金术在事实上促进了许多后来被纳入化学科学的实验技术一样，占星术在计算行星和黄道带标志移动的经过与汇合时，也采用了许多数学方法。

在他自己的眼中，还是在历史的眼中——他经常能够看到一个想法的本质，而它的发现者（或发明者）只是抓住了一个肤浅的侧面。这方面的例子就是伽利略关于坠落物体的研究，通过传奇的比萨斜塔实验。关于这个实验，他最初的灵感来自生活在公元前 2 世纪的古希腊天文学家、罗得岛的希帕科斯（Hipparchus）。作为文艺复兴时期古典学问复兴的一部分，希帕科斯关于坠落物体同时性的看法已经开始在意大利流传，尤其是在佛罗伦萨。即便如此，由于空气阻力，物体的实际下落速度仍然存在微小的差异。伽利略坚持认为，除去这种差异，所有物体都应以相同的速度下落。他大胆地提出，如果实验在真空中进行，就会看到这样的结果。［这个说法在将近四个世纪后得到了戏剧性的证明，1971 年，大卫·斯科特（David Scott）在月球上丢下一把锤子和一根羽毛，当它们同时撞击到月球表面时，他惊呼："你们看，伽利略是对的！"］

1591 年父亲去世，伽利略成为家庭唯一的经济来源，要供养母亲和几个年幼的弟妹。伽利略的年薪仅有可怜的 60 弗罗林，这无疑表明了他在大学里勉强维持的地位，因为大多数同事都拿到至少两倍于他的薪水。因此，他开始在其他地方寻找更赚钱的工作。所幸伽利略独特的科学专长的名声已渐渐传开，甚至传到了托斯卡纳新任大公费迪南多一世（Ferdinando Ⅰ）的耳中，他称他为"托斯卡纳最优秀的数学家之一"。在这一声誉的助力下，伽利略被任命为威尼斯共和国著名的帕多瓦大学的数学教授，教授几何学、医学和天文学（在需要时偶尔赚取点占星的费用）。

伽利略在帕多瓦完成了许多出色的设计和作品。在这里，他的薪水最初是 180 弗罗林，仅够抵消他在佛罗伦萨欠下的债务。然而，他很快就通过发明"几何和军事指南针"来增加收入。这是一个设计简洁的杰作，将两个铰接的黄铜尺子连接到一个较低的半圆形黄铜弧上，所有这些尺子上都刻有测量线。顾名思义，该仪器可用于几何测量，以及构造正多边形。更重要的是，它还可以用于计算弹丸如炮弹等的轨迹。虽然这一"指南针"的原理，与亚里士多德对射弹运动轨迹的描述明显矛盾——但重要的是，它是奏效的。

这款装置毫无意外地很快引发了极大需求，为伽利略带来了一笔可观的收入。但由于其结构简单，发明者的收入没过多久就下滑了——因为仿制品纷纷冒了出来。然而，天才的伽利略设法从他的发明中获得了更多收益——在学生们付费的情况下，他会指导他们如何使用这个小装置来完成一些巧妙的几何应用，例如将圆周分成相等的部分，以及将一个平行六面体①变成一个立方体等。

伽利略尽其所能供养他在佛罗伦萨的家人，但因为他的收入不规律，家庭状况并没有什么大的起色。帕多瓦距离威尼斯仅仅 25 英里，他乐于享受那里的知识氛围和享乐气氛。与此同时，他继续过着波希米亚式的生活，与一位名叫玛丽娜·甘巴（Marina Gamba）的当地女性组建了家庭，先后生下三个孩子。

正是在威尼斯，伽利略开始研究他的潮汐理论。半个世纪前，他已经知道了波兰神父哥白尼（Copernicus）提出的日心说。该学说描述了地球和行星如何在围绕太阳的圆形轨道上运动，这与教会

---

①　平行六面体是一个三维六面的图形，每个面都是平行四边形。

关于地球是宇宙中心的教义相矛盾。根据伽利略的理论，潮汐是由海洋中水的运动引起的，是因为地球绕太阳公转同时绕轴自转。来自托斯卡纳的红衣主教贝拉米奈（Bellarmine）明确抨击这一点，他认为哥白尼体系必须通过"太阳不绕地球转，但地球绕太阳转的真实物理现象"来证明是正确的，而伽利略声称他的潮汐理论就是明证①。

这一幕似曾相识的错误，将伽利略引向他最重要的成就之一。1609 年 7 月，他碰巧和一些知识分子朋友们在威尼斯度周末，听说了来自米德尔堡的一位名叫汉斯·李普西（Hans Lippershey）的荷兰制造商发明了一种仪器，可以使远处的物体看起来非常近。这种仪器据说由一个管中的两个透镜组成，被称为"透视器具"（perspicillum）。

伽利略虽然从未见过这类神奇的仪器，但他立即明白了它的工作原理，并动身前往帕多瓦为自己也制造了一台。他很快就做到了将放大效果提高十倍。从一开始，伽利略就意识到了这个装置巨大的商业潜力。两周之后他回到威尼斯，试图将他的仪器卖给总督和

---

① 这一说法既对又不对。我们现在已经知道伽利略的潮汐理论是错误的，因为潮汐主要受到月球引力的影响。然而，伽利略从这个错误的推断中得出的结论是正确的。这在科学中远非独一无二：许多错误的推理导致了正确的结论。前文已经出现过哥伦布关于他向西航行到中国的错误理论，是如何导致欧洲发现美洲的。17 世纪，德国炼金术士约阿希姆·贝歇尔（Joachim Becher）提出，一种叫作燃素的类似火的神秘物质能够解释许多当时已知的化学反应，这促使人们发现了进一步的反应过程，尽管后来证明燃素实际上并不存在。同样，一种被认为环绕地球的类似空气的物质"以太"（aether），在19 世纪的物理学家看来能够用来解释电磁、光和引力的传输——直到爱因斯坦（Einstein）的相对论证明它并不存在。

执政团。正如他解释的那样，这种装置对于城市的防御至关重要，能够在敌人发动任何攻击前数小时就发现远处地平线上的敌舰。

幸运的是，此时伽利略的一位威尼斯朋友启发了他对威尼斯当局一贯迂回的政治方式的认识。与其试图将装置卖给总督，不如"为了共和国的利益"免费提供给政府。这显然是一个明智的举动，当局对伽利略的慷慨印象深刻，并给予他 500 达克特的礼物作为酬谢，同时命令帕多瓦大学将其终身年薪提高到 1 000 达克特。这个消息来得正是时候。因为在短短的一周之内，已经有仿冒的透视器具出现在威尼斯并迅速占领了市场，每只售价不到 1 达克特。伽利略认为这些只是玩具：它们的放大倍数微不足道，而此时他已经将自己的透视器具改进到可以放大 32 倍的地步。

伽利略随后发动了先发制人的行动，以维护他作为"透视器具发明者"的权利。他给它起了一个新名字，称它为"望远镜"[tele-scope，来自古希腊 tele（意思是"遥远的"）和 scope（意思是"看到"）]。伽利略对那些否认他是发明人的回应具有鲜明的个人特点："任何白痴都可以偶然发现这样的东西。而我是用理性发现它的人，这需要真正的原创天分。"

在伽利略声名鹊起的时期，他想到了用望远镜遥望夜空，用于天文观测。伽利略不是第一个这样做的人。大约在他听说透视器具之前的四个月，英国科学家托马斯·哈里奥特（Thomas Harriot）就曾用放大 6 倍的望远镜观测月球，甚至绘制了一张月球表面的初步地图。伽利略对月球的第一次观测记录不仅详细得多，对观测到的内容理解也深刻得多；更重要的是，他明白自己观测到的发现意味着什么。他看到的不仅仅是一个光芒四射的、部分阴影的、半圆形的白色圆盘，而是一个巨大而神秘的世界。对月球表面的仔细观测使他发现了明显的圆形陨石坑、山脉和看起来像海洋的东西。他意识到，这就是亚里士多德天文学的终结，天体不是完美的球体，它们是地理上与我们非常相似的世界。

在接下来的几年里，伽利略对太阳系进行了系统观测，取得了一系列轰动的发现。他观察了太阳，发现它有黑点"似乎会自行消耗"；观察到了"金星的相位"——类似于月亮盈亏的相位；画了土星环；发现木星有四颗卫星，类似于环绕地球的那一颗。他将这些卫星命名为"美第奇之星"（Medicea Sidera），以感谢佛罗伦萨的统治者赞助他成为帕多瓦教授的申请。现任统治者科西莫二世大公对家族获得了这一永垂不朽的荣耀感到非常满意，于是任命伽利略为托斯卡纳的"第一哲学家和数学家"。伴随着这个职位而来的是一份丰厚的薪水，以及在一座俯瞰佛罗伦萨的山丘上的富丽堂皇的别墅"美景"（Villa di Bellosguardo）。

伽利略带着家人离开了帕多瓦，但并没有带他的情妇玛丽娜，后者更愿意留在他为她买的房子里（她在他离开后的一年内就结婚了，用的是伽利略留给她的钱作嫁妆）。伽利略再次获得了经济上的保障，而且此时的地位比在威尼斯要高得多，这种待遇给了他巨大的鼓励。他不仅继续他的研究，而且决定是时候公开他的发现了。伽利略确信，他的成果将毫无疑问地证明日心说观点是正确的。

伽利略的工作再次引起了罗马红衣主教贝拉米奈的注意，他现在已升任梵蒂冈的高级职位：相当于罗马宗教裁判所的负责人。1600 年，贝拉米奈负责起诉和惩罚多明我会修士和个人主义思想家乔达诺·布鲁诺（Giordano Bruno）。布鲁诺是一个真正具有原创精神的科学家和彻头彻尾的赫尔墨斯主义者的奇怪混合，他的思想涉及从占星术到炼金术再到各种形而上学的信仰；他既是中世纪主义者，又是文艺复兴人。他的宇宙学思想远远领先于时代：他支持哥白尼的日心说，以及宇宙无限并包含其他星系的信念。他拒绝在红衣主教贝拉米奈的法庭上投降，最后因异端邪说被判处死刑，烧死在火刑柱上——赤身裸体地倒挂着，嘴巴被塞住，这样他就不能在死前呼喊自己的信仰了。

1616 年，红衣主教贝拉米奈在罗马召见伽利略，给他机会捍卫自己的观点。此时的贝拉米奈似乎对日心说观点产生了一些同情，尽管他对如何使这种观点与圣经的教义保持一致持有很深的怀疑。令人惊讶的是，会见的最终，贝拉米奈只是给予了警告就让伽利略离开了。后者被告知他不能"持有或捍卫"哥白尼的观点，但仍然可以将其作为一种"数学假设"来讨论。

伽利略回到佛罗伦萨，私下坚持说："圣经展示了人们通往天堂的道路，而不是天堂自身运行的道路。"1621 年贝拉米奈去世，两年后乌尔班八世（Urban VIII）成为教皇。伽利略获得教皇许可来写一本书，其中包含分别支持哥白尼观点和正统"亚里士多德派"观点的论据。1632 年，伽利略完成了《关于两个主要世界体系的对话》（*Dialogue Concerning the Two Chief World Systems*），该书很大程度上是对他一生科学思想的总结。书中的"对话"是在"聪

明的萨尔维亚蒂（Salviati）和倒霉的辛普利西奥（Simplicio）"之间
展开的。为教会的宇宙论辩护的必然是名副其实的"辛普利西奥"*，
作者通过人物的姓名巧妙地嘲弄了虚假的教会正统。

　　伽利略再次被召到罗马解释自己的言行，并于1633年2月受
到审判。伽利略明白自己处境已经十分不利，但仍坚持自己的清
白。据传在7月的某一天，监狱人员向他展示了如果他拒绝承认自
己的异端邪说将遭受的酷刑，伽利略显然吓坏了，同意"弃绝和诅
咒"地球绕着太阳转的理论，尽管紧接着他小声嘀咕道："但它
[地球]仍然在动。"

　　所幸，伽利略最终免于酷刑或者布鲁诺所受的火刑，只是被判
处了无期徒刑，那时他已经69岁了。鉴于他年事已高，以及美第
奇家族对他的保护，他被允许返回佛罗伦萨，并被软禁在"美景"
别墅。

　　伽利略的行动自由可能被限制，但他的科学思想并不容易被遏
制。那些从欧洲各国被吸引到帕多瓦听他讲课的学生早已回国，许
多人在他们的祖国成为教授。伽利略的著作在荷兰出版，很快在欧
洲主要大学中流传。科学革命破土萌芽，而且势不可当。

　　自马丁·路德（Martin Luther）发起宗教改革以来，已经过去
了半个世纪，欧洲已经明显地开始变化和分裂。罗马教会不再对新
教的土地拥有权力，新教的范围逐渐延伸到德语区、英国、斯堪的
纳维亚半岛及其他地区。从历史上看，伽利略的影响被认为与那个

---

　　* 译注：这个名字音译自意大利语单词Simplicio，意为"简单的"。

时代的其他伟大思想家和创新者不相上下——比如法国哲学家和数学家勒内·笛卡儿（René Descartes）；英国医生威廉·哈维（William Harvey），他对血液循环的发现彻底改变了医学；德国天文学家约翰内斯·开普勒（Johannes Kepler），他计算了行星围绕太阳运行的真实球面轨道，用数学修正了哥白尼提出的想法。科学正在从粗略的推测转向精细的测量。正如伽利略所说的那样："世界是用数学语言写成的。"这句话是对人类世界最深刻的洞察之一。

伽利略最终于77岁时去世，在生命的最后，他已经十分虚弱且双目失明（几乎可以肯定是因为长时间用望远镜观测太阳的原因）。伽利略去世一年后，艾萨克·牛顿在英国出生——科学的传承是永续不灭的。

尾声

　　对古典知识重新发现的风潮发端于佛罗伦萨，起初是影响了建筑领域，然后启发了人文主义思想，并在新的绘画风格中得到了加强。一种更伟大的现实进入了人类看待世界的视野，且迅速传播和渗透到当时各行各业的知识和实践中。将伽利略与踏上新世界的哥伦布相提并论并非没有道理。

　　文艺复兴在佛罗伦萨初现雏形，展翅欲飞，使新的时代之光得以普照整个欧洲大陆，人们对新的想法以及尝试和利用这些想法的行为保持开放的态度。"开放"正是关键所在：这种开放性出现在一个意大利小城邦，那里的公民相信民主（某种程度上也是被腐蚀的）。具有讽刺意味的是，很可能正是这种"被腐蚀的民主"为城市提供了足够的稳定性。

这些新思想所孕育的世界，对来自异域的文化同样张开怀抱。从阿拉伯数学到中国印刷术和火药，从远东的香料到新大陆的蔬菜，人类生活的方方面面，尤其是在西方，都发生了变化。制图学、政治学、天文学、哲学——实际上是所有的艺术和科学——再也回不到从前了。

在所有这些领域出现的新鲜事物从佛罗伦萨传播到整个意大利、欧洲乃至更远的地方，为现代世界奠定了基础。伽利略对古典权威的质疑，以及他大胆而富有想象力的洞察力——以及进一步走向理性和实验——是文艺复兴思想的顶峰。这种思想是进步的，但矛盾的是，它也引向一个质疑所有"已知"真理的新怀疑主义的时代。

这种矛盾的精神对随后的几代人产生了深远的影响。17世纪法国的勒内·笛卡儿既是一位极具创造力的科学家，也是一位哲学家。他对"笛卡儿坐标"的发现使得两个明显不同的数学分支产生了密切联系——以未知数构造的代数公式，现在可以以图形的形式映射到平面上，代数与几何和谐结合，未知数的计算与空间问题的解决成了一回事。

然而，笛卡儿除了具有惊人的创造力，也是一个深刻的怀疑论者，正是这一点导致他被后世认为是第一位现代哲学家。笛卡儿开始质疑所有的知识——怀疑我们所有的思想和感知。我们怎么知道我们的知觉不仅仅是一种幻觉？笛卡儿深入钻研，质疑人类思想和经验的最深层基础。最后他得出了一个最终的、无可争议的结论：

我思故我在（Cogito，ergo sum）。不管其他方式如何有可能造成感觉的欺骗，只有这一点是正确的。仅这一点就毫无疑问了。并且基于这个无可争辩的事实，新知识会被陆续发现。

几年后，英吉利海峡对岸的哲学家大卫·休谟（David Hume）开始了类似的怀疑。他的结论与伽利略类似，他相信经验是知识的基石，所有知识只能通过实践和实验来证实。

艺术也超越了文艺复兴时期单纯的人文主义范畴，出现了荷兰画家伦勃朗（Rembrandt）的内在表达深度，以及西班牙画家委拉斯开兹（Velázquez）的现实主义流派。与此同时，许多人穿越大西洋到新大陆寻求思想自由。在遥远的新大陆北部的激进思想，在相对隔绝的发展过程中形成一种独立的看待世界的方式，促使那里的人们试图摆脱旧欧洲的束缚并争取革命独立，实践文艺复兴时期的民主理念。这种革命思潮随后又传播回旧大陆，进一步破坏了已然过时的欧洲旧体制，并引燃了一系列新的革命。

与此同时，莱奥纳多·达·芬奇的各种极具独创性的机械设计，以及伽利略的一系列创造，大大激发了科学的民主。因此，文艺复兴演变为启蒙时代，而启蒙时代又带来了工业革命。我们现在所知道的世界正在一步步形成，它脱胎于一个更早的时代，一个混杂和充斥着更原始的梦想、骄傲、贪婪、政治现实主义、幻想和痛苦的时代。在中世纪佛罗伦萨交战的塔楼中播下的思想种子，奇迹般地开出灿烂的文明之花，逐渐繁盛发展成为当代西方世界欣欣向荣的花园——以及无可避免的，花园暗处的粪堆。

参考文献及拓展阅读

考虑到本书定位为历史普及读物，而非严格意义上的学术作品，我并未在此列出详尽精确的引用文献目录，因为那样做而扩充的几十页内容，势必会增加书籍制作的成本。

因此，我仅列出了每个章节的主要参考书目，以及推荐的深度拓展阅读书目。

本书中的直接引文，大多数在行文中已经指明了出处；其余引用来自每章推荐的拓展阅读书目。"古腾堡计划"及其他类似功能的网站则更便于查找那些因版权过期而成为公版书的古旧书籍——只要把引文输入搜索框，搜索引擎会指向正确的书籍资源网页。在少部分情况下，引文是经过了我的翻译再呈现出来的。

主要阅读书目

Burckhardt, Jacob, *The Civilization of the Renaissance in Italy*, trans. S. G. C. Middlemore, Penguin Books, 1990.

Cronin, Vincent, *The Florentine Renaissance*, Pimlico, 1992.

Gillispie, Charles Coulston, *Dictionary of Scientific Biography*, Scribner's, multiple volumes and ongoing supplements, beginning 1970. （许多章节的内容参考了这本书。）

Grendler, Paul F. (ed.), *Encyclopedia of the Renaissance*, six vols, Scribner's, 1999.

Hale, John Rigby, *The Civilization of Europe in the Renaissance*, Athaneum, 1994.

Johnson, Paul, *The Renaissance: A Short History*, Modern Library, 2000.

Miller, David, et al. (eds), *The Blackwell Encyclopaedia of Political Thought*, Wiley-Blackwell, 1998.

Nauert, Charles Garfield, *Historical Dictionary of the Renaissance*, Scarecrow Press, 2004.

Plumb, J. H., *The Italian Renaissance*, Houghton Mifflin, 2001.

Vasari, Giorgio, *The Lives of the Artists*, two vols, ed. and trans. George Bull, Penguin Classics, 2003, 2004. （我在写作许多章节时经常参考此书，尤其是关于艺术家们的部分。）

第一章

Burge, James, *Dante: An Introduction*, Sharpe Books, 2018.

Burge, James, *Dante's Invention*, History Press, 2010.

Dante, *Divine Comedy*, three vols, trans. Dorothy L. Sayers, Penguin, 1962.

Dante, *Vita Nova*, trans. Andrew Frisardi, Northwestern University Press, 2012.

Villani, Giovanni, *Villani's Chronicle: Being Selections from the First Nine Books of the Croniche Fiorentine*, trans. Rose E. Selfe, ed. Philip H. Wicksteed, Archibald Constable & Co., 1906.

第二章

Brucker, Gene A., *Florence, the Golden Age, 1138 – 1737*, Abbeville Press, 1984.

de Roover, Raymond, *The Rise and Decline of the Medici Bank, 1397 – 1494*, W. W. Norton, 1966.

Devlin, Keith, *The Man of Numbers: Fibonacci's Arithmetic Revolution*, Bloomsbury, 2012.

Reinhard, Wolfgang (ed.), *Power Elites and State Building*, Clarendon Press, 1996.

Staley, Edgcumbe, *The Guilds of Florence*, FB&C Ltd, 2015.（尤其是关于银行家和货币兑换商的部分。）

第三章

Encyclopedia Britannica，'*Dolce stil nuovo*—Italian litera-ture'，2019，https：//www. britannica. com/art/dolce-stil-nuovo.

Martines，Lauro，*Power and Imagination*：*City-states in Re-naissance Italy*，Pimlico，2002.

Vasari，*Lives of the Artists*，'Giotto'.

第四章

Boccaccio，Giovanni，*The Decameron*，trans. G. H. McWilli-am，Penguin Classics，2003.

Hollway-Calthrop，H. C. ，*Petrarch*：*His Life and Times*，Methuen，1907.

Jansen，Katherine L. ，Joanna Drell and Frances Andrews（eds），*Medieval Italy*：*Texts in Translation*，University of Penn-sylvania Press，2009.

Symonds，John Addington，*Giovanni Boccaccio as Man and Author*，Leopold Classic Library，2015.

第五章

Caferro，William，*John Hawkwood*：*An English Mercenary in Fourteenth-Century Italy*，Johns Hopkins University Press，2015.

Mallett，Michael，and William Caferro，*Mercenaries and Their*

Masters: Warfare in Renaissance Italy, Pen & Sword Military, 2009.

Origo, Iris, *The Merchant of Prato: Daily Life in a Medieval Italian City*, Penguin Modern Classics, 2017.

Saunders, Frances Stonor, *Hawkwood: The Diabolical Englishman*, Faber & Faber, 2004.

Also Antonino Pierozzi, Antonino, Archbishop of Florence, *Chronicles*; the anonymous Ferrarese contemporary who wrote the *Chronicon Estense*; Marco Battaglia, the chronicler of Rimini; and Donato di Neri, *Chronach Senese*. （如果想具体查阅这些编年史作品，参见桑德斯的相关文献目录。）

第六章

Coonin, A. Victor, *Donatello and the Dawn of Renaissance Art*, Reaktion Books, 2019.

King, Ross, *Brunelleschi's Dome: The Story of the Great Cathedral in Florence*, Vintage, 2008.

Manetti, Antonio, *The Life of Brunelleschi*, Pennsylvania State University Press, 1970.

第七章

Bertelli, Carlo, *Piero della Francesca*, trans. Edward Farrelly, Yale University Press, 1992.

Borsi, Franco, and Stefano Borsi, *Paolo Uccello*, Thames &

Hudson，1994.

Gombrich，E. H. J. ，and D. Eribon，*A Lifelong Interest：Conversations on Art and Science*，Thames & Hudson，1993.

Hudson，Hugh，*Paolo Uccello：Artist of the Florentine Renaissance Republic*，VDM Verlag，2008.

van derWaeren，Bartel L. ，*A History of Algebra*，Springer，1985.

第八章

Kent，Dale，*Cosimo de'Medici and the Florentine Renaissance：The Patron's Oeuvre*，Yale University Press，2000.

Cavalcanti，Guido，*Complete Poems*，trans. Anthony Mortimer，OneWorld Classics，2010.

Vasari，*Lives of the Artists*. （在个人章节可以看到具体艺术家的情况。）

Strathern，Paul，*The Medici：Godfathers of the Renaissance*，Jonathan Cape，2003.

Ross，Janet，*Lives of the Early Medici：As Told in Their Correspondence*，R. G. Badger，1911.

第九章

Asimov，Isaac，*Asimov's Biographical Encyclopedia of Science and Technology*，Doubleday，1964. （具体参见"阿尔贝蒂"和"托斯卡内利"的词条。）

de Roover, *The Rise and Decline of the Medici Bank*.

Fernández-Armesto, Felipe, *Amerigo: The Man Who Gave His Name to America*, Random House, 2008.

Hibbert, Christopher, *Florence: The Biography of a City*, Penguin Books, 1994.

Pohl, Frederick Julius, *Amerigo Vespucci: Pilot Major*, Octagon Books, 1966.

Tavernor, Robert, *On Alberti and the Art of Building*, Yale University Press, 1998.

Vespucci, Amerigo, *The Letters of Amerigo Vespucci and Other Documents Illustrative of his Career*, trans. Clements R. Markham, Gale Ecco, 2012.

第十章

Frieda, Leonie, *Catherine de Medici: A Biography*, Phoenix, 2005.

Gill, Joseph, *The Council of Florence*, Cambridge University Press, 1959.

Hibbert, Christopher, *The House of Medici: Its Rise and Fall*, William Morrow and Company, 1975.

Kent, Dale, *Cosimo de'Medici and the Florentine Renaissance*, Yale University Press, 2000.

Martines, Lauro, *April Blood: Florence and the Plot Against the Medici*，Oxford University Press，2003.

Strathern，*The Medici*.

第十一章

Burckhardt，*The Civilization of the Renaissance in Italy*.

Campbell，Lorne，*Renaissance Portraits*，*European Portrait-Painting in the 14th*，*15th*，*and 16th Centuries*，Yale University Press，1990.

Legouix，Susan，*Botticelli*，Chaucer Press，2004.

Lightbown，R. W. ，*Sandro Botticelli：Life and Work*，Abbeville Press，1989.

Vasari，*Lives of the Artists*.（瓦萨里或许没有充分认识到波提切利的艺术价值，但对他的生平、交友、生活环境描写到位。）

第十二章

de'Medici，Lorenzo，*The Complete Literary Works*，ed. and trans. Guido A. Guarino，Italica Press，2016.

Hibbert，*The House of Medici*.

Roscoe，William，*The Life of Lorenzo de'Medici：Called the Magnificent*，ed. Thomas Roscoe，Carey and Hart，1842.（这是一部古典传记。）

Unger，Miles J. ，*Magnifico：The Brilliant Life and Violent*

Times of Lorenzo de'Medici, Simon and Schuster, 2008.

Strathern, *The Medici*.

第十三章

Bramly, Serge, *Leonardo: The Artist and the Man*, Penguin Books, 1994.

Kemp, Martin, *Leonardo*, Oxford University Press, 2004.

Nicholl, Charles, *Leonardo da Vinci: The Flights of the Mind*, Allen Lane, 2004.

White, Michael, *Leonardo: The First Scientist*, Little, Brown, 2000.

第十四章

de Roover, *The Rise and Decline of the Medici Bank*.

Parks, Tim, *Medici Money: Banking, Metaphysics and Art in Fifteenth-Century Florence*, Profile Books, 2004.

第十五章

Plumb, J. H. (ed.), *The Penguin Book of the Renaissance*, Penguin Books, 1982.

Villari, Pasquale, *Savonarola*, two vols, trans. Linda Villari, T. F. Unwin, 1888.

第十六章

Landucci, Luca, *A Florentine Diary from 1450 to 1516*, trans. Alice de Rosen Jervis, J. M. Dent & Sons, 1927.

Martines, Lauro, *Power and Imagination*.

Martines, Lauro, *Scourge and Fire: Savonarola and Renaissance Italy*, Jonathan Cape, 2006.

Strathern, Paul, *Death in Florence: The Medici, Savanarola, and the Battle for the Soul of the Renaissance City*, Vintage, 2010.

第十七章

Capponi, Niccolò, *An Unlikely Prince: The Life and Times of Machiavelli*, Hachette Books, 2010.

Machiavelli, Niccolò, *Discourses* (on Livy), trans. Harvey C. Mansfield and NathanTarcov, University of Chicago Press, 2009.

Machiavelli, Niccolò, *Florentine Histories*, trans. Laura F. Banfield and Harvey Mansfield, Princeton University Press, 1988.

Machiavelli, Niccolò, *Machiavelli and His Friends: Their Personal Correspondence*, trans. James B. Atkinson and David Sices, Northern Illinois University Press, 2004.

Machiavelli, Niccolò, *The Prince*, trans. Tim Parks, Penguin Classics, 2014.

Viroli, Maurizio, *Niccolò's Smile: A Biography of Machiavelli*,

I. B. Tauris，2001.

第十八章

Condivi，Ascanio，*The Life of Michelangelo*，trans. Charles Holroyd，Scribner's，1903.

Harford，John S.，*The Life of Michael Angelo Buonarroti；With Translations of Many of His Poems and Letters. Also，Memoirs of Savonarola，Raphael，and Vittoria Colonna*，Longman，Brown，Green，Longmans，and Roberts，1857.

Vasari，*Lives of the Artists*.

von Einem，Herbert，*Michelangelo*，Methuen，1973.

第十九章

Drake，Stillman，*Galileo at Work：His Scientific Biography*，Dover Publication，1995.

Galilei，Galileo，*Sidereus Nuncius* (The Starry Messenger)，1610.

Galilei，Galileo，*De Motu Antiquiora* (On Motion)，c. 1590.（伽利略作品的翻译版本可以在"古腾堡计划"网页内自由查阅。）

Reston，James，*Galileo：A Life*，HarperCollins Publishers，1994.

White，Michael，*Galileo Antichrist：A Biography*，Weidenfeld & Nicolson，2007.

美第奇家族图谱

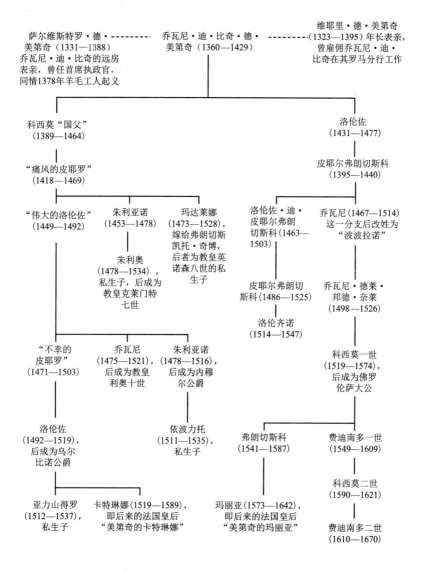

致谢

在本书搜集资料、写作以及修改的各个阶段，我像以往那样获得了来自各方的宝贵的协助、指引和鼓励。感激之情难以尽述，如有遗漏，敬请谅解。首先我要感谢 Soho 公司优秀的出版经纪人朱利安·亚历山大（Julian Alexander），他的不懈努力使本书的出版成为可能。另外，还要感谢亚特兰大出版社的詹姆斯·南丁格尔（James Nightingale）给予的帮助。

佛罗伦萨的许多热心居民和熟悉城市历史的人，以各种方式给予了我许多建议、启发和提醒，包括帮助我找到珍贵的历史资料。我曾在许多图书馆查阅资料，尤其是英国的伦敦图书馆和大英图书馆，在此向大英图书馆人文区 2 号阅读室友善的管理员们致以特别的谢意。唯一遗憾的是，在本书写作的最后阶段，图书馆因为新冠疫情关闭，部分资料未能进行充分的二次查证。

在书籍的编辑阶段，杰玛·韦恩（Gemma Wain）女士因疫情隔离在多伦多，与我进行远程协作，她丰富的知识和敏锐的建议为本书最后成型贡献良多。我的搭档阿曼达·布什（Amanda Bush），基于她数十年在英国和海外的教学经验，也给予了重要的修改意见。（本书献给她的女儿。）

虽然本书是在众人的帮助之下诞生的，但如有任何错漏之处，责任均由本人承担。

图书在版编目（CIP）数据

佛罗伦萨的文艺复兴人：从但丁到伽利略／（英）
保罗·斯特拉森著；孙超群译 . -- 北京：中国人民大
学出版社，2024.4
ISBN 978-7-300-32504-0

Ⅰ.①佛… Ⅱ.①保… ②孙… Ⅲ.①文艺复兴－历
史－佛罗伦萨 Ⅳ.①K546.9

中国国家版本馆 CIP 数据核字（2024）第 019476 号

审图号 GS（2023）3194 号

佛罗伦萨的文艺复兴人

从但丁到伽利略

［英］保罗·斯特拉森（Paul Strathern） 著

孙超群 译

Foluolunsa de Wenyi Fuxing Ren

出版发行	中国人民大学出版社	
社　　址	北京中关村大街 31 号	**邮政编码** 100080
电　　话	010 - 62511242（总编室）	010 - 62511770（质管部）
	010 - 82501766（邮购部）	010 - 62514148（门市部）
	010 - 62515195（发行公司）	010 - 62515275（盗版举报）
网　　址	http://www.crup.com.cn	
经　　销	新华书店	
印　　刷	涿州市星河印刷有限公司	
开　　本	890 mm×1240 mm　1/32	**版　　次** 2024 年 4 月第 1 版
印　　张	13 插页 12	**印　　次** 2024 年 4 月第 1 次印刷
字　　数	276 000	**定　　价** 98.00 元